牛肉どまん中

以山形米沢牛為主食材，加上特製醬汁後的牛肉，有甜甜的味道、相當下飯，是三小a大力推薦的好味道！

米沢牛炭火焼特上カルビ弁当

曾是「東日本駅弁まつり」人氣第一名，將手切肉片炭火燒烤、香氣撲鼻，帶點油膩感卻相當下飯，還附上兩顆美味燒賣。

炭火焼風牛タン弁当

仙台經典的牛舌款，是日本少數可以加熱的便當，放在桌上、拉盒邊繩子，加熱5分鐘就可開動，加些塩竈來的藻鹽會更香。

平泉うにごはん

取名「平泉」，但海鮮來自三陸海岸，豐盛的鮭魚卵和海膽相當誘人，也是三小a推薦的好選擇。

沒吃過牛舌，根本不算來過仙台！
說到牛舌，必定讓人想到仙台，
光是仙台就有超過百家料理專賣店，
而炭烤牛舌則是其中的美味大熱門！

牛舌特輯 P.124

4

從早吃到晚才是王道
東北的
美食好味
搶先品嘗
牛舌、拉麵、海鮮、和牛、蘋果派

前沢牛：レストラン 源 P.171

仙台牛：閣 P.126

米沢牛：登起波 P.249

東北三大美味和牛
當然不能錯過！
很多人想品嘗的牛肉料理，
有「東北三大牛」之稱的：
仙台牛(宮城)、前沢牛(岩手)
和米沢牛(山形)，
從炭烤、炙燒到涮涮鍋，
都能吃到無限美味。

盛楼閣

盛岡特色三大麵，不吃太可惜！
一口蕎麥麵、冷麵和炸醬麵，是來盛岡必定要嘗試的，
即使無法一網打盡，強烈推薦至少要吃過一種才行。

盛岡三大麵特輯 P.156

薄鹽清爽：中華そば 嘉一 P.119

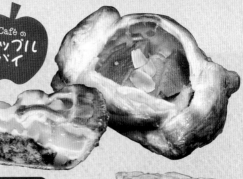

蘋果派特輯 P.82

東北地區招牌甜點，
莫忘青森蘋果派！

青森縣是日本蘋果的最大產地，
其中弘前市的產量就占了全日本的20%，
來到東北必定要享受蘋果派的甜蜜口感喔！

特殊濃郁：味の札幌 大西 P.55

宵夜好食：麵藤田 P.237

別說又是拉麵，
來收集東北專屬口味！

拉麵是日本隨處可見的食物，
東北地區當然也有多樣化特色選擇，
大多使用在地食材製作，
來碗熱呼呼的拉麵最爽快！

人氣多樣：甘味処 彦いち P.123　　傳統精緻：腰掛庵 P.243

吃甜點是另一個胃，和風甜品超滿足！

繽紛誘人的和菓子、抹茶甜品和餡蜜，都是日式甜點的代表，
在東北也不例外，還有期間限定的特殊選擇，可以品嘗到不同風味。

沿海什麼最好吃？當然海鮮最讚！

青森、岩手和宮城，是東北最豐富的海鮮產地，得天獨
厚的黑潮與紅潮洋流交會，干貝、海膽、牡蠣和各種新
鮮水產，都相當肥美好吃喔！

岩手：浜茶や食堂 P.179

青森：新鮮食堂 P.53

6

春

賞櫻野餐、日夜俱佳

說春天到日本賞櫻花，通常最先想到的，應該是關西或東京吧？
但這時的機票住宿大都相當難買或是很貴，而且無論走到哪裡，
幾乎都是人滿為患，因此很推薦去東北賞櫻(約4月中～4月底)，
可用較悠閒愉悅的心情，好好欣賞櫻花美景喔！

弘前公園(青森)

青森県

十和田市官庁街通り

🕐4月底～5月初；賞櫻點燈：日落～22:00｜➡從JR八戶駅搭乘十和田観光電鉄バス(八戶～十和田線)，在「十和田市中央」下車｜🚗自駕設定：十和田市観光協会 電話0176-24-3006

近1公里的數百棵櫻花樹同時綻放，如此的美麗是很感動的，推薦登上市役所展望台俯瞰這一大片漂亮景色，此外晚上搭配點燈還可欣賞夜櫻，別有一番風情。

青森県

芦野公園

🕐4月底～5月初；賞櫻點燈：17:00～21:00｜➡從津軽五所川原駅搭乘津軽鉄道，在「芦野公園」下車｜🚗自駕設定：金木商工会電話0173-52-2611

湖畔約有1,500棵櫻花樹，每年櫻花盛開時的金木桜まつり(金木櫻花祭)，總會有很多人前來，電車停靠在櫻花樹下的畫面，吸引不少攝影愛好者來取景拍攝。

十和田市官庁街通り(青森)

山形県

霞城公園(山形城跡)

🕐4月中～4月底；賞櫻點燈：18:00～22:00 | ➡️從JR山形駅徒步10分鐘 | 🅿️建議徒步前往

　每當賞櫻時節，會有約1,500棵櫻花樹盛開，二ノ丸東大手門是最推薦的賞櫻拍攝點，吸引不少當地人和遊客來此野餐賞花，此外也有點燈夜櫻，相當漂亮。

岩手県

雫石川園地

🕐4月底～5月初 | ➡️搭乘JR田沢湖線在「雫石」下車後徒步7分鐘 | 🚗自駕設定：JR雫石駅電話019-692-4337

　雖然不是熱門景點，但來過一次就令人難忘，河川邊有超過150棵櫻花樹，漫步在堤防上的櫻花樹下，若能有些許落櫻花瓣灑落，更是難得的美麗氛圍。

8

盛岡城跡公園(岩手)

岩手県
盛岡城跡公園

🕐4月中～5月初；賞櫻點燈：18:00～21:30 | ➡️搭乘盛岡都心循環バス「でんでんむし」，在「盛岡城跡公園」下車 | ❓建議徒步或以大眾交通前往 | MAP P.151／E4

在地人的賞櫻熱點，下午就會有不少上班族來此鋪墊占位子，晚上與好友同事在櫻花樹下舉杯同歡，建議要提早來卡位，還有記得帶上美食小吃，一起來享受吧！

岩手県
北上展勝地

🕐4月底～5月初 | ➡️從JR北上駅徒步20分鐘 | 🚗自駕設定：輸入mapcode「108 406 486*31」

沿著北上川有1萬多顆櫻花樹，長兩公里的櫻花步道讓人驚歎，帶著野餐墊坐在樹下，享受美食跟美景最棒了，或乘著馬車經過櫻花隧道，也是多麼愜意的一件事。

霞城公園(山形)

一目千本桜

🕐4月初～4月中，桜まつり期間18:00～22:00會點燈
|➡️搭乘東北本線到「JR大河原駅」下車徒步7分|❓
建議搭乘JR轉由徒步前往

沿著白石川兩側，有多達1,200棵櫻花綻放，可搭乘人力車或遊船欣賞美麗櫻景，或樹下野餐及散步也很棒，天氣好時，連同遠方殘雪未融的藏王連峰形成一幅完美構圖。

三春滝桜

🕐4月中～4月底|➡️搭乘JR磐越東線到「JR三春駅」轉乘期間限定臨時巴士「滝桜号」前往|🚗自駕設定：輸入mapcode「300 840 492*46」

三春滝桜是棵高近14公尺，有千年歷史的「紅枝垂桜」，除了列為日本三大櫻外、也是日本國天然記念物，當櫻花綻放時，周圍黃色的油菜花會跟櫻花產生強烈對比。

桧木内川堤(秋田)

秋田県

角館武家屋敷

🕐4月底～5月初；賞櫻點燈：傍晚～22:30 | ➡️從JR角館駅徒步15分鐘 | 🛈建議徒步前往 | 🗺️P.192／B1、B2

這裡多為枝垂櫻，和桧木內川堤有不同感受，近400棵垂掛下來的櫻花，有超過150棵是國家天然紀念物而受到保護，搭配古建築及黑色木板圍牆更是有特色。

秋田県

桧木內川堤

🕐4月底～5月初；賞櫻點燈：黃昏～24:00 | ➡️從JR角館徒步20分鐘 | 🛈建議徒步前往 | 🗺️P.192／A1、A2

曾是「日本櫻花名所100選」，堤防邊400多棵、綿延兩公里的染井吉野櫻，盛開時總有許多遊客來訪，於櫻花隧道漫步，或在此曬太陽睡午覺，都很有意境。

西行戻しの松公園(宮城)

西行戻しの松公園

宮城県

🕐4月中～4月底 │ ➡️從JR松島海岸駅徒步30分鐘或搭計程車5分鐘 │ 🚗自駕設定：咖啡店ロマン(Ie Roman)電話022-354-2778

位於高處，可從展望台看到松島灣，有超過260棵櫻花樹，每當櫻花盛開時，就能看到粉紅櫻花、藍色海洋與綠色松樹結合的畫面，但交通不便，建議自駕前往。

志波彦神社、塩竈神社

宮城県

🕐5月初～5月中；賞櫻點燈：週末假日黃昏～21:00 │ ➡️搭乘仙石線到「本塩釜」下車徒步15分鐘 │ 🚗自駕設定：志波彥神社電話022-367-1611

宮城縣的兩個著名神社，也是縣內櫻花花期最晚的地方，每年賞櫻季節總是有不少人前來此處，這裡櫻花種類不少，此外還有特有種塩竈ザクラ(櫻花)可欣賞。

夏

清新山水、活力滿分

表面上看起來，夏天好像不太有吸引力，
沒有春天櫻花、秋天紅葉、冬天白雪如此的豐富景致，
但實際上並非如此，東北山與海的自然景觀也是相當誘人，
呈現出不同的風貌與魅力，仍然很推薦大家可以在夏天來訪喔！

奧入瀨渓流(青森)

青森県

蕪島油菜花

🕐 5月初～5月中 | ➡️ 參考P.60蕪嶋神社 | 🚗 自駕設定：電話0178-34-2730 | 🗺️ P.44／B4

　蕪島除了有近4萬隻海鷗在此棲息，每年的5月，島上都會被油菜花給覆蓋，讓整個島都變成黃色，搭配藍天、白雲與海鷗，是幅相當漂亮的畫面，這可是期間限定的特色美景，而旁邊是海水浴場，不少當地居民都會在夏天來訪此地。

青森県

奧入瀨渓流

🕐 5月底～6月中 | ➡️ 參考P.65奧入瀨渓流 | 🚗 自駕設定：自駕設定請參考P.68睡蓮沼、P.65奧入瀨渓流 | ⁉️ 夏天來訪建議以自駕方式為佳 | 🗺️ P.45／B2

　夏天新綠是奧入瀨地區很有魅力的畫面，看著整個奧入瀨渓流沿線綠意盎然，是相當漂亮及充滿活力的感受，吸引許多攝影愛好者來拍照，此外距離奧入瀨30分鐘車程的睡蓮沼也很美，搭配遠方山巒上的未融積雪，是很有特色的美麗景致。

八戶三社大祭(青森)

福島県

布引高原

🕐 8月中～9月初 | ➡️ 無大眾交通工具可到 | 🚗 自駕設定：輸入mapcode「504 307 513*33」

　　標高超過1,000公尺的高度能一眼看到豬苗代湖及磐梯山美景，每年8月底此地多達20萬株「ひまわり」(向日葵)同時綻放，吸引不少遊客前來參觀，搭配後方超過30座高度100公尺的大型風力發電機當背景，有著很棒的氛圍，攝影愛好者也會前來拍攝。

東北全區

夏日祭典

🕐 7月底～8月初 | ➡️ 參考P.23四季人氣祭典 | ❓ 強烈建議利用大眾交通工具

　　說到夏天，絕不能忘記東北的夏日祭典，各處祭典都相當特別及推薦，也都很有人氣，日期都固定集中在8月初，相當方便安排行程，非常推薦八戶三社大祭、五所川原立佞武多、仙台七夕まつり、秋田竿燈祭，大家快點一起來狂歡吧！

14

秋

幽靜楓紅、融合明彩

東北的紅葉比東京和京都早1個月，由北往南、從10月中到11月初，各地區的時間和品種顏色都不盡相同，在這段時間來訪東北，都有機會看到不錯的楓況，若想好好欣賞美麗的紅葉，強烈建議以自駕方式遊覽，慢慢欣賞沿途的美麗景色。

銚子大滝(青森)

青森県

奧入瀨溪流

🅒10月中～10月下旬 | ➡️參考P.65奧入瀨溪流 | 🚌自駕設定：參考P.100「星野リゾート 奧入瀨溪流ホテル」電話 | 🅿️紅葉期間有交管措施，請停在指定地點後轉乘接駁車進入管制區 | MAP P.45／B2

　從燒山到十和田湖的子ノ口，總長約14公里，無論在哪一段都能看到漂亮楓景，此處為國家特別名勝及天然紀念物的指定保護區，請勿下水、亂丟垃圾，僅有一處流動廁所，須特別注意！

青森県

蔦沼

🅒10月中～10月下旬 | ➡️1.從JR八戶駅搭乘JRバス東北「おいらせ号」到「十和田湖温泉郷」，下車轉乘計程車約10分鐘；2.從JR新青森駅或JR青森駅搭乘JRバス東北「みずうみ号」到「蔦温泉」 | 🚌自駕設定：蔦温泉電話0176-74-2311 | MAP P.45／B2

　若想拍到這個一年內只有不到兩週的美景，建議住在蔦温泉或自駕前往，才能拍到清晨6點太陽升起最漂亮的時刻；如果還貪心想拍湖面倒影的話，更要在無風狀態下才能達成，只要親眼一睹此景，真的是無憾。

八幡平(秋田)

岩手県

十和田八幡平国立公園

🅒10月中～10月下旬 ➡参考P.155 🚗自駕設定：八幡平山頂レストハウス電話0195-78-3500

雖然說從岩手八幡平到秋田鹿角，這整條路都很漂亮，但最推薦的是八幡平山頂到秋田鹿角中間這段，最推薦自駕前來，在這條路上開車，心情會感到非常舒暢，喜歡拍照的人，絕對可以在這裡拍到不少好照片。

秋田県

抱返り渓谷

🅒10月下旬～11月上旬 ➡1.從JR角館駅搭計程車15分鐘，紅葉祭期間有免費接駁巴士；2.從JR田沢湖駅搭計程車20分鐘，紅葉祭期間有計程車共乘 🚗自駕設定：mapcode「280 378 586*33」

這個地區無論是夏綠或秋楓，都會吸引人前來，尤其是紅黃交錯的秋楓季節，更是來角館、田沢湖時不能錯過的地方。放眼望去，無論哪裡都能看到漂亮景色，但請留意，目前只開放到回顧の滝就不能再前進了。

山形藏王(山形)

山形藏王

🕐 10月中～10月下旬 ｜ ➡️ 參考P.235藏王温泉 ｜ 🚌 自駕設定：藏王温泉観光協会電話023-694-9328 ｜ 🗺️ P.233

　山形藏王賞楓，適合搭大眾交通前往，再轉纜車到山頂，以健行方式欣賞沿路美景，可以原路折返回到藏王温泉，或是繼續前進走到宮城縣，欣賞完藏王御釜後再搭車下山。健行時間全程大概是2.5小時，請斟酌個人體力。

鳴子峽

🕐 10月下旬～11月上旬 ｜ ➡️ 從JR仙台駅搭乘JR東北本線到「小牛田」，轉乘JR陸羽東線到JR鳴子温泉駅；紅葉期間會有「鳴子峽臨時運行バス」前往鳴子峽 ｜ 🚌 自駕設定：mapcode「317 818 791」

　來到宮城縣賞楓，鳴子峽一定會在推薦名單裡，有著驚險懸崖峭壁與紅葉交織而成的奇景，推薦在見晴台上欣賞整個鳴子峽，或是站在對面的大深沢橋拍攝緩緩駛出隧道的列車，不過班次不多，一定要先查時刻。

鳴子峡（宮城）

福島県
裏磐梯地區

🕐10月中～10月下旬｜🚌從JR郡山駅搭乘JR磐越西線到達猪苗代駅，轉乘「磐梯東都バス」前往裏磐梯地區｜🚗自駕設定：裏磐梯觀光協会電話0241-32-2349｜🌐磐梯東都バスwww.totobus.co.jp/bandai

　　大眾交通不便，建議自駕及安排2天1夜行程，桧原湖、安達太良山、五色沼等，都是福島縣首推的欣賞楓紅地點，行駛在「磐梯山ゴールドライン」及「磐梯吾妻レークライン」這段近30公里的路程，絕對能大飽眼福。

福島県
中津川渓谷

🕐10月中～10月下旬｜🚗無大眾交通，僅能自駕前往｜🚗自駕設定：中津川渓谷レストハウス電話0242-64-2817

　　雖然裏磐梯地區有好幾個賞楓景點，但三小a最推薦的是中津川渓谷，由於多數只有自駕會來到此處，因此來訪旅人並不多。漫步在沿途美麗的楓景中，讓人能感受到相當放鬆的氛圍，喜歡攝影的同好們請不要錯過這個地方。

冬

浪漫白雪、華麗登場

東北地區四季分明，除了美麗讓人醉的櫻花與紅葉，和清新有活力的夏季，這裡的冬天也是很熱鬧，雖然天氣很冷而且地面很滑，但如果可以有機會，來看看東北雪祭似乎也是很棒的建議，有些自然景觀是畢生都難得會看到，還有不讓夏天專美於前的冬天雪之祭典，錯過真的是要大嘆可惜啊！

橫手かまくら祭(秋田)

青森県

十和田湖冬物語

◎2月初～2月底｜➡冬季期間，除旅館接駁車外，無大眾交通工具可到｜🚗自駕設定：ホテル十和田莊電話0176-75-2221，距離會場2分鐘車程｜MAP P.45／A3

北東北地區最大規模的冬日祭典，利用冰雕及聲光特效，營造出豐富的視覺效果，還有祭典屋台、大型滑梯、冰雕及冬季花火秀能欣賞。最特別的是，在冰BAR裡拿著用冰塊或蘋果製作的杯子小酌，建議想體驗冰BAR樂趣一定要提早來，舞台上還有表演節目與大家同樂，冬天來訪東北，請別錯過十和田湖冬物語。

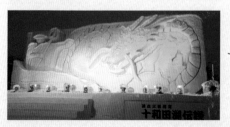

青森県

弘前城雪燈籠まつり

◎2月中｜➡搭乘JR奧羽本線到弘前駅下車，徒步或轉乘巴士前往弘前城｜❓弘前市區交通方便，且弘前城停車位難找，不建議自駕前往｜MAP P.44／A2

可免費參加的祭典活動，內容相當豐富，展示空間也不小，除「ミニかまくら」(迷你雪屋)、雪燈籠及屋台等之外，還有不少民間單位製作的冰雕也擺放在這裡，另外還有美麗的「津輕錦繪大回廊」讓人流連忘返，當然還有小朋友最喜歡的大型滑梯，以及和可愛卡通冰雕合影，無論是大人或小孩都能得到滿足。

弘前城雪燈籠まつり(青森)

横手かまくら祭

© 2月中 | ➡ 搭乘秋田新幹線到大曲駅，轉乘JR奧羽本線到橫手駅下車；請參考P.224 | ⁉停車不易，祭典期間有密集的接駁巴士可搭乘，建議以大眾交通為主

很多人會直覺認為「雪屋祭＝橫手」，這裡的雪屋祭有著450年的悠久歷史，雖然橫手的交通沒有很方便，但舉辦祭典的短短幾天內，可以吸引近60萬人次前來參加。5個會場、總計100座大型雪屋，都是由20名資深的技術人員花1個月時間堆砌起來，裡面除了祭拜水神外，還可以烤年糕及拍紀念照，是相當有趣的體驗。

角館火振りかまくら

© 2月中 | ➡ 搭乘秋田新幹線到「JR角館駅」徒步15分 | ⁉雖有停車場，但仍建議徒步前往

在雪地上以豪華火舞來祈求一年之內家族成員健康平安且遠離災厄，會場內還會有小型雪屋點燈的展示，來參加祭典的遊客能用￥500親身體驗火舞祈福，繩索燒完後剩下的護身符還能當做紀念帶回家。

湯西川温泉かまくら祭(栃木)

栃木県

湯西川温泉 かまくら祭

🕐1月底～3月初(週四休) | ➡️搭乘東武日光線到湯西川温泉駅，轉乘「日光交通バス」約30分鐘，在「本家伴久旅館前」下車後徒步15分鐘 | 🚗自駕設定：平家の庄電話0288-98-0031(近迷你雪屋會場)

　　每年冬天，總有許多日本人來湯西川温泉參加かまくら祭，雖然整個温泉區有好幾個會場，但主要目的就是為一睹，被納入「日本夜景遺產」的「ミニかまくら」(迷你雪屋)，近千座迷你雪屋整齊擺放在河岸邊，並由工作人員一盞盞點亮，如此夢幻美景相當難得，強烈推薦來訪，並在這住一晚喔！

青森県

津軽鉄道 ストーブ列車

🕐1月中～2月中 | ➡️搭乘JR五能線到「五所川原」下車徒步1分到「津軽五所川原駅」

　　每年12月初到隔年3月底是ストーブ(暖爐)列車行駛期間，但最推薦的時間是大雪紛飛的1月中跟2月中，具有歷史的車廂內能看到服務人員推著小推車在賣零嘴跟酒水，而現場進行烤魷魚的服務絕對是要來看的重點，看著他們俐落動作，忍不住想買一尾來搭配啤酒，但要小心咬到下巴痠。

蔵王樹氷

山形県

🕐 12月底～3月初 ｜ ➡ 請參考P.235蔵王溫泉 ｜ ❓ 建議從山形駅搭乘巴士上山 ｜ 🗺 P.233

　「蔵王樹氷」是東北有名的冬季活動，有不少人就是衝著它而來，但想見到樹氷還真是需要好運氣，當一整片樹林覆蓋上冰雪時，就像一大群駭人且壯觀的怪獸，而晚上點燈時則會有完全不同的面貌，感覺像是到了幻想的世界裡，還能搭乘「ナイトクルーザー」雪車，來趟「樹氷幻想回廊」之旅，與樹氷有個近距離接觸。

五稜星の夢イルミネーション

函館市

🕐 12月初～2月底 ｜ ➡ 搭乘函館路面電車到「五稜郭公園前」下車後徒步15分鐘 ｜ 🚗 自駕設定：五稜郭タワー電話0138-51-4785

　冬天來到函館，記得一定要來五稜郭公園，白天站在五稜郭タワー上就能看到白色五芒星，但最推薦的是晚上在五稜郭タワー展望台，欣賞由超過2,000顆燈泡點綴護城河形成的五芒星美景。在活動期間內，展望台也會特別延長營業時間到晚上7點鐘，這裡是不少情侶來約會的地方，因此也得做好被閃瞎的心理準備啦！

目錄
Contents

北限の海女
北三陸久慈小袖海岸

久慈広域観光協議会

【日本東北的四季
魅力無限】

40

青森縣
あおもりけん
Aomori-ken

148

岩手縣
いわてけん
Iwate-ken

104

宮城縣
みやぎけん
Miyagi-ken

188

秋田縣
あきたけん
Akita-ken

推薦順遊

地圖索引

※東北地區幅員廣大,有些景點無法標註在地圖中,前往方式請參考該景點的交通說明。

臺灣太雅出版編輯室提醒

太雅旅遊書提供地圖讓旅行更便利

地圖採兩種形式：紙本地圖或電子地圖，若是提供紙本地圖，會直接繪製在書上，並無另附電子地圖；若採用電子地圖，則將書中介紹的景點、店家、餐廳、飯店，標示於 Google Map，並提供地圖 QR code 供讀者快速掃描、確認位置，還可結合手機上路線規畫、導航功能，安心前往目的地。

提醒您，若使用本書提供的電子地圖，出發前請先下載成離線地圖，或事先印出，避免旅途中發生網路不穩定或無網路狀態。

出發前，請記得利用書上提供的通訊方式再一次確認

每一個城市都是有生命的，會隨著時間不斷成長，「改變」於是成為不可避免的常態，雖然本書的作者與編輯已經盡力，讓書中呈現最新的資訊，但是，仍請讀者利用作者提供的通訊方式，再次確認相關訊息。因應流行性傳染病疫情，商家可能歇業或調整營業時間，出發前請先行確認。

資訊不代表對服務品質的背書

本書作者所提供的飯店、餐廳、商店等等資訊，是作者個人經歷或採訪獲得的資訊，本書作者盡力介紹有特色與價值的旅遊資訊，但是過去有讀者因為店家或機構服務態度不佳，而產生對作者的誤解。

敝社申明，「服務」是一種「人為」，作者無法為所有服務生或任何機構的職員背書他們的品行，甚或是費用與服務內容也會隨時間調動，所以，因時因地因人，可能會與作者的體會不同，這也是旅行的特質。

新版與舊版

太雅旅遊書中銷售穩定的書籍，會不斷修訂再版，修訂時，還區隔紙本與網路資訊的特性，在知識性、消費性、實用性、體驗性做不同比例的調整，太雅編輯部會不斷更新我們的策略，並在此園地說明。您也可以追蹤太雅 IG 跟上我們改變的腳步。

🅾 taiya.travel.club

票價震盪現象

越受歡迎的觀光城市，參觀門票和交通票券的價格，越容易調漲，特別 Covid-19 疫情後全球通膨影響，若出現跟書中的價格有落差，請以平常心接受。

謝謝眾多讀者的來信

過去太雅旅遊書，透過非常多讀者的來信，得知更多的資訊，甚至幫忙修訂，非常感謝大家的熱心與愛好旅遊的熱情。歡迎讀者將所知道的變動訊息，善用我們的「線上回函」或直接寄到 taiya@morningstar.com.tw，讓華文旅遊者在世界成為彼此的幫助。

28

Pace (日本自遊易FB專頁)

認識我的朋友都知道，我一直以來都對東北情有獨鍾，那裡秀麗風光、四季美景及風土人情，都是吸引我多年來一次又一次到訪的原因。得知三哥即將出版東北觀光指南書，實在難掩我的興奮之情，因為自311後推出的東北書少之又少，寫得好的就更少，而三哥的作品，向來都是信心的保證，尤其是交通及溫泉的介紹是三哥的強項，所以呢，我敢打包票，這本東北書必是佳品！大家齊來為東北打氣吧！

沙米 (旅遊作家)

三小a把自己大部分時間都花在東北旅行上，幾乎以為他就住在東北某個地方。他這本書集合了整個日本東北的旅遊資訊，詳盡的地方介紹、CP值高的住宿，還有他獨家的餐廳推薦，單是牛舌餐廳他都嘗過很多家，他絕不吝嗇的分享，簡直就是一部東北旅遊聖經吧！

京都旅人 (京都旅人FB專頁)

喜歡挑戰新事物的三小a繼關西地區《京都‧大阪‧神戶‧奈良》和關東《東京OUT：橫濱‧箱根‧鎌倉‧江之島》後，這次則帶領大家到帶有神祕色彩的旅遊新興地「東北地區」！無論是絕景、美食、交通、傳統文化體驗等一次到位，跟著三小a的腳步一起探索神祕的東北吧！

卡瓦納 (旅遊部落客)

日本東北的季節感分明，每個季節都有十分獨特且令人難忘的美景。三小a的這本《日本東北深度之旅》詳細介紹了東北的著名景點、祭典和美景，還有篇幅極大、看了肚子餓的美食介紹(笑)。內容非常豐富，讓人想跟著他的腳步吃遍、玩遍東北各地喔！

愛莉西亞aLiCia (旅遊作家)

來到本州最北的東北6縣，地廣人稀，森林川原更是占了絕大面積，風景美得沒話說，然而這昔日陸奧之地，可貴的是，當地人珍惜這數百年留下來的大自然、傳統文化，同時也為復興更加倍努力中，讓人一路走來皆風景。翻起這本《日本東北深度之旅》，如同攤開這張大地圖，四季、美食、人文、列車各據一角，人情成暖流，意猶未盡之餘，也確定在東北旅行，從來沒有句點。

作者序

在頻繁前往東北旅行後，深受這裡四季分明、豐富之美的感動，有別於日本其他地區，春天櫻花、夏天祭典、秋天紅葉及冬天白雪等，處處都相當有魅力，曾有人問我既然那麼喜歡東北，何不寫一本東北旅遊書呢？畢竟東北六縣真的太大，還有許多地方沒去過，加上自費寫書的高額預算，實在不敢輕易嘗試。但是當走過東北四季，感受到當地人的親切和善，逐漸改變原本的想法：既然把這裡當我的第二故鄉，在東日本大震災後復興之際，是否能替他們做些什麼？其實玩東北不難、也不可怕，希望這本書能讓大家就算不懂日文也能計畫去東北旅行，書裡的內容都是自己一步一腳印走來，並以第一次自助旅遊的初心寫下，我相信東北還有不少遺珠之憾無法放到書裡，有機會再跟大家分享囉！

這本書能順利出版，要感謝的朋友其實很多：阿部昌孝先生、廣瀨浩子小姐、台灣虎航林巧宛小姐、佐野由美子小姐，還有許多曾經幫助過我的朋友，雖然無法一一列名，但仍衷心感謝。此外也要謝謝太雅出版社的總編輯芳玲姐、編輯部主任焙宜、美編忠哥和特約編輯妤甄，感謝他們盡心讓整本書既實用又美觀。最後一定要感謝三a媽跟三a姊，謝謝他們這幾年來讓我無後顧之憂的旅行，以及就像家人般、一路支持我的讀者們，點滴我都牢記在心！

作者簡介　三小a

想以旅行為志業，深信一步一腳印才是最真實體驗的中年男子，從動漫玩具到音樂影集，生活中充滿日本元素，雖然也有去過其它國家，但最常進出的還是日本，就算要早起、拉車、排隊，也無法阻擋想多體驗日本各地特色的決心。酷愛攝影、美食和規畫行程，也喜歡和朋友們分享旅行中的大小事，真誠推薦自己喜歡的景點、美食及可愛小物，常會在粉絲團直播日本連線，讓大家一起來體驗感受。

3 小 a 的隨手把戲！

三小a的旅遊書著作：
《日本東北深度之旅：青森‧宮城‧岩手‧秋田‧山形‧福島(附函館‧栃木)》
《東京OUT－橫濱‧箱根‧鎌倉‧江之島》
《個人旅行－京都‧大阪‧神戶‧奈良》

個人網站：
電子郵件：aaaleopard@gmail.com
部落格：aaaleopard.com
粉絲團：facebook.com/aaaleopard
Instagram：www.instagram.com/aaaleopard

各縣鐵道交通圖

以各縣為範圍，列出書中提到的景點站名和鐵道路線，方便讀者在出發前，就可以先瞭解各地的相對位置和方向。

往北海道
北海道新幹線 ◀ **鐵道路線、前往方向**

車站名稱 ▶ 新青森　青森　浅虫温泉　青の森鉄道

30分鐘　7分鐘　20分鐘　50分鐘

五所川原　川部　三沢

30分鐘　30分鐘　**東北新幹線**　七戸十和田　21分鐘　本八戸　陸奥湊　6分鐘

鰺ヶ沢　15分鐘　12分鐘　八戸　8分鐘　7分鐘　鮫

大約所需車程時間 ▶　10分鐘　黒石　10分鐘
(依列車不同有差異)　弘前　弘南鉄道　6分鐘　種差海岸

70～90分鐘　田んぼアート

ウェスパ椿山　25分鐘　26分鐘

15分鐘　10分鐘
十二湖　大鰐温泉　目時

50～90分鐘

能代　東北新幹線
往盛岡

鐵道路線、前往方向 ▶　**JR五能線**　**JR奥羽本線**　**いわて銀河鉄道**　**JR八戸線**
往秋田　往秋田　往盛岡　往久慈

分區索引 ▶
各縣清楚分類分區，方便翻閱尋找。

▲
景點、店家資訊及介紹
分區推薦參觀景點、特色美食和逛街購物，並提供詳盡的地址、電話、營業時間、價位等實用資訊。

玩家分享、知識充電站 ▶
作者用親身經驗，和大家分享實用的旅遊小撇步，以及各景點相關的小故事，讓你的旅程更有深度！

✉ 地址	➡ 前往方式
☎ 電話	http 網址
🕐 營業時間	MAP 地圖位置
休 休息日	⁉ 提醒注意
$ 票價、費用	🚗 自駕導航

地圖 ▶

在各地區地圖上，以

●**景點**、●**美食**、●**購物**、●**住宿**、
●**建物** 的方式表示，一目了然。

＊本書內容用字，地名等專有名詞使用日
　文，例如：乳頭「溫」泉；一般名詞使
　用中文，例如：「溫」泉。

各地交通介紹

針對各市、各分區，介紹當地的交通資訊，以及來往
機場或串聯各地的移動方式。

◀ ### 各區特色住宿

精選各地的優質住宿，從飯店、旅館到度
假村，符合大家不同的需求和預算，選擇
性更多元。

自助查交通不求人 ▶

推薦實用交通APP，搭配本書所列各地區
景點的拼音表格，不會日文也可以自己查
詢班次、車程和費用。

暢遊東北的交通規畫

靈活選擇不同機場進出，善用 JR 東日本鐵路周遊券，再搭配自駕開車的機動性，可以節省旅遊預算，又能比別人看得更多、玩得更盡興！

大沼公園 ★
✈ 函館空港
北海道
函館

東北地區地圖

青森
青森縣
弘前
十和田湖 ★ 奧入瀨
八戸
久慈
八幡平
秋田縣
岩手縣
盛岡
男鹿
秋田
田沢湖 ★
宮古
角館
横手
北上
花巻
釜石
平泉
一ノ関
新庄
銀山温泉 ★
宮城縣
石巻
山形縣
天童
仙台
松島海岸 ★
山形
名取
✈ 仙台空港
蔵王温泉
白石蔵王
米沢
福島
会津若松
只見線
福島縣
猪苗代湖 ★
郡山

日本全圖

北

東北地區

札幌

新潟縣

栃木縣
日光

群馬縣

金澤
廣島
京都
大阪
東京
福岡
名古屋

足利公園 ★

國際線航班

截至2024年4月止，從台灣想前往日本東北旅遊，主要有7條航線，分別是：函館空港❶、青森空港、秋田空港❷、花卷空港❸、仙台空港❹、福島空港❺及東京地區(成田、羽田)。如果單以東北航點而言，目前台灣虎航可往返函館、秋田、花卷、仙台、福島；長榮航空、星宇航空及樂桃航空可往返東京、仙台；而搭中華航空目前只能選擇從東京進出。以方便度來說，台灣虎航在東北地區航點最多且最密集，建議選擇不同點進出且不走回頭路的旅遊方式，這樣可節省交通移動時間；或選擇東京進出並轉乘國內線及新幹線前往目的地，但是就得搭配交通票券且衍生轉乘費用及搭乘時間，大家可自行考量。

❶ 函館空港往市區交通，請參考P.284。
❷ 秋田空港於2023年12月10日開航。
❸ 花卷空港於2023年5月10日復航。
❹ 仙台空港往市區交通，請參考P.111。
❺ 福島空港於2024年4月2日開航。

交通優惠票券

在計畫東北的旅遊行程時，餐飲跟住宿都可想辦法降低預算，但交通費用是無法節省的，尤其要省時間搭新幹線的話，就更得咬牙把車票買下去，這時就慶幸自己是外國遊客，可購買外國人限定的「JR東日本鐵路周遊券」❶，在選定的日期可無限次搭乘使用範圍內的新幹線、特急列車和普通列車。

利用「JR東日本五日券」、「JR東日本+南北海道六日券」及2018年新上架的「JR東北+南北海道五日券」就能有效節約在東北地區的交通費用，請參考下方票券比較介紹，可自行評估哪張較划算。

❶ 目前JR東日本五日券分成：「東北地區五日券」、「長野新潟地區五日券」兩種，本書就東北地區可使用的前者作介紹。

東北地區五日券　JR東日本+南北海道　JR東北+南北海道

東北地區三大交通票券比較介紹 (詳細搭乘資訊以官網公布為準 / 實際情況仍請參照當日現場公告)

票券名稱	JR東日本鐵路周遊券(東北地區)		JR東日本+南北海道鐵路周遊券	
票券種類	大人(12歲以上)	兒童(6～11歲)	大人(12歲以上)	兒童(6～11歲)
售價	¥30,000	¥15,000	¥35,000	¥17,500
有效期間	指定日期啟用後需連續5天使用		指定日期啟用後需連續6天使用	
使用範圍	使用日期內可不限次數搭乘JR東日本轄下範圍內的新幹線、特急列車及普通列車，還有部分非JR路線電車		1.使用日期內可不限次數搭乘JR東日本轄下範圍内的新幹線、特急列車及普通列車，還有部分非JR路線電車 2.可搭乘北海道新幹線往返函館，亦可搭特急到新千歲空港、札幌及小樽等地	
購票方法	可透過JR東日本網路訂票系統、日本國內銷售點及海外旅行社等地購買		可透過JR東日本網路訂票系統、日本國內銷售點及海外旅行社等地購買	
兌換地點	1.JR東日本旅遊服務中心(成田空港、羽田空港、東京車站) 2.東京市區各大JR車站旅遊服務中心(品川、上野、新宿、池袋、渋谷等) 3.東北地區各大JR車站旅遊服務中心(青森、八戶、秋田、盛岡、仙台空港、仙台、山形、福島等) ★目前只有透過JR東日本網路訂票系統購買的票券，才能在指定機器兌換並領取鐵道周遊券，其它管道購得的電子票券只能透過人工櫃檯處理 ★JR東日本+南北海道鐵路周遊券、JR東北+南北海道鐵路周遊券也可於函館、新函館北斗、登別、新千歲空港、札幌的JR旅遊服務中心兌換			

交通新玩法
青森↔函館

津軽海峡フェリー

網址：www.tsugarukaikyo.co.jp

不少人去日本東北玩朋友都會買JR PASS(鐵道周遊券)，但如果沒買或買不含南北海道的東日本鐵道周遊券(P.34)時，該怎麼從青森玩到函館呢？搭船也是選項之一，雖然花的時間較長要4小時，但相較鐵道每人近￥9,000而言，搭船最多能省下￥5,000、還能躺著睡到目的地，適合小資省預算悠閒玩的人。

從青森跨海到函館的渡輪航線有兩條，一條是從青森到函館、一條是從大間到函館，不過對一般自助旅行者來說，除非行程有計畫到下北半島，否則最佳選擇應該還是青森函館這條航線，從青森駅、新青森駅都有巴士可以前往津軽海峡フェリーターミナル。

東北地區交通票券使用範圍圖

JR東北+南北海道鐵路周遊券	
大人(12歲以上)	兒童(6～11歲)
￥30,000	￥15,000

指定日期啟用後需連續6天使用

．使用日期內可不限次數搭乘JR東日本轄下東北地區範圍內的新幹線、特急列車及普通列車，還有部分非JR路線電車

．搭乘北海道新幹線往返函館，亦可搭特急到新千歲空港、札幌及小樽等地

可透過JR東日本網路訂票系統、日本國內銷售點及海外旅行社等地點購買

同左欄

票券兌換流程

依票券購入管道不同,可分為兩種兌換票券方式,一種是從JR東日本網路訂票系統線上購買,可使用指定機器直接進行兌換,能減少不少排隊等候時間。非JR東日本網路訂票系統購買的票券,目前只能到兌換地點進行人工兌換,需預留較長的等候及作業時間。

從 JR 東日本網路訂票系統購票的兌換流程

Step 1 準備好預訂票券電子郵件及QR碼,前往有護照讀取器的票券機。

Step 2 選擇語言、按下掃描QR碼後,將電子郵件內的QR碼放在掃描器前。

Step 3 確認預訂票券相關內容及使用資格,並依步驟將護照放入「護照讀取器」,最後就能順利領到JR東日本鐵路周遊券了。

非 JR 東日本網路訂票系統購票的兌換流程

Step 1 攜帶電子換票證(E-ticket)前往指定兌換地點。

Step 2 將換票證及護照交給JR東日本旅遊服務中心的服務人員,服務人員會跟旅客確認周遊票券的相關內容。

Step 3 服務人員交還旅客周遊券,兌換手續就算完成,目前新版周遊券已變更成車票大小,上面會標註開始使用日期及有效日期,請務必再度確認無誤。**請注意:**一旦撕毀或遺失無法補發,請妥善保管。

　　以往使用鐵道周遊券都要走人工閘口進行確認，但現行新版周遊券大小跟一般車票相同，因此能直接走自動閘口進行驗票，想劃指定席座位的話，也不需要透過人工櫃檯，只要將周遊券插入指定席售票機就能進行劃位，真的是省下不少排隊等候時間，也讓行程變得更加有彈性！真的是太棒了！

從東京就能直達新函館北斗的はやぶさ號

巴士交通票券資訊

TOHOKU HIGHWAY BUS TICKET

　　2016年10月底推出的巴士交通票券，能用相當划算的價格，來往於東北幾大城市，總共有106條路線，其中23條需要預約、49條路線不需預約，目前分為：連續2天￥6,000、連續3天￥8,000兩種，雖然車程時間較長，但對於旅遊時間充裕、希望更節省交通費的人來說是個好消息，亦可參考使用。

📶 japanbusonline.com/tohoku

自駕樂逍遙

　　在日本自駕其實沒有想像中那麼難，並且自己開車在東北地區旅遊，除了時間安排上較為彈性，也可以前往更多大眾交通不便的美麗景點，是很推薦的日本東北旅遊方式，但若是在冬季或天候不佳時，建議多利用大眾交通，勿對自己的駕駛技術太有自信，畢竟在駕駛習慣完全不同的地區開車，還是有一定的危險性。

TOYOTA租車

　　個人推薦使用TOYOTA租車，因為服務據點多且有保障，重點是車輛壽命通常都未滿3年，相對之下也更安全些。

📶 toyotarent.tw

自駕事前準備

　　在台灣擁有小客車駕照的人，攜帶駕照、身分證，到各地公路監理單位申請駕照日文譯本，即可在日本租車駕駛，不過請特別注意，到日本租車時，護照、台灣駕照及日文譯本缺一不可，並且以上證件必須隨身攜帶。

4人以上自駕，建議租8人座車方便擺行李

日本是採右駕，跟台灣左駕不同

加買保險、確認車輛外觀

　　租車費用裡通常已包含免責保險，但仍強烈建議另外付費加保「營業損失」(NOC)，萬一發生事故，能將賠償金額降到最低，多一層保障總是更好。此外，租車時請務必仔細檢查車輛外觀，若有任何問題，記得一定要當場提出，以保障自身權益。出發前租車公司員工會告知要加什麼油，還車前記得先把油箱加滿再歸還，若在租車公司才支付加油費用，會比市價多約15%。

在新幹線停靠站附近都有租車公司

外國人專用高速道路通行證

　　「Tohoku Expressway Pass」限定外國人使用，租車時可在特定店家直接申請(官網下方有店家列表)，使用期間內行駛在東北地區的高速道路上，無論開多遠都是固定金額，不用另外再付通行費用，對喜歡自駕的旅人而言是一張很實用的通行證，有2天(￥4,100)到14天(￥12,200)等可選擇，可節省不少交通費、相當划算。

httpTohoku Expressway Pass
　www.driveplaza.com/trip/drawari/tep2015

httpNEXCO東日本(可查詢高速道路過路費金額)
　www.driveplaza.com

便利的中文導航系統

　　日本租車的車輛都配有導航設備，如果需要中文導航，記得要事先提出。導航機的設定很簡單，不會日文地址輸入也沒關係，只要輸入電話號碼或mapcode就可搞定。導航機雖然有多種系統介面，但使用概念大致相同，總之先切換為中文介面，以下介紹提供給讀者參考：

1 Step 按日文「表示」(顯示)，選擇「Language」(語言)。

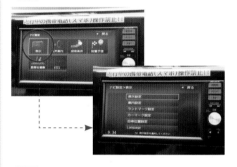

2 Step 選擇繁體語(中文)，即可切換中文介面，選擇各種輸入導航資訊的方式。

部分導航系統切換語言時，需要重新開機才能繼續使用

發生車禍、意外的處理方式

在日本自駕時，若不幸發生車禍或意外，請記得兩個重點：

1. 無論被撞、撞人或自撞，都一定要打電話報警，有人受傷就要叫救護車。
2. 聯絡租車公司，在租車文件上都會有發生意外時的聯絡電話。

警察到場後才會開立事故證明，如果沒有這張證明，租車公司的保險可能不會理賠，到時這筆費用就要由租車的人自己負擔，所以無論再小的事故都要聯絡警察，以保障自身權益。

開車導航地圖碼「mapcode」

在日本無法使用地址、電話進行導航時，就會使用mapcode來搜尋目的地，只要能開車到達的景點，幾乎都會有一個特定號碼能讓車輛導航機搜尋，可將關鍵字「目的地名稱」及「mapcode」用google搜尋，就會出現mapcode號碼，將這組號碼設定在車輛導航機內即可，使用起來相當方便。書內景點及設施mapcode請參考P.318。

行程規畫

日本東北六縣的範圍相當大，在計畫行程的時候，重點要放在景點分布跟交通安排，如果是市區範圍內，例如仙台、青森等大城市，可安排在市區內一日遊，但若是周邊的郊區，則建議每天安排約兩個景點，可視情況增減、預留備用景點，不要把時間安排得過於緊湊。

大眾交通

如果是搭乘大眾交通工具，請務必要先查清楚班次時間，以免錯過班車、影響後續行程，且跨縣移動當天，建議僅安排市內景點即可，這樣能保留較寬鬆的緩衝時間和顧及較好的旅遊品質。

租車自駕

如果是自駕旅遊，要特別注意各景點之間的交通時間，請勿連續長時間開車，約每兩小時休息10〜15分鐘，在規畫上也要預留彈性，不要將交通時間壓得太緊，不僅會影響旅遊品質，也容易造成危險。

青森縣
あおもりけん

講到蘋果，最先想到的應該就是青森吧

Aomori-ken

青森縣立美術館(青森市)
ねぶたの家(青森市)

田んぼアート(南津軽郡)
苹果の湯(平川市)

青森
focus
焦點

青森縣位處於日本東北地區的最北邊,也是在本州最北端位置,這裡的人口超過150萬,但有一半以上集中在青森、弘前及八戶市。農漁業是青森縣最主要的經濟活動,除了知名的蘋果,山藥、油菜、大蒜等都是重要物產,而水產品也在日本占有一定的地位。此外,青森縣還有許多知名景點和活動,例如:睡魔祭(ねぶた)、弘前城、奧入瀨溪、十和田湖、青函隧道等,這裡的獨特魅力,吸引旅人前來一探究竟。

青森市區地圖

青函連絡船
八甲田丸 ●

● A-FACTORY

● ねぶたの家

青森県観光物産館
アスパム ●

青い海公園

● 東横INN青森駅正面口

巴士站

● 吉野家

新鮮食堂 ●
新鮮市場

〒 郵便局

● 味の札幌 浅利

長尾中華そば ●

祭典最佳觀賞點 ●

善知鳥神社 ●

シュトラウス ●

青森魚菜センター
(古川市場)

アートホテルカラー青森 ●

青森ねぶた遊行路線

味の札幌 大西 ●

● 青森県庁

青い森公園

青森駅

JR奥羽本線

青い森鉄道

中央古川通リ

夜店通リ

旭町通リ

夜店通リ

八甲通リ

県庁通リ

北

43

D　　　　　　E　　　　　　F

1

● 青森ワシントン
　ホテル

● 青森県立郷土館

● ねぷたの國 たか久

2

● 青森グリーンパークホテル・アネックス

● ホテル青森

本町公園

税務署通り

3

D　　　　　　E　　　　　　F

弘前市區地圖

珈琲はなまる

津軽藩ねぶた村

桜のトンネル

弘前城西濠

三忠食堂

Angelique

弘前城
(弘前公園)

可否屋葡瑠満

Le Castle Factory

弘前市観光館
旧弘前市立図書館
旧東奥義塾外人教師館

大正浪漫茶室

ル・ショコラ

STARBUCKS
弘前公園前店

青森銀行記念館

弘前市役所   Salon de cafe Ange

弘前ねぶた8/5〜8/6 遊行路線

弘前ねぶた8/1〜8/4 遊行路線

JR奥羽本線

弘前駅

中央弘前駅
弘南鉄道大鰐線

ITALIAN TOMATO

弘南鉄道弘前駅

北

種差海岸地圖

蕪嶋神社

葦毛崎展望台

JR鮫駅

JR八戸線

JR白銀駅

陸奥白浜駅

JR八戸線

種差海岸

種差海岸旅遊資訊中心

種差海岸駅

北

44

青森鐵道交通圖

1. 僅標註大約時間，依搭乘列車不同而有差異
2. 本圖僅列出書內所提到的景點站名和鐵道路線
3. 有關列車詳細資訊及交通費用，請利用黃頁簿介紹的交通APP查詢

往北海道
北海道新幹線

新青森 ── 青森 ── 浅虫温泉 ── **青の森鉄道**
　7分鐘　　20分鐘　　50分鐘

30分鐘

五所川原　　　　川部　　　**東北新幹線**　七戸十和田　　　三沢
30分鐘　　30分鐘　　　　　15分鐘　　　　　21分鐘

本八戸　陸奥湊
8分鐘　7分鐘　　6分鐘

鰺ヶ沢　　　　　　　　　　　　　　　　　　12分鐘　八戸　　　　　　　　鮫

黑石
10分鐘　　　　　　　　6分鐘　　　　　　　　　　　　　　　　　　10分鐘

70~90分鐘　　**弘南鉄道**　田んぼアート　　　　　　　　　　　　　　種差海岸

弘前　　　　　　　25分鐘

ウェスパ椿山　10分鐘

15分鐘　　　　大鰐温泉　　　　　　　26分鐘

十二湖

50~90分鐘

能代　　　　　　　　　　　　　目時

JR五能線　　**JR奥羽本線**　　**いわて銀河鉄道**　**東北新幹線**　　**JR八戸線**
往秋田　　　　往秋田　　　　　往盛岡　　　　　往盛岡　　　　往久慈

奥入瀬地圖

八甲田ロープウェー　　八甲田山
酸ヶ湯温泉
睡蓮沼　　　　谷地温泉
猿倉温泉

蔦沼(蔦温泉)

星野 奥入瀬渓流ホテル

奥入瀬渓流

銚子大滝

十和田湖

乙女の像　　瞰湖台
十和田荘

北

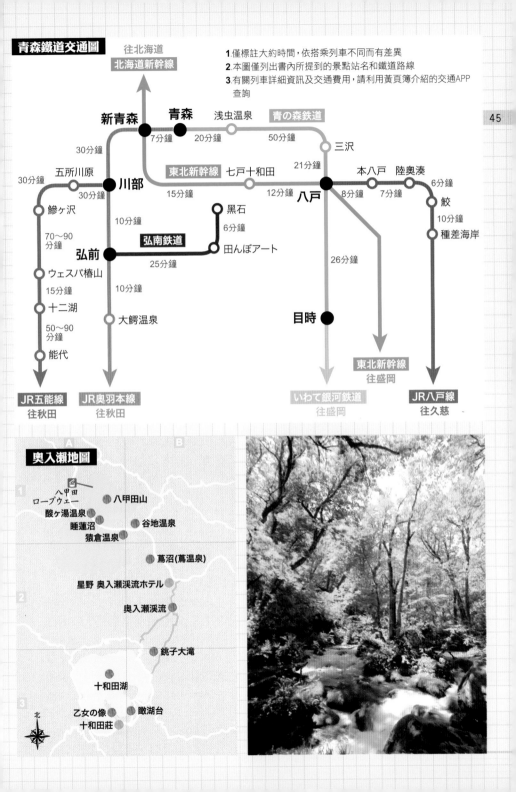

青森市

青森市的
交通方式

　　雖然青森市內可搭公車,不過由於一般旅人在市區行動範圍不大,並且多集中在JR青森駅附近,其實較建議以徒步方式活動。JR青森駅前可租借腳踏車,但沒有提供小朋友專用的車子,而且也不能亂停車(以免受罰),因此市內移動仍建議以徒步或計程車就好。

sightseeing

ねぶたの家
(睡魔之家)
睡魔祭山車資料展示館

http www.nebuta.jp/warasse｜青森市安方1-1-1｜
017-752-1311｜5～8月09:00～19:00、9～4月
09:00～18:00｜12月31日、1月1日｜成人￥620
、高中生￥460、中小學生￥260｜JR青森駅徒步1分
鐘｜MAP P.42／A1

想知道什麼是青森睡魔祭(P.92)嗎？究竟具有怎樣的魅力，每年能吸引百萬人次前來參加，強烈建議一定要來此瞧瞧。在ねぶたの家能看到睡魔祭的歷史演變及解說，館內還展示數輛祭典中獲獎的大型山車，除了可以跟山車合影，也能看到山車的製造過程介紹，搭配室內播放的祭典音樂，無論何時都能感受到濃濃祭典氣氛。

此外，每天還有3次的ねぶた囃子演奏體驗，可以親身感受敲打樂趣，還可戴著跳人的帽子拍照留念，都是相當有人氣的活動。

1.紅色的建物外觀相當顯眼／2.裡面餐廳有提供吃到飽服務／3.可拼湊出自己喜歡的睡魔表情／4.館內展示製作睡魔山車的名人介紹／5、6、7.每年競賽得獎的山車都會保存在館內供遊客參觀

玩家分享 優惠票券資訊

若同時想參觀：❶ ねぶたの家、❷ 八甲田丸、❸ 青森県観光物産館アスパム等景點，建議可購買不同的套票優惠券，❶＋❷有2館共通券，或是購買3個景點共用的青森ベイエリア周遊券，最多可以省下30%費用，詳細售價可參考各景點網站，在ねぶたの家就能購買此票券。

sightseeing

青函連絡船 八甲田丸

串聯回憶的過往

http aomori-hakkoudamaru.com｜✉ 青森市柳川1-112-15｜☎ 017-735-8150｜🕙 11～3月09:00～17:00、4～10月09:00～19:00｜休 無休｜💰 成人¥510、中學生及高中生¥310、兒童¥110｜➡ JR青森駅徒步5分鐘｜MAP P.42／B1

在沒有青函隧道連接本州及北海道的年代，主要是利用連絡船來載運人員、車輛及鐵道列車，而八甲田丸就是青函隧道開通前的最後一艘船。如今八甲田丸號及部分周邊設施保留在青森港，並將船體改建成博物館，駕駛室、車輛甲板、艙房等都保持原貌並對外開放，而相當難得的停放鐵道車輛的甲板，則是必定要參觀的地方。

此外，旁邊還有一座「津輕海峽冬景色」❶歌謠碑，上面刻著這首傳唱多年的歌曲歌詞，往石碑正面靠近時，就會自動播放日本知名演歌女歌手石川小百合的歌聲。

❶ 描述失戀女子在從東京返回北海道的路上，途經青森港時，因內心感受到冰冷孤獨而流下眼淚的心境故事。

1.八甲田丸登船口／2.刻有「津輕海峽冬景色」歌詞的石碑／3.停靠在岸邊的八甲田丸

sightseeing

青森県観光物産館 アスパム

索取旅遊資訊、購買伴手禮

http www.aomori-kanko.or.jp｜✉ 青森市安方1-1-40｜☎ 017-735-5311｜🕙 09:00～22:00(館內設施及店舖打烊時間不一，建議至官網確認)；展望台4～10月09:00～19:00、11～3月09:00～18:00；パノラマ館09:30～17:00｜休 12月31日、1月第四個週一～三｜💰 展望台¥400、360°3D劇場¥650、套票¥850｜➡ JR青森駅徒步8分鐘｜MAP P.42／C1

三角形的建築外觀相當受人注目，乍看之下會讓人以為青森市區怎麼有一座金字塔。擁有360度環繞畫面、播放青森宣傳影片的3D劇場，以及13樓的展望台，是這裡最有人氣的景點，館內還有青森物產振興協會和青森縣觀光聯盟等單位，可以取得許多青森的旅遊資訊，還能購買特有土產品，如果肚子餓或走累了，也有餐廳、咖啡店可以歇腳休息。

sightseeing
A-FACTORY
百種美味蘋果製品專賣

http www.jre-abc.com/wp/afactory | 青森市柳川1-4-2 | 017-752-1890 | 賣場09:00～20:00，1樓餐廳11:00～20:00，2樓餐廳11:00～21:00 | 休 無休 | $ 免費 | JR青森駅徒步2分鐘 | MAP P.42／A1 | 未成年請勿飲酒，飲酒過量、有害(礙)健康；請勿酒後開車

位於JR青森駅旁，如工廠般外觀的白色建築相當顯眼，這裡有許多青森土產品可選購，環境明亮乾淨，讓人感覺相當舒服，多達上百種的蘋果製品擺放整齊，無論是果乾、果汁、馬卡龍及酒類等選擇豐富，也有幾家美味的餐廳，另外在1樓的シードル工房，透過玻璃窗就可以看到蘋果酒及西打的製造過程。

　想試喝酒的人可到2樓餐廳購買試飲卡，有￥400、￥800及￥1,600等3種面額，總共有8～10種的酒精飲品可試喝，採自助式操作，按一下想要喝的酒品按鍵即可，在試飲卡額度範圍內都可以自由挑選，試飲完後可依照喜好到1樓挑選購買，喜歡品酒的朋友可別錯過這裡。

1.有近10種蘋果酒可試飲／2.喜歡喝酒的朋友不妨來一杯／3.賣場多數都是蘋果相關製品／4.在這邊可以買到超過20種的蘋果汁商品／5.白色建築外觀相當明顯／6.這裡也有幾家美味的餐廳／7.相當寬廣的賣場

青森県立美術館
尋訪奈良美智的經典創作

http www.aomori-museum.jp | ✉青森市安田字近野185 | ☎017-783-3000 | ⏰09:30〜17:00 | 休每月第二、四個週一，12月26日，隔年1月1日 | 💲成人￥510，大學生、高中生￥300，中、小學生￥100 | ➡從JR青森駅搭往「三內丸山遺跡」的青森市營巴士，到「県立美術館前」下車，車程約20分鐘

提到青森出身的藝術家，就不能不提到奈良美智、棟方志功跟成田亨。美術館裡收藏不少他們的作品，如：奈良美智的大型立體作品「あおもり犬」，是來訪者必定會想一探究竟的，8.5公尺的高度已和建築物融為一體，從不同的角度可看到不同的表情，說是美術館的招牌也不為過，而棟方志功的版畫、成田亨的特攝英雄跟怪獸設計原稿也是鎮館之寶，相當推薦大家來此參觀。另外，館內也有附設商店和「Cafe 4匹の猫」咖啡店，提供選購紀念品及休息用餐的服務。

1.青森県立美術館外觀 / 2.奈良美智的大型作品「あおもり犬」

sightseeing

浅虫温泉
歷史悠久的海景名湯

www.asamushi.com｜➡ 從JR青森駅搭乘青い森鉄道到浅虫温泉駅，車程約20分鐘

這裡是距離青森市區最近的溫泉勝地，泉質是屬於含食鹽的氯化鈉泉，有著從平安時代就被發現的悠久歷史，因此從江戶時代的弘前藩主，到現代小說家太宰治、版畫家棟方志功等名人，都曾來這裡泡過溫泉，也因為地處陸奧灣，還能看到美麗的海景，無論是當天往返或住宿都相當推薦。

1.這裡是距離青森市最近的溫泉 / 2.湯の島

有著漂亮海景風呂的「南部屋・海扇閣」

會推薦這裡，是因為它位於9樓的展望浴場和露天風呂，無論是泉質或風景都相當不錯，一邊泡湯、一邊欣賞前方湯の島的美景，是一種很棒的享受。如果是當天往返，溫泉營業時間從中午12點到下午3點，而且需自備毛巾，請特別注意。海扇閣住宿環境不錯，有素泊、一泊一食及一泊二食等方案可選擇，每天晚上8點半在1樓大廳還有津輕三味線的現場表演。

www.kaisenkaku.com

1.海扇閣外觀 / 2.每晚8點半在大廳有三味線表演 / 3.邊泡溫泉邊欣賞美麗的「湯の島」

restaurant 預算￥1,080

青森魚菜センター
(古川市場)
豐富海鮮食材、大飽眼福

http nokkedon.jp | ✉ 青森市古川1-11-16 | ☎ 017-777-1367 | ⏰ 07:00～16:00 | 休 週二、年末年始、黃金週及中元節或有變動，以官方公布為準 | ➡ 從JR青森駅徒步5分鐘 | MAP P.42／A2

　雖然招牌上寫著「青森魚菜センター」，但當地人都稱這裡是「古川市場」，而對部分觀光客來說，這是一個新鮮「看到飽」的大觀園景點！此處最主要提供「のっけ丼」，餐點內容由自己選擇，帶著一碗白飯到各攤位挑選最想吃的食材，不管是大又厚實的干貝、新鮮海膽、鮭魚卵、生魚片和香氣四溢的烤前沢牛等應有盡有，超過30個攤位還真讓人難以抉擇，哪些食材該優先考慮放在碗裡呢？

1.外觀就像傳統市場／2.看起來美味的新鮮海產／3.不吃生食還有熟食餐點可選擇

玩家分享

如何購買「のっけ丼」？

Step 1 到案內所購買食券，僅提供12張(￥2,000)及每張(￥170)兩種選擇，沒用完的食券無法退錢，請預先評估要購買多少為佳。

Step 2 到懸掛橘底「丼」字攤位購買白飯。

Step 3 到懸掛藍底「丼」字攤位購買食材，食材旁會標示所需食券張數。

Step 4 購餐後，尋找「休憩所」坐下用餐，筷子、醬油、芥末等都有提供。

提醒：のっけ丼餐點不能外帶，只能在市場裡吃完，這是必須遵守的規則喔！

預算¥1,800

restaurant

新鮮市場

從早餐就開始大啖海鮮

http www.auga.co.jp/shinsen.html｜✉青森市新町1-3-7 AugA地下一樓｜☎017-721-8000｜🕐05:00～18:30｜🈺不定休｜➡從JR青森駅徒步2分鐘｜MAP P.42／A2

這裡可謂青森市民的廚房，有超過80個攤位營業，許多食材都能在此買到，無論是海鮮、蔬菜、乾貨、酒類跟水果都有，不管是日本或外國遊客，總是會到這裡來逛逛。市場裡有幾家食堂，從清晨就開始供應美味海鮮料理當早餐，建議訂旅館時可選沒加早餐的住宿方案，來這邊大快朵頤也是很棒的選擇。不吃生食的人也別擔心，這裡有一家「丸清食堂」有提供熟的海鮮定食，或是在青森住宿想要自己開伙煮飯，也可以來此選購食材喔！

1.市場在地下室，從青森駅徒步2分鐘／2.市場裡也有提供餐飲服務／3.攤位多且商品選擇也多／4.無論海鮮或乾貨都能找到

玩家分享　新鮮食堂的海鮮

如果古川市場的自選菜色讓你有「美食選擇困難」的困擾，此時不如直接到新鮮市場裡吃店家搭配好的海鮮丼吧！「市場食堂」是三小a經過幾次品嘗後最推薦的選擇，無論是金黃色澤的うに丼(海膽蓋飯)，或是一顆顆晶瑩剔透的鮭魚卵，和一塊塊鮮甜的生干貝等新鮮海產，都會在口中上演一場美妙的交響樂，用如此美食揭開一天的序幕，相信可讓不少人羨慕到牙癢癢的。感覺如何呢？趕快來一碗吧！

☎017-774-0550｜🕐06:30～14:30｜🈺不定休｜💲預算¥2,000｜MAP P.42／A2

restaurant

預算¥500

シュトラウス

奧地利式的傳統甜點

✉青森市新町1-13-21｜☎017-722-1661｜🕐內用10:30～17:00(L.O.16:45)、外帶10:00～18:30｜🈺週一、週二｜➡從JR青森駅徒步5分鐘｜🗺P.42／B2

在青森的街道上，有間外觀跟四周看起來很不協調的深咖啡色店面，有別於多數是法式甜點的店家，這裡是專門提供「ウィーン」(維也納)的傳統甜點和咖啡。奧地利維也納的甜點中，不能不提的就是「ザッハートルテ」(薩赫蛋糕)，由於是很搶手的甜點，因此撲空機率也不低，還有「カルディナール シュニッテン」(樞機卿蛋糕)跟「アップフェルシュトゥルーデル」(蘋果捲)也是相

當有人氣的商品，搭配一杯香濃的咖啡，就能度過悠閒的下午茶時光。

1.有別於周邊的店家外觀／**2**.室內裝潢有著不錯的氛圍／**3**.這裡的前3名招牌人氣甜點

restaurant

預算¥000

ねぶたの國 たか久

完全預約制的持色居酒屋

✉青森市本町5-6-11｜☎017-723-4416｜🕐17:00～22:00｜🈺週日、12月31日～1月3日｜➡從JR青森駅徒步1分鐘｜🗺P.43／F2

這是家特別的居酒屋，第一個特點就是完全預約制、第二個特別點是每個人都要點套餐且要先預約，因此如果沒預約有很大機率無法進來，無論是海鮮或鄉土料理表現都很不錯，而晚上7點開始還有很棒的三味線演奏。

另外工作人員也相當會炒熱氣氛且互動熱絡，會讓來的客人感覺像是處在濃濃祭典氛圍裡，預約時請務必要在演出前入座，如

果會有能基本溝通的日文能力會更能融入其中，很推薦大家到訪。

1.店家外觀／**2**.新鮮美味的海鮮料理／**3**.內部裝潢相當有祭典氛圍

restaurant

預算¥800

味の札幌 大西

有飽足感的特殊口味拉麵

http twitter.com/oonishi_ajisapo | ✉ 青森市古川1-15-6 | ☎ 017-723-1036 | ◷ 11:00～18:00(L.O.17:30) | 休 週二、三 | ➡ 從JR青森駅徒步12分鐘 | MAP P.42 / B3

　青森市區有3家同為札幌來的拉麵店，分別是札幌館、大西跟浅利，其中最受當地上班族歡迎的是大西。店裡菜單麵食種類不少，看起來也很特別，無論是コーン(玉米)、メンマ(筍乾)、納豆、梅等口味都是相當少見，但最推薦的當然就是招牌餐點「味噌カレー牛乳ラーメン」(味噌咖哩牛奶拉麵)，分量讓人有飽足感，麵條或湯頭都有不錯的好味道，雖然有別於常見的味噌、豚骨、醬油等口味，有機會的話來嘗試看看也是不錯的選擇。店內除了拉麵外，還有賣味噌カレー牛乳口味泡麵及餅乾商品，喜歡的話還可以買回家繼續享受。

玩家分享　味の札幌 浅利

　如果覺得大西距離青森駅較遠，也可選擇到浅利品嘗「味噌カレー牛乳ラーメン」(味噌咖哩牛奶拉麵)，從青森駅徒步大約3分鐘就可到達，餐點內容和口味都跟大西很相似，比較適合喜歡交通方便的人前來。

✉ 青森市新町1-11-23 | ☎ 017-777-9088 | ◷ 11:00～14:00、18:00～20:00 | 休 週一 | MAP P.42 / B2

1.味噌牛乳ラーメン / 2.味噌カレー牛乳ラーメン / 3.除了招牌推薦，無論哪一種口味都很好吃 / 4.不少當地上班族來光顧 / 5.店家外觀

預算￥500

restaurant

長尾中華そば

重口味津輕拉麵代表

www.naga-chu.com ｜ 青森市新町1-3-33 ｜ 017-773-3715 ｜ 07:00～21:00(L.O.20:45) ｜ 休 無休 ｜ 從JR青森駅徒步1分鐘 ｜ MAP P.42 / A2

講到津輕拉麵，這裡屬於濃厚系的口味，應該是青森當地人會推薦的美味。使用ヒラコ(鯧魚)、ウルメ(沙丁魚)、カタクチ(鯷魚)、シロクチ(白姑魚)等4種不同的魚熬煮出來的湯頭，味道相較於其他津輕拉麵而言顯得更重，依據所點選的口味不同，也有3、4種不同的麵條可搭配選擇。吃麵時先喝幾口原味湯頭，再依個人喜好添加胡椒粉跟辣粉，麵條吃起來則是相當有彈性。店內位置不多，所以有時得花些時間等待。

食量較大的朋友不用擔心吃不飽，這裡有提供免費白飯，將白飯倒入湯碗裡拌勻後也很好吃，飽足感能讓自己更有體力再去跑行程，店裡也有準備生麵和泡麵，可讓喜歡的人當土產品買回家。在秋冬兩個寒冷的季節裡，如果能來一碗熱呼呼的拉麵暖暖身體跟肚子，該是多麼幸福的事！

1.あっこく麵 / 2.店家外觀 / 3.在家也能享受美味的調理包 / 4.店內空間不大且裝潢簡單

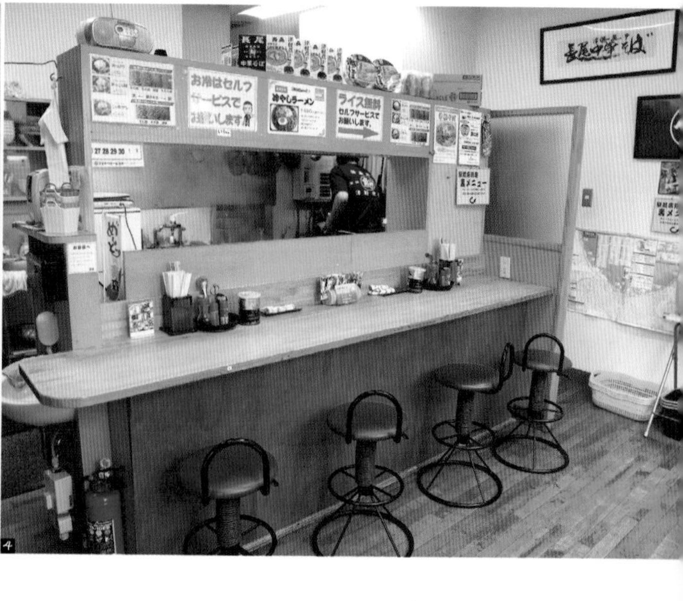

八戶、種差海岸

旨い
おにぎりと
どんぶり

米八

丼

八戶、種差海岸
🚶 的交通方式

　　搭乘東北新幹線就能到達八戶，但如果要去種差海岸的話，請直接在八戶轉乘JR八戶線就能夠前往，不過班次並不頻繁，所以出發前請特別要確認班次時間，以免錯過列車、影響行程。如果要前往岩手縣的久慈，亦可由此搭乘JR八戶線接續前往。

sightseeing

八食センター
(八食中心)
綜合美食購物商街

🌐 www.849net.com ｜ ✉ 八戶市河原木字神才22-2
｜ ☎ 0178-28-9311 ｜ 🕐 市場09:00～18:00、味横丁
09:00～18:30、厨スタジアム09:00～21:00 ｜ 休 週
三，但仍以官網告示為主 ｜ ➡ 搭巴士在「八食セン
ター」下車：1.從JR八戶駅搭乘「100円巴士」(約20
分鐘)；2.從八戶市中心街搭乘巴士(約20分)

　來到八戶，建議要抽空逛逛八食中心這
個傳統市場，此處就像是無底深淵，讓很多
人不小心就在這撩下去。這裡主要分成市
場、味横丁(美食街)跟厨スタジアム(廚房道
場)3個部分，還有販售多樣青森當地土產，
不管是要填飽肚子或購買伴手禮都很適合，
就讓三小a來簡單介紹一下這裡吧！

　市場維持得相當乾淨，有近60個攤位，
肉類、水果、海產和乾物等都有，店家的攬
客吆喝聲相當有精神。新鮮海產價格便宜、
標價清楚，部分生食材購買後，就能拿到
北廣場的「七厘村」讓客人親自動手燒烤，
立刻享用新鮮最原味。

　味横丁(美食街)裡更是豐富，迴轉壽司、
丼飯、便當等都能找到，如果想多嘗試些美

食，三小a建議先多逛幾個攤位，搜刮購買
想吃的食物後，再找休息區坐下大快朵頤，
這樣才不會因錯過美食而扼腕。此外，厨ス
タジアム(廚房道場)有小朋友遊戲區，以及
開放的展演空間，是適合全家大小在這邊活
動的場地。

1.接送的100円巴士 / 2.八食中心外觀 / 3.八戶駅前的巴
士站牌 / 4.連青森土產品也有販賣 / 5.新鮮且價格便宜
的螃蟹 / 6.能當場就享受美味 / 7.購買食材就能在七厘
村動手燒烤

sightseeing

種差海岸
心情舒暢、賞美麗景色

http tanesashi.info ｜ ✉ 八戶市大字鮫町棚久保14-167
｜📞0178-51-8500 ｜➡1.搭乘八戶線到JR種差海岸
駅徒步3分鐘；2.從JR鮫駅搭乘觀光巴士「ワンコイン
バス・うみねこ号」到JR種差海岸駅｜MAP P.44

種差海岸是屬於三陸海岸的一部分，在
311東日本大震災後，也被納入三陸復興國
立公園的範圍裡。在這條海岸線上有幾個能
欣賞美麗風景的地方，大致上分成蕪島、中
須賀、葦毛崎展望台、大須賀海岸及種差天
然芝生地等幾個地方。中須賀、葦毛崎展望
台能看到漂亮海景，大須賀海岸擁有一大片
的白色沙灘，至於天然芝生地則是在春、夏
兩季會吸引不少人前來探訪，此處也設有「
種差海岸情報資訊中心」，讓來訪的遊客可
以瞭解更多相關難得的資訊。

1.晴天坐在草地欣賞美麗海景 / 2 種差海岸情報資訊中
心有不少資料能閱覽 / 3.順著階梯而上就是葦毛崎展望
台 / 4.綠色的天然芝生地相當適合旅人來訪

玩家分享　觀光巴士「ワンコインバス・うみねこ号」

往返JR鮫駅和種差海岸駅、4～11月限定的
觀光巴士，路線會經過蕪島、葦毛崎展望台、
大須賀海岸等景點，每天往返各7班，發車時
間都有配合電車的到達時間，是很便利的觀光
交通工具，單次收費大人￥100、小孩￥50，
相當建議搭乘。

http 八戶市交通部：www.city.hachinohe.aomori.jp/
section/bus/onecoin_uminekogou.html

蕪嶋神社
數萬海鷗的棲息保護地

http kabushima.com/jinjya | ✉ 八戶市大字鮫町字鮫 56-2 | ☎ 0178-34-2730 | ⏰ 09:00～17:00 | 休 無休 | $ 免費 | ➡ 搭乘八戶線到JR鮫駅徒步15分鐘 | MAP P.44／B4

　　當你看到面前有數萬隻ウミネコ(海鷗)的時候，不知道心裡會有什麼感覺？蕪島在西元1922年成為國家指定的「史跡名勝天然記念物」，這裡是海鷗的繁殖地，經過近百年的保護，海鷗數量最多曾超過4萬隻。2015年11月的一場大火將島上神社燒毀，可是海鷗們不但沒被嚇跑，反而越聚越多，非常推薦到此一遊。

　　到訪此處特別建議自備雨傘，因海鷗數量眾多，很大機率會被海鷗排泄物「攻擊」，鳥居旁雖然也有舊傘可使用，但數量不多。隨著參道階梯走上蕪島，就能看到身邊出現更多海鷗，此起彼落的叫聲很嚇人，原則上海鷗是沒有危險性的，但每年3～8月是海鷗的繁殖期，要留意海鷗的情緒會特別興奮，而5月則是最推薦來訪的時節，蕪島上會開滿黃色的油菜花，拍照時會相當漂亮。

1.新的蕪嶋神社正面外觀／2.可搭乘觀光巴士「うみねこ号」往返種差海岸／3.蕪嶋神社鳥居前正面／4.海鷗雖然不怕人但建議不要太接近

玩家分享　證明你非常幸運的「会運証明書」

如果被海鷗排泄物攻擊成功，記得在清理乾淨後，到旁邊的蕪嶋神社臨時事務所找工作人員，他們會認真的在本子上寫著你的基本資料，並且在你專屬的「会運証明書」上註記是今年第幾位幸運兒。證明書是一塊可愛的木製繪馬，上面還寫著在未來這段日子你都會非常幸運，不過效期只有一年，意思是明年要再來被攻擊一次嗎？

sightseeing
館鼻岸壁朝市
日本最大早市、豐富買不完

http minatonichiyouasaichikai.com ｜ ✉ 八戶市新湊 ｜ ⏰ 3月中旬～12月中旬的週日，從日出到09:00 ｜ ➡ 1.搭乘八戶線到JR陸奧湊駅下車徒步10分鐘；2.從八戶中心街搭乘「日曜朝市バス」單程￥100(僅4～11月提供接送)

從2004年開始舉辦的館鼻岸壁朝市，以規模而言可算是日本最大的朝市之一，約有超過350個攤位會來擺做生意，如果從第一攤走到最後一攤，大概需要1.5～2小時，販賣的商品從海產、青菜及水果通通有，其他串燒、麵包、咖啡及日用品也能在這找到，更重要的是價格都相當便宜。由於是只有週日限定的朝市，因此除了當地人會來外，也會吸引不少旅人前來一探究竟，容易失心瘋的人請一定要小心，以免荷包在這裡受到重傷。

1.往返中心街的「日曜朝市バス」／2.價格便宜且新鮮的水蜜桃／3.不少旅人都會來一探究竟

restaurant

預算¥2,000

みろく横丁
日本在地夜市攤位

http 36yokocho.com
➡ JR本八戶駅徒步10分鐘

雖然八戶有新幹線可到，但如果要到熱鬧的中心街地區，就得再轉乘到本八戶。位於中心街地區的屋台村由8個橫丁組成，這個區域是當地人夜生活的重心，而「みろく橫丁」則是最適合旅人前來參觀屋台文化的地方。將近30個販賣各種美味料理的攤販聚集在這裡，就算是第一次來訪，也可以很容易融入在這樣的環境中，不過要特別注意的是，每個攤販的營業時間跟休息日可能會不同。想體會跟陌生人並肩用餐嗎？快來試試吧！

1.位於本八戶中心街的みろく橫丁 / **2.**夜晚總是吸引不少人來小酌 / **3.**到處都充滿懷舊氛圍 / **4.**聚集各種美味料理的屋台

restaurant

預算¥1,500

みなと食堂
價格實惠的海鮮丼飯

✉ 八戶市大字湊町字久保45-1 | ☎ 0178-35-2295 | ⏰ 06:00～14:00 | 休 週日、一 | ➡ 搭乘八戶線到JR陸奧湊駅徒步2分鐘

外觀看起來非常有古老懷舊氣氛的建築物，みなと食堂在日本美食網站中有著相當高的評價，除了海產新鮮美味之外，價格便宜是店家特色之一。店內位置不多，如果客滿可得在店外等候，平目漬丼(比目魚丼)是招牌餐點，不過每天都是限量供應，晚來可能就吃不到！另外，依據每天所進食材來決定內容的四合せ丼(四色丼)，以及漁師的漬丼(漁夫丼)也是店內人氣餐點，在這裡看著菜單點餐，還真是個困難的抉擇，每樣都是很誘人的美味啊！

1.店家外觀看起來很有歷史風味 / **2.**會公告今日四色丼的內容 / **3.**使用的食材都很新鮮

restaurant
ミートプラザ尾形

高品質的豐富馬肉料理

預算¥1,500

http www.banikuya-ogata.com | ✉ 三戶郡五戶町博勞町18-1 | ☎ 0178-62-3016 | ⊙ 11:00～21:30 (L.O.21:00)、賣店08:30～21:00 | 休 無休

尾形是一家提供馬肉餐點的老店，所用馬肉都是自家牧場生產，無論品質或價格都相當不錯。店內主要分為賣店跟餐廳兩個部分，賣店有賣馬肉和豬肉，餐廳裡則是牛、豬、雞和馬肉的餐點都有供應，但還是以馬肉為主。馬肉料理選擇豐富，炸馬肉、馬漢堡肉、馬肉鍋及馬刺身等都有，而最受歡迎的是午間套餐「馬中鉄板ランチ」，有鐵板燒、白飯跟飲料，這樣的套餐只要¥1,380，非常划算，三小a相當推薦這家店！

1.炸馬肉排 / 2.馬肉漢堡排 / 3.只要1,380円的馬中鉄板ランチ / 4.店家外觀 / 5.店內用餐區

知識充電站　日本人跟馬肉的關係

相較於牛、豬和雞肉，馬肉的營養價值更高且價格便宜，因此世界上不少國家有吃馬肉的習慣，日本也是其中之一，平均年產量有5,000噸以上，最多的是在九州熊本，而東北地區也有福島、青森、秋田跟山形等地生產馬肉。

馬肉又被稱為「櫻肉」，由來有兩種說法，一種是因為馬肉的色澤，另一種是每年4、5月為馬肉最好吃的時節，無論哪種都讓人有充分想像空間，以後在日本餐廳如果看到菜單上寫著「櫻肉」，就代表這道是馬肉料理喔！

奧入瀨、十和田、八甲田

奧入瀨、十和田、八甲田的交通方式

本區景點需從JR八戶駅、JR新青森駅或JR青森駅等站，轉乘「JRバス東北」的巴士前往，但須留意的是，部分巴士路段於冬季(11月中～4月底)暫停營運，此段時間奧入瀨溪流、十和田湖、谷地溫泉等需自駕前往，而睡蓮沼因冬季道路封閉，僅5～11月中可前往，此外十和田湖的遊覽船，冬季亦暫停營運，詳細巴士班次、交通時間請見官網。

http JRバス東北 www.jrbustohoku.co.jp/route
十和田観光電鉄遊覧船 www.toutetsu.co.jp/ship.html

奧入瀨溪流

享受夏日清新、秋日艷紅的絕景

http towadako.or.jp | 0176-75-2425 | 1.從JR八戶駅搭乘JR バス東北「おいらせ号」到燒山；2.從JR新青森駅或JR青森駅搭乘JR バス東北「みずうみ号」到燒山 | MAP P.45 / B2

無論是6月初的新綠，亦或10月底的紅葉，都是來訪奧入瀨的最佳時機，在這兩個時節能看到最美的一面。這是一條從「燒山」到十和田湖的「子ノ口」、總長約14公里的河流，屬於十和田八幡平國立公園，也是日本國家指定特別名勝及天然記念物。

奧入瀨溪流沿途有不少美麗的景色可以欣賞，如：石ヶ戶の瀨、阿修羅の流れ、九十九島、雲井の滝及銚子大滝等，都是漂亮且吸引人們駐足的景點，也是攝影愛好者必定會來取景的地方，建議大家可從步道走走，多吸收些森林芬多精。(因屬國家公園，管理限制較嚴謹，請特別注意勿走離步道或靠近溪流)

1.充滿新綠的奧入瀨溪流沿岸相當美麗 / 2.清晨的奧入瀨溪流最美 / 3.無論何時來都有不同景色的銚子大滝

玩家分享

到訪奧入瀨溪流的3種方式

1.搭巴士+徒步：雖然會被巴士時間限制，但若無法自駕旅遊，巴士加徒步是最方便的遊玩方式。

2.自駕+徒步：道路較小，需要考量現場停車的問題。

3.徒步：單程要走14公里，對體力及時間負擔較大，較不建議。

? 11月中～隔年4月底，該地區JR バス東北停止營運，詳情見官網

sightseeing

十和田湖
奧入瀨溪的美麗源頭

http towadako.or.jp | ☎ 0176-75-2425(十和田湖綜合案內所) | ➡1.從JR八戶駅搭乘JRバス東北「おいらせ号」到十和田湖；2.從JR新青森駅或JR青森駅搭乘JRバス東北「みずうみ号」到十和田湖 | MAP P.45／A3

　　這裡是奧入瀨溪的源頭，位在十和田八幡平国立公園內，地處青森跟秋田的交界處。十和田湖是約2,000年前因火山噴發而形成的湖泊，最推薦6月新綠、10月秋楓和冬季雪景之時來訪，可搭遊覽船往返子ノ口和休屋，從湖上欣賞十和田湖的美麗，或是悠閒自駕前往，中途還能在瞰湖台從高處欣賞壯闊的風景。

　　到達休屋後，請以步行方式經過「乙女の湖道」，去看由詩人雕刻家高村光太郎老師所創作的一對青銅像「乙女の像」，而沿途的恵比寿大黑島、十和田神社也是相當值得停留的景點，附近食堂提供此處所產的新鮮漁獲，能夠同時享受美景跟美食。

1.沿著湖畔步道能看到漂亮風景／2.紅葉時節踩著沙灘別有一番風情／3.十和田湖的地標「乙女の像」／4.島上有個小神社的恵比寿大黑島

sightseeing

八甲田ロープウェー
(八甲田纜車)
輕鬆登頂、欣賞紅葉美景

http www.hakkoda-ropeway.jp｜✉青森市荒川寒水沢
1-12｜☎017-738-0343｜🕐09:00～16:20(冬季到
15:40)｜休不定休｜💲大人(國中生以上)單程￥1,400
、往返￥2,200，小學生單程￥450、往返￥700｜➡從
JR新青森駅或JR青森駅搭乘JRバス東北「みずうみ
号」到八甲田ロープウェー-駅前｜MAP P.45／A1

全年營運的八甲田纜車，從山麓駅搭乘
10分鐘，就能到達標高差650公尺的山頂公
園駅，這裡是青森著名的賞紅葉景點，建議
來訪時間為10月，搭乘纜車從高空角度向
下，可以看到相當棒的風景。另外冬季也相
當推薦，這裡從11月到隔年5月是滑雪場，
同時也可看到很漂亮的樹冰群，通常會將此
處纜車跟酸ヶ湯溫泉排在同一天前往。

1.山麓駅／2.秋末冬初的山頂公園駅／3.冬季山頂公園駅有驚人結冰現象／4.秋天搭纜車能看到一片楓紅

sightseeing

酸ヶ湯温泉
百年硫磺泉、千人混浴風呂

http www.sukayu.jp｜✉青森市荒川南荒川山国有林
酸湯沢50｜☎017-738-6400｜🕐千人風呂07:00
～17:30(女性專用08:00～09:00)、玉の湯09:00
～17:00｜💲千人風呂、玉の湯擇一￥1,000(未提供毛
巾)｜➡1.從JR新青森駅或JR青森駅搭乘JRバス東北
「みずうみ号」到酸ヶ湯溫泉前；2.預約住宿可搭乘往
返青森駅的免費接駁車(須預約)｜MAP P.45／A1

原名「鹿湯」的酸ヶ湯溫泉，擁有300年
以上歷史，與群馬四万溫泉、日光湯元溫泉
並列為最早成為日本政府指定的國民保養溫
泉地。此處泉水屬乳白色的硫磺泉，最有
名的就是創下目前唯一「千人混浴風呂」紀
錄，讓這裡成為東北地區的名湯代表。160
畳(約80坪)的空間裡有熱湯、四分六分湯、

冷の湯及湯瀧，除混浴風呂外，還有男女分
開的「玉の湯」，對不敢嘗試混浴的人來
說，也可以好好享受酸ヶ湯，此外這裡也可
住宿，能讓人停留一晚好好歇息。

1.酸ヶ湯溫泉外觀／2.入口為男女分開的混浴風呂／3.看起來有年代的大廳

sightseeing

睡蓮沼
湖泊山峰的如畫美景

➡️從JR新青森駅或JR青森駅搭乘JRバス東北「みずうみ号」到睡蓮沼｜ MAP P.45／A1

如果要三小a推薦八甲田地區有不錯風景的景點，睡蓮沼絕對會在名單上。它的位置在酸ヶ湯跟奧入瀨之間，是周邊面積最廣的沼澤湖泊，能從最棒的位置欣賞由高田大岳、八甲田大岳、硫黃岳及石倉岳組合的八甲田連峰，在天氣好時，還能看到群峰在沼面上的倒影。特別注意，酸ヶ湯跟奧入瀨這段路在冬季會封閉，JRバス東北停駛外，也無法自駕前往，建議來訪期間為5～11月，可參考本區交通介紹。

1.秋天是最推薦來此的季節／2.天晴能看到八甲連峰跟湖面倒影

sightseeing

谷地温泉
古老的日本三秘湯之一

httpyachionsen.com｜✉️十和田市法量谷地1｜📞0176-74-1181｜🕙10:00～17:00｜休無休｜💲￥600｜➡️從JR新青森駅或JR青森駅搭乘JRバス東北「みずうみ号」到谷地温泉｜ MAP P.45／B1

開湯400年的谷地温泉有著悠久的歷史，跟北海道的ニセコ藥師温泉、德島縣的祖谷温泉並列為日本三祕湯，不僅提供當天往返温泉服務，也有住宿設施可過夜休息，是不少當地人也會來享受温泉。這裡是男女分開的內湯，而內湯又分為泉温攝氏37度的「下湯」和攝氏42度的「上湯」，入浴方法為先在下湯待30分鐘適應温度後，再到上湯待5～10分鐘即可。

冬季期間，酸ヶ湯、奧入瀨之間的路段封閉，但對此地無影響，自駕者仍可到訪。

1.谷地温泉建物不大／2.設備簡單，但該有的都有／3.温泉建物外觀

十和田市現代美術館

好玩有趣、藝術結合生活

http towadaartcenter.com｜✉十和田市西二番町10-9｜☎0176-20-1127｜🕐美術館09:00～17:00(最後入場16:30)，咖啡店、賣店09:00～17:00(L.O.16:30)｜休週一(如遇假日則隔日休)，12月31日、1月1日｜💲大人¥1,800，高中生以下免費｜➡1.從JR八戶駅搭JRバス東北「おいらせ号」到十和田市現代美術館；2.從JR八戶駅搭十和田觀光電鐵バス到「官庁街通りバス停」下車徒步5分鐘

如果說：「這裡是印象中最好玩、有趣的美術館」，曾來過的朋友應該會贊成這個說法。來自各國藝術工作者的作品分散在這個小小美術館周圍，幾乎隨處都可以得到意外的驚喜，美術館主要分成常設作品、アート広場(藝術廣場)和ストリートファニチャー(街頭家具)等3個部分，很多藝術作品都跟街道結合在一起，如：韓國藝術家崔正化的《フラワー・ホース》(花馬)、草間彌生的《愛はとこしえ十和田でうたう》或奈良美智的《夜露死苦ガール2012》等，都相當的吸睛，美術館內也有其他很不錯的作品可欣賞，但須留意室內禁止攝影喔!

玩家分享

優惠套票「十和田市現代美術館バスパック」

如果不開車且想省旅費的話，不妨購買「十和田市現代美術館バスパック」，不僅能享有十和田現代美術館入館折價，回程巴士車資也能享有減免優惠，若有需要可直接在去程上車時跟駕駛說要購買就能馬上使用。

1.韓國藝術家崔正化的《花馬》/ 2.巨型紅螞蟻表達現代生化科技失控 / 3.連館內裝潢也相當有特色 / 4.奈良美智《夜露死苦ガール2012》/ 5.草間彌生的《愛はとこしえ十和田でうたう》

弘前市

弘前市的交通方式

百元巴士
100円バス

　弘前市區的100円バス，有 **1**.土手町循環、**2**.ためのぶ号、**3**.城東循環(大町経由)和 **4**.城東循環(和徳経由)等路線，其中**1**、**2**一般遊客較常搭乘，可到達市內多數景點，但請特別注意巴士的運行時間。如果搭乘次數足夠，建議可直接購買一日乘車券，票價大人￥500、國中生￥300、小學生￥200。

🔗弘南100円バス：www.konanbus.com/coin.html

脚踏車
観光用貸自転車

　在弘前市區觀光移動，雖然巴士也可到達景點，但如果想深入探尋美食，租借費用便宜的腳踏車還是最佳選擇，但可能沒有兒童用腳踏車，家族旅行建議事先評估。使用腳踏車時，請特別注意交通規則和自身安全。

🔗弘前観光コンベンション協会：www.hirosaki-kanko.or.jp｜🅲每年4月初～11月可租借｜💲普通車￥500(可不同點歸還)、電動車￥1,000(只能單點借還)，租借費用含安全帽｜🛈還車時間都是統一在當天17:00前

100円バス(百元巴士)路線資訊

巴士路線	運行時間	重要停靠站	收費方式
土手町循環	4～11月10:00～18:00 12～3月10:00～17:00	JR弘前駅、市役所前	單次￥100
ためのぶ号觀光巴士	僅4～11月運行，每天JR弘前駅到りんご公園往返各4班，時間請參閱官網	JR弘前駅、市役所前、ねぷた村、りんご公園	每段❶、單次￥100

❶ 以市役所為分段點，跨段須付兩次費用，JR 弘前駅↔市役所￥100，市役所↔りんご公園￥100
＊實際情況以當日現場為準 / 製表：三小 a

観光用貸自転車(脚踏車)營業資訊

租借地點	地址	營業時間	電動車
觀光案內所	JR弘前駅1F	08:45～16:00	有
市立觀光館	弘前市大字下白銀町2-1	09:00～16:00	有
まちなか情報センター	弘前市大字土手町94-1	09:00～16:00	無

＊實際情況以當日現場為準 / 製表：三小 a

sightseeing

弘前公園

豐富四季景色、珍貴天守古蹟

http www.hirosakipark.jp │ ✉ 弘前市下白銀町1 │
📞 0172-33-8739 │ 🕐 24小時，本丸、北の郭4月1日
〜11月23日09:00〜17:00(櫻花祭07:00〜21:00)，
植物園4月中〜11月23日09:00〜17:00(櫻花祭07:00
〜21:00) │ 休無休 │ 💲本丸或植物園擇一￥320、共
通券￥520；本丸、北の郭11月24日〜隔年3月31日
免費入園 │ ➡從JR弘前駅搭乘「土手町循環100円バ
ス」到「市役所前」下車徒步4分鐘 │ MAP P.44／A2

弘前公園無論春櫻、夏祭、秋楓和冬雪
都有美麗景色跟豐富活動，每年可吸引超過
200萬人次來訪，尤其是4月中的「さくらま
つり」(櫻花祭)及2月中的「雪燈籠まつり」
更是讓人著迷不已。境內除弘前城本丸、北
の郭及植物園需收費，其餘都是免費開放參
觀，西濠(西邊護城河)在櫻花祭時另可租借
自己划的遊覽小船。在沒有祭典的時候，來
訪弘前城的旅人也不少，因為已有400年歷
史的弘前城，是日本現存12座天守之一，
也是東北唯一的一座，相當具有紀念保存價
值，日本政府將弘前城列為重要文化財，天

守閣內為展示歷史文物的史料館，有興趣的
人不妨前往參觀。

1.每當櫻花時節總吸引不少人前來(修理工程前拍攝)
／2.追手門外觀／3.等弘前城移回原位要到2025年／4.
西濠在櫻花祭可租借遊覽小船

弘前城石垣修理工程

在近3年縝密評估跟計畫後，弘
前城長達10年的石垣修理工程已經從2015年
開始，預計將高14.4公尺、重達400噸的弘前
城移動70公尺，之後再將下方的石垣進行拆解
遷移，由於數量多達3,000個，因此需要相當
長的時間，而距離上次弘前城石垣維修(西元
1915年)已是100年前的事。

弘前懷舊建築區
感受百年文化財的歷史風味

▶從JR弘前駅搭乘「土手町循環100円パス」到「市役所前」或「本町」，下車後再徒步前往

　　弘前市觀光館旁有幾棟相當特殊的建築物，此處就是「レトロタウン」(懷舊建築區)，這些建築都是在明治、大正年間所建造，經評估後被列為青森縣重寶(建築物)或國家有形文化財進行管理跟維護，無論是旧弘前市立図書館、旧東奧義塾外人教師館、大正浪漫茶室及青森銀行紀念館等，都相當具有歷史價值，後方還有幾個以1/10尺寸再現的建築物模型，模型細節都做得很棒，讓人充滿回到過去的想像空間。

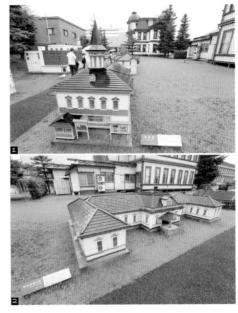

1、2.以1/10尺寸再現的懷舊建築物模型

旧弘前市立図書館

✉弘前市下白銀町2-1｜☎0172-37-5501(弘前市觀光館)｜🕘09:00～17:00｜🚫無休｜💲免費｜▶在「市役所前」下車徒步2分鐘，弘前市觀光館旁｜🗺P.44／A2

旧東奧義塾外人教師館

✉弘前市下白銀町2-1｜☎0172-37-5501(弘前市觀光館)｜🕘09:00～18:00｜🚫無休｜💲免費｜▶在「市役所前」下車徒步2分鐘，弘前市觀光館旁｜🗺P.44／A2

大正浪漫茶室

✉弘前市上白銀町8-1｜☎0172-37-5690｜🕘09:00～17:00｜🚫無休，但冬天不定休｜💲免費｜▶在「市役所前」下車徒步6分鐘｜🗺P.44／A2

青森銀行記念館

✉弘前市元長町26｜☎0172-33-3638｜🕘09:00～16:30｜🚫4～11月的週二，12～3月休館｜💲￥200｜▶在「本町」下車徒步3分鐘｜🗺P.44／B3

sightseeing

津軽藩ねぷた村
(津輕藩睡魔村)
延續睡魔祭的熱鬧氣氛

http www.neputamura.com | ✉ 弘前市亀甲町61 | 📞 0172-39-1511 | 🕐 4～11月09:00～17:00、12～3月 09:00～16:00 | 🚫 12月31日 | 💲 大人￥600、國高中生￥400、小學生￥300、幼童(滿3歲)￥100 | ➡ 1.從JR弘前駅搭乘「土手町循環100円バス」到「市役所前」下車徒步8分鐘；2.搭乘「ためのぶ号」到「ねぷた村」下車即達 | MAP P.44/B1

弘前ねぷた祭り(P.94)每年能吸引很多人參加，但若無法在祭典期間前來，可以到弘前公園旁的津輕藩睡魔村參觀。這裡有1:1實物比例的大型山車(燈籠)，現場隨時演奏著祭典音樂，讓人能體會祭典氛圍，並且可體驗敲打太鼓的樂趣，還有青森各地睡魔祭的展示空間，可以更瞭解其特別之處，此外藝品製作工房和三味線演奏也不可錯過，還有最傷荷包的賣店，許多讓人愛不釋手的飾品，真難抉擇要帶走哪個才好。

另外，此處還有JA(農協)つがる弘前的農產品賣店，販售新鮮青菜跟稻米，就算無法帶回家也可以來看看，旁邊還有專賣蘋果的「林檎屋」可以逛，畢竟來到弘前怎能不試試蘋果的好滋味呢？

1.津軽藩ねぷた村入口 / 2.職人專心製作工藝品 / 3.木製玩具讓人愛不釋手 / 4.弘前山車扇狀造型相當特殊 / 5.進來就能親身體驗祭典氛圍 / 6.旅人能拿著金魚造型燈籠拍照留念 / 7.藝品製作工房有不少特色工藝品

restaurant

Salon de cafe Ange

在懷舊建築品嘗法式美食

預算¥1,500

✉ 弘前市下白銀町2-1(旧東奧義塾外人教師館內) | ☎ 0172-35-7430 | ⏰ 09:30～18:00(午餐供應11:00～15:00) | 休 12月31日、1月1日 | ➡ 從JR弘前駅搭乘「土手町循環100円バス」到「市役所前」下車徒步2分鐘 | MAP P.44／A2

　想坐在充滿濃厚懷舊氣息的建築物裡用餐吃甜點嗎？那就來旧東奧義塾外人教師館裡的Salon de cafe Ange吧！這裡是青森最早外國英語老師居住的地方，菜單上除了咖啡及甜點外，還有提供兩種法式午間套餐可選擇，差別在於A套餐是魚、肉擇一，而B套餐是兩種都有。這裡餐點內容跟味道都很不錯，從前菜、湯、主菜、沙拉、甜點和飲料都有，但分量不多，較適合女性用餐。

1.旧東奧義塾外人教師館外觀 / 2.內部裝潢環境高雅 / 3.午間套餐裡的魚肉料理 / 4.美味的法式午間套餐

restaurant

STARBUCKS 弘前公園前店

百年建築的新生之美

預算¥500

🌐 www.starbucks.co.jp | ✉ 弘前市上白銀町1-1 | ☎ 0172-39-4051 | ⏰ 07:00～21:00 | 休 不定休 | ➡ 從JR弘前駅搭乘「土手町循環100円バス」到「市役所前」下車徒步2分鐘 | MAP P.44／A2

　位於弘前市役所旁的百年古老建築，原是高級軍官宿舍，現在則是大家都知道的STARBUCKS。踏入店內就能聞到淡淡木香，內部使用青森縣產的ブナ(山毛櫸)樹木作為裝潢建材，維持原本隔間是為了更貼近歷史的痕跡，部分椅背使用津輕地區的傳統刺繡，看起來相當有質感，如此讓這棟日本國家有形文化財獲得新生，也成為日本最美

的星巴克之一，吸引不少人來此一探究竟，如果來到弘前請千萬不要錯過。

1.百年古老建築的店家外觀 / 2.櫃檯吊燈很特別 / 3.日本最美的星巴克之一 / 4.室內裝潢相當有質感

restaurant

預算¥700

三忠食堂
傳承五代的美味麵食

🌐www.komakino.jp/santyu｜✉弘前市大字和德町
164｜☎0172-32-0831｜🕐11:00〜19:00｜🚫週
二,弘前櫻花祭期間在弘前公園營業｜🚃從JR弘前駅
徒步20分鐘｜🗺P.44／D1

就算是距離弘前駅徒步要20分鐘的距
離,到用餐時間還是可以看到很多顧客光
臨,不起眼的外觀掛著「三忠食堂」的暖簾
和招牌,進入店內就能感受到滿滿懷舊風。
牆上有在此取景的「津輕百年食堂」電影海
報,坐在位置上感覺自己成為電影主角,店
主雖然已是第五代,仍堅持一路走來的風
味,無論是「津輕そば」(津輕蕎麥麵)、「
中華そば」(拉麵)都是很推薦的餐點,不過
夏季限定的「冷やし中華」(涼麵)才是三小a
心中的最愛!柑橘、蛋絲、小黃瓜及麵條沾
著酸甜醬汁一起入口,冰涼的爽口感真棒!

1.懷舊的店家外觀／2.清爽美味的中華そば／3.店內跟
弘前睡魔祭有關的擺飾／4.大推夏季限定的冷やし中華

restaurant

預算¥500

可否屋葡瑠滿
御用餐具的尊榮享受

🌐cafe-buruman.cafe.coocan.jp｜✉弘前市下白
銀町17-39｜☎0172-35-9928｜🕐10:00〜17:00
(L.O.16:30)｜🚫週一、每月第一個週日｜🚃從JR弘
前駅搭乘「土手町循環100円バス」到「文化センター
」下車徒步1分鐘｜🗺P.44／B2

在弘前公園旁有棟典雅風格的白色建
築,經過時讓人忍不住多看幾眼,店門口紅
色蘋果立牌,提醒旅人這裡是家賣蘋果派的
咖啡店。走入店內會被裝潢所吸引,而更吸
睛的是後面那片瓷杯組堆疊起來的牆,這些
漂亮的瓷器都是由製作天皇家族御用餐具的
「大倉陶園」所出產,因此價格都不便宜,

用這樣的瓷杯喝咖啡或紅茶是很難得的體
驗,美味的蘋果派也相當推薦,如果沒有時
間壓力,不妨在這裡悠閒度過甜點時光吧!

1.店家外觀／2.蘋果派也是店家大推餐點／3.一整面大
倉陶園茶具造價不菲

青森獨家、特色限定

不可錯過，有趣的蘋果溫泉湯！

既然來到日本蘋果產量第一的青森，如果有機會泡一下蘋果湯是不錯的建議，就讓三小a推薦一個能泡蘋果湯的地方吧！距離弘前不遠的「南田温泉ホテルアップルランド」是全年都能泡蘋果湯的好地方，雖然這裡是溫泉飯店，不過慕名而來純泡湯的旅人也不少，無論是「大浴場苹果の湯」、「りんご露天風呂」，都能看到蘋果的蹤跡。你能想像泡澡時被蘋果包圍起來的景象嗎？記得來這裡嘗試看看吧！

1.溫泉池裡會使用不同種類的蘋果 / 2.一邊泡蘋果足湯、一邊啃蘋果是什麼感覺呢 / 3.被蘋果包圍的露天風呂感覺有趣 / 4、5.大浴場外觀與內部

南田温泉ホテルアップルランド(溫泉飯店)│ http www.apple-land.co.jp │ ✉平川市町居南田166-3
│ ☎0172-44-3711 │ ➡搭乘弘南鐵道弘南線到平賀駅下車徒步15分鐘 │ ❓請自備毛巾
大浴場苹果の湯、りんご露天風呂 │ ⏰10:30～14:30(最後入場14:00) │ 💲大人￥550、小學生
￥220

田舍館村田んぼアート（田園藝術）

你曾看過青森的「田舍館村田んぼアート」(田園藝術)的壯觀景象嗎？這可是期間限定的活動，錯過就得再等明年。使用不同顏色的稻米在田地裡製作出很棒的藝術作品，這個展覽到現在已經舉辦超過20回，每次總能吸引不少觀光客來訪，由於是在暑假期間，因此可看到許多家長帶著小朋友一起來同樂。每年5月中主辦單位會決定當年的主題，無論是童話、卡通、風景等都是考慮範圍，6月初會開始「稻刈り」(插秧)，推薦景色最漂亮的7月中～10月初來參觀，若此期間來東北旅行，請別忘記把這裡排入行程中。

田舍館村田んぼアート的行程建議

從「田んぼアート駅」徒步2分鐘可到第二會場，此外兩個會場和「田んぼアート駅」之間有免費接駁車「たさあべ号」，建議先確認接駁車班次後，再往第二會場、第一會場參觀，結束後搭接駁車回「田んぼアート駅」再轉車前往弘前或黑石。

1.石藝術──高倉健／2.田舍館村役場看起來像座天守／3.2016年第一會場是NHK大河劇「真田丸」／4.2016年第二會場是「真．哥吉拉」／5.石藝術──石原裕次郎／6.第二會場「弥生の里」展望台／7.參觀前記得先購票喔

田園藝術會場地圖

```
田んぼアート駅
            ● 遊稲の館
弥生の里展望所 ●

田舍館駅

北          弘南鉄道        ● 田舍館村展望台
```

青森県南津軽郡田舍館村 ┃ http www.vill.inakadate.lg.jp(田舍館村官網) ┃
☎0172-58-2111(田舍館村企画観光課) ┃ ◷09:00~17:00(最後入場16:30) ┃
💲請見下方票價表 ┃ ➡搭乘從JR弘前駅往城東方面可到達弘南鐵道弘前駅，再搭乘弘南線到「田んぼアート駅」下車

類別	第一會場 (田舍館村展望台)		第二會場 (弥生の里展望台)
	4樓展望台	6樓天守閣	
大人(國中以上)	¥300	¥200	¥300
兒童(國小)	¥100	¥100	¥100
幼童(國小以下)	免費	免費	免費

special column

五所川原

sightseeing

津軽五所川原駅
充滿百年懷舊氛圍老車站

http tsutetsu.com │ ✉五所川原市字大町7-5 │ ☎0173-35-7743 │ 🕐06:06～19:05 │ 休無休 │ ➡從JR五所川原駅徒步1分即達

　全長只有20.7公里的距離，雖然感覺是段不起眼的鐵道，不過充滿內外都充滿歷史回憶的津軽五所川原駅及季節限定的ストーブ(暖爐)列車(P.20)、風鈴列車及芦野公園的櫻花總是吸引不少人前來搭乘體驗，這裡還能買到有蘋果內餡的どら焼き(銅鑼燒)，酸酸甜甜滋味真好吃。

黑石紅葉景點-中野もみじ山

青森欣賞紅葉的代表景點之一，由於大眾交通工具易受時間限制，推薦自駕前往為佳(mapcode請設定：804 667 846)，在紅葉期間17:00～21:00會有夜間點燈，現場也會有一些攤販擺設，無論是中野神社或後方的山上都會有很棒的楓景。

實施日期不一定相同，詳細時間請向立佞武多の館確認。

在館中還有遊樂工房「かわらひわ」能進行付費手作體驗、提供餐飲服務的展望ラウンジ「春榆」及擺放當地土產品讓人選購的空間，無論大人小孩都很適合前來。

立佞武多の館
感受山車高度超過20公尺的震撼

http www.tachineputa.jp｜✉ 五所川原市大町506-10｜☎ 0173-38-3232｜🕐 09:00～17:00｜🚫 1月1日｜💲 大人￥650、高中生￥500、中學生￥300，持當日五能線觀光列車票券，入場券可折價10%｜➡ 從JR五所川原駅徒步5分即達

在青森三個大型睡魔祭各有各的特色，而五所川原的特色就是在於它的高度，但如果無法親臨現場參加祭典，搭配搭乘五能線觀光列車行程，並徒步5分鐘到停放巨型山車的立佞武多の館來逛逛也不錯。

在立佞武多の館內的展示室不僅能欣賞到現役的3座巨型山車，隨著步道由上到下能用不同角度欣賞山車，還能瞭解「立佞武多」的歷史，另外營業日09:00～17:00能到「立佞武多製作所」裡進行山車製作過程，另外在4月到6月還有貼和紙的體驗，完成後還會得到一張證明書，不過貼和紙體驗每年

吃甜點是另一個胃

甜蜜的

蘋果派

アップルパイ

來到青森，一定要吃蘋果派的啊！

日本蘋果的產量，青森縣就超過一半，其中又以弘前市為最主要產區，
因此弘前當地特別製作了一本「アップルパイガイドマップ」導覽地圖，
專門介紹市區賣アップルパイ(蘋果派)的店家，總共收錄超過40家店，
從店家的營業資訊、商品照片、供應期間和口味酸甜差異，
以及是否添加肉桂都有清楚介紹，就算是外國人，只要帶著這地圖，
就能好好享受各種蘋果派的美味，不過對於有選擇困難的人來說，
可能會變得更加困難，因為每家看起來都好好吃，每個都想吃啊！
因此三小a根據這份導覽地圖，精選8家店推薦給讀者嘗試，
建議早點來以免售完撲空，多數店家也有其他甜點，味道也都不錯喔！

**導覽地圖索取地點／弘前駅1F觀光案內所、弘前市立觀光館，
或從弘前市觀光官方網站下載最新版的蘋果派店家導覽地圖。**

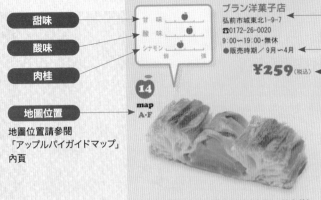

甜味

酸味

肉桂

地圖位置

地圖位置請參閱「アップルパイガイドマップ」內頁

ブラン洋菓子店
弘前市城東北1-9-7
☎0172-26-0020
9:00～19:00・無休
●販売時期／9月～4月

店家基本資料

供應期間

販售價格

¥259（税込）

14 map A・F

サクサク感たっぷりの自家製パイ生地と、甘すぎないりんごはボリュームがあり、食べごたえがある。酸味と甘さ、シナモンの風味の程よいバランスが魅力となっている。

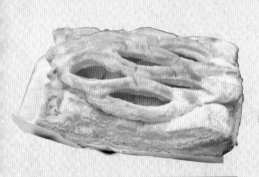 

apple pie タムラファーム
蘋果農家自產自銷、不加肉桂

✉弘前市大字下白銀町2-1(弘前市立観光館) ☎0172-37-5501(弘前市立観光館) ⏰09:00～18:00；供應期間：全年 休無休

タムラファーム是弘前蘋果產量第一的農家，用來製作蘋果派的品種是「紅玉」，蘋果派口味算是適中，不管甜度、酸度都在中等，而且沒加肉桂，不喜歡肉桂的人也能吃，在弘前市立觀光館就能買到。

apple pie 双味庵
口味偏酸、有少許肉桂

✉弘前市住吉町22-9 ☎0172-32-8491 ⏰09:30～18:30；供應期間：10月中～5月中 休每月的第二個週三

這裡是一家和菓子店，蘋果派使用的蘋果品種是「紅玉」，在製作過程中有加入萊姆酒跟少許肉桂，因此吃起來會有淡淡的香氣且口味偏酸，建議不喜歡肉桂的朋友也可以稍微試試看。

84

apple pie
ル・ショコラ
酥脆派皮、肉桂味稍濃

✉弘前市徒町17-1｜☎0172-37-6761｜🕐平日09:00
～20:00、假日09:00～19:00；供應期間：全年｜🚫週
三｜🗺P.44／C2

使用的蘋果品種為「紅玉」，酥脆口感
的派皮是創店時就有的人氣魅力，在網路上
也得到不少好評，略酸的味道讓人不覺得甜
膩，但由於肉桂味中等，比較不推薦給討厭
肉桂的朋友，但這可是三小a的愛店之一。

apple pie
Salon de cafe Ange
堅果脆感、限量供應

✉弘前市下白銀町2-1(旧東奥義塾外人教師館內)｜
☎0172-35-7430｜🕐09:30～18:00；供應期間：全年
｜🚫12月31日、1月1日｜🗺P.44／A2

表面看起來像張交錯的網子，使用品種
「栄紅雅」製作的蘋果派，中等甜度帶微
酸，底部混合著杏仁等綜合堅果，吃起來的
口感有些脆脆的，加入少許肉桂但味道並不
重，由於每天限量供應，賣完就沒有了。

apple pie
Le Castle Factory
奶油香氣、大眾化口味

✉弘前市上鞘師町24-1(ホテルニューキャッスル內)｜
☎0172-36-1211｜🕐09:00～21:30；供應期間：全年
｜🚫無休｜🗺P.44／B2

這裡蘋果派散發出的奶油香氣，讓人忍
不住想快點吃掉它，蘋果是使用青森縣產的
「ふじ」(富士)，店家對於自家產品很有信
心，蘋果派偏甜且酸度適中屬於大眾口味，
推薦可以一試。

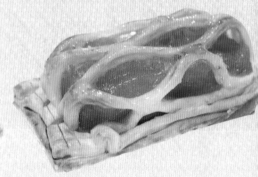

apple pie
ITALIAN TOMATO
獨特濕潤口感、無添加肉桂

✉弘前市大字駅前3-2-1イトーヨーカドー弘前店1F | ☎0172-32-4087 | ⏰10:00〜21:00；供應期間：全年 | 休無休 | MAP P.44／D3

　這是一家日本全國連鎖的餐廳，距離弘前駅不遠的分店也被列入蘋果派導覽地圖。使用青森縣產的蘋果製作，濕潤的口感跟其他店家略有不同，沒有加肉桂，就算是完全不吃肉桂的人也可放心享用。

apple pie
珈琲はなまる
特色蘋果切片、不加肉桂

✉弘前市若党町61-4 | ☎0172-37-8701 | ⏰10:00〜19:00；供應期間：全年 | 休週四 | MAP P.44／B1

　酥脆外皮包著粉櫻色的切片蘋果，從蘋果派的外表就有很高的辨識度，這是珈琲はなまる的特色，使用青森產的「紅玉」製作，甜度和酸度完美搭配，由於沒加肉桂，不喜歡肉桂味的人也能盡情享用。

apple pie
Angelique
用料飽滿、酥脆焦糖香

✉弘前市大字野田1-3-16 | ☎0172-35-9894 | ⏰10:00〜19:00；供應期間：全年 | 休週二和每月第二、四個週三 | MAP P.44／D2

　這也是三小a喜歡的店家之一，蘋果切片堆疊起來相當有特色，看起來用料相當扎實，酥脆口感搭配蘋果派底部的焦糖香氣，光看外觀就會讓人情不自禁地想咬一口，這也是三小a喜歡它的原因啊！

TOHOKU EMOTION

移動餐廳、海岸美景、假日限定

　　這是一列沿著海岸線、行駛於八戶和久慈間的觀光列車，它也是一間假日限定、能看到漂亮海景的移動餐廳。從八戶發車提供午間套餐，雖然是在車上烹飪，不過從前菜到甜點都做得相當精緻，一點也不馬虎，讓人不自覺開始幻想這趟是富豪貴族的旅行。下午從久慈發車提供的是甜點下午茶，使用當地農產製作的美麗甜點，搭配紅茶或咖啡一起享用。單趟近兩小時的悠閒時光，在經過特定地點時，列車還會放慢速度，讓乘客可以好好欣賞壯闊的太平洋景色，是個相當難得的搭乘經驗，就像是在做美夢般地會讓人想再來搭乘。

http www.jreast.co.jp/tohokuemotion
⁉ 此列車不能使用JR東日本PASS乘車，在創造旅行社可單購列車乘車商品

TOHOKU EMOTION具有特色的車廂外表非常吸睛，停靠在月台時也會有很多人來拍照留念，出發前還會在月台鋪上紅地毯讓乘客踩著上車，共有3節車廂：

第一節：包廂式座位，總共有7間，每間基本搭乘人數是4人，較有隱密性。

第二節：半開放廚房，能讓乘客清楚看到廚師在準備料理的過程。

第三節：開放式座位，牆燈是岩手生產的琥珀，整體來說很高級且有質感。

令人感動的「洋野 EMOTION」

「洋野EMOTION」這個活動名稱源自「岩手洋野町」跟「TOHOKU EMOTION」，它是當地居民在311東日本大震災後，為了表達感謝之意的自發性活動，只有TOHOKU EMOTION列車行駛時才有，看著居民不停揮手和揮舞著代表豐收的大漁旗，車內乘客也會不自覺地回應且跟著一起揮手，讓人從心底產生一股難以言喻的感動。

JR 五能線

漂亮海景、特色車站、海邊溫泉

　　五能線是往返於青森、秋田之間，經由弘前、沿著日本海行駛的觀光列車，每天總共有來回6個班次。它最大的魅力，在於可欣賞海岸線的漂亮景色，還有車程中會經過的景點，無論是有著巨大土偶外觀的木造驛，位於海邊的黃金崎不老ふ死溫泉，充滿神祕感的十二湖與青池，可在月台玩投籃遊戲的能代驛等，都是相當特別、值得推薦的景點。

　　目前有3種不同主題的觀光列車在五能線上行駛，分別是代表日本海和十二湖的「青池」，代表生長於白神山地的鳥類和日本海夕陽的「くまげら」，以及代表白神山地深綠森林的「橅」，每班列車都有寬廣的觀景窗跟展望室，此外也別忘記收集在車上才有的乘車證明書及紀念章。

五能線劃位、搭乘注意事項

　　五能線觀光列車是全車指定席，建議到みどりの窗口(綠色窗口)兌換JR東日本鐵路周遊券、JR鐵路通票時就一起劃位，其中A座席是海側靠窗座位，如果想看美麗海景，記得劃位時跟服務人員指定要A座席喔！全程不下車的車程時間約5小時(單程)，若中間下車參觀景點，請記得留意下一班次的搭乘時間。

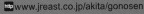www.jreast.co.jp/akita/gonosen
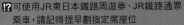可使用JR東日本鐵路周遊券、JR鐵路通票
乘車，請記得提早劃指定席座位

黃金崎不老ふ死温泉

www.furofushi.com　08:00～15:30

在ウェスパ椿山駅站下車，此處泉水裡含有豐富鐵質，所以呈現茶褐色，露天風呂就在海邊，可以看到相當棒的景色，如果搭乘五能線觀光列車來玩，持乘車證明書還能享有入浴折價優惠，而溫泉的免費接駁巴士也會配合列車到達時間，在車站前接駁載客。

十二湖駅

www.konanbus.com/travel/junilake.html(弘南バス 十二湖線時刻表)　4月中～11月

世界自然遺產白神山地範圍廣大，對外國遊客挑戰性較高，因此較推薦來十二湖散步。從十二湖駅搭免費接駁巴士或「弘南バス」於奧十二湖下車即到，在森林步道盡情吸收芬多精，沿路還有幾個較有特色的湖泊，特別推薦要來參觀青池，另可在奧十二湖的森の物產館「キョロロ」租借語音導覽筆，每次¥500(另押金¥1,000)。

木造駅

車站前高17公尺的「遮光器土偶」，是來到木造駅的第一印象，因為土偶是從附近的「龜ヶ岡石器時代遺跡」出土，所以此處常可看到這土偶的蹤影，無論是告示牌及紀念品都能看到它，當地人也親暱地用「シャコちゃん」來稱呼。

圖片提供：磯辺 猛

能代駅

月台投籃遊戲，僅限搭乘4～11月的「リゾートしらかみ」(列車名)1号、3号班次才有

「能代工高」籃球部是全國大賽的常勝軍，因此在車站月台上設置了籃框，還有一個擺放球隊歷史及得獎紀錄的玻璃櫥窗。當列車停靠在能代駅，就會有不少乘客跑到月台上排隊，為的是投籃成功後得到用秋田杉製作的紀念品，除了有趣之外，也相當有紀念意義。

傳達歷史神話的豪華山車
體驗重要民俗文化的魅力

八戶三社大祭

1.每輛山車都很花俏豪華 / 2.山車上會有小朋友做囃子演奏 / 3.整個城市都動起來的全民祭典 / 4.人數不少的前導演奏 / 5.祭典首日山車在中心街靜態展示 / 6.山車會有讓人驚奇的效果 / 7.奢華的山車裝飾

　　如果要三小a說青森除了「ねぶた」(睡魔)這個代表祭典外，還有什麼可以推薦給大家的祭典活動呢？有近300年歷史、國家指定重要無形民俗文化財的「八戶三社大祭」一定是榜上有名。八戶並不是大型城市，每當舉辦大型祭典時，所有居民、不分男女老幼都會參與其中，感覺整個城市都動了起來。祭典山車的豪華裝飾令人讚歎不已，無論是歷史故事、神話傳說或歌舞伎等，都是山車的布置主題，特別推薦神轎、山車的共同遊行，有機會近距離和遊行隊伍互動，是超棒的體驗感受！

/ 活動日程 /

7/31	18:00～21:00 / 山車在八戶中心街展示、囃子表演
8/1	15:00～18:00 / 神轎、山車在八戶中心街共同遊行
8/2	14:00 / 加賀美流騎馬打毬，18:00 / 山車遊行。大約各2小時
8/3	15:00～18:00 / 神轎、山車在八戶中心街共同遊行
8/4	18:00～20:00 / 山車在市民廣場展示、囃子表演

http www.hachinohe-cb.jp/festival02.html | ✉ 從八戶搭乘JR八戶線前往本八戶，出站後徒步7分鐘即到，活動會場在本八戶中心街地區 | ☎ 0178-41-1661 (八戶観光協会)

日本東北的祭典代表
知名度最高、參觀人數最多

青森睡魔祭

據說睡魔祭是從中國的「七夕」演變而來，
加上與青森當地習俗相互融合後，成為現在的祭典內容，
其中又有青森ねぶた祭、弘前ねぷた、五所川原立佞武多等3個睡魔祭。
最早睡魔祭遊行是由鄉里為單位，但隨著規模越大，需要的經費也越多，
因此現在的睡魔祭幾乎都有當地自衛隊及民間企業團體的加入及贊助，
成為日本東北最有知名度的祭典。

青森ねぶた祭

(特色) 青森遊行陣容最大的睡魔祭，令人歎為觀止

說到青森最大的祭典，那絕對是東北三大祭典之一的青森ねぶた祭(睡魔祭)，每年吸引超過250萬人次來訪，奠定它屹立不搖的地位。遊行隊伍組成相當龐大，除了有約20輛長9公尺、寬7公尺、高5公尺、重4噸的大型山車外，每輛山車還搭配陣容龐大的囃子、太鼓及上千名手持扇子的跳人一起活動，在遊行期間無論是樂器演奏聲，或是跳人「ラッセラー」(發音：啦塞啦)的吆喝聲都不絕於耳。大型山車推到轉彎的路口時，還會先轉幾圈後再繼續前進，光是在路邊觀賞就能讓人激動。參加祭典的人數眾多，每個路口都有警察進行交通管制，若親自加入跳人隊伍裡狂歡(須穿著跳人服裝)，感受肯定更加深刻。

租借跳人服裝

由於參加祭典的人數眾多，每個路口都有警察進行交通管制，想加入跳人隊伍，得租借穿著跳人服裝才能一起狂歡前進，如果沒有換裝，就只能在管制區外欣賞活動。各店家的租借時間不盡相同，請以店家規定為主，另外因為多數店家僅能以日文或簡單英文溝通，預約時請盡量以日文與店家聯絡。

租借跳人服裝店家(都為日文網頁)
● ハネとや：www.hanetoya.com
● フクシスポーツ：fukuspo.com
● ウィナーズテーラー：
　www.top-tailor.co.jp
● きものあつらえ処皆川：
　www.minagawa-kimono.com

圖片提供／
青森縣廳

/ 活動日程 /

8/2~3	19:10~21:00 / 小朋友山車、大型山車青森市區共同遊行
8/4~6	19:10~21:00 / 大型山車青森市區遊行
8/7	13:00~15:00 / 大型山車青森市區遊行
	19:15~21:00 / 青森港山車海上遊行、青森花火大會

http://www.nebuta.or.jp　✉ 遊行範圍在青森市中心　📞 017-723-7211　🕐 每年8月2日~8月7日　➡ 從JR青森駅出站後徒步7分鐘

弘前ねぷた

94

擁有大小近80輛山車的弘前ねぷた，是青森縣的重要祭典之一，也是青森地區睡魔祭的起源，雖然山車比青森ねぷた的較小，但獨特的扇形外觀辨識度相當高，主題幾乎都是三國誌的人物故事，隊伍最前面高3.3公尺、重2噸的巨大太鼓，從遠處看起來也相當明顯，祭典開始前會開放給大眾敲擊。遊行大多是以町為單位來組隊，熱鬧氛圍感染每個來參加人的心，最後一天晚上，在岩木川河堤將山車燒掉時，整個祭典活動就算是到達最高潮，也代表今年的弘前ねぷた順利結束。

活動日程			活動範圍		
8/1~2	18:30~22:00	夜間評審審查共同遊行	8/1~4	18:30~22:00	土手町
8/3~6	18:30~22:00	夜間共同遊行	8/5~6	18:30~22:00	駅前
8/7	09:30~11:30	上午共同遊行	8/7	09:30~11:30	土手町
	17:00~20:30	なぬかびおくり(焚燒山車的儀式)		17:00~20:30	岩木川河川敷

http www.hirosaki-kanko.or.jp | ✉ 祭典範圍在弘前城公園周邊，活動當天有交通管制 | 📞 0172-37-5501 (弘前市立觀光館) | 🕐 每年8月1日～8月7日 | ➡ 從JR弘前駅徒步約25分鐘

五所川原立佞武多

特色 最高大壯觀的睡魔祭山車

五所川原立佞武多的山車雖然只有15輛，但特色就是「高」，超過20公尺的山車在路上移動相當醒目壯觀，山車用長長的麻繩由人員拖動著，如何保持平衡還真是個謎。也許因為五所川原是個小城市，參加遊行的人員跟路邊觀眾都有著熱情互動，這是在青森與弘前沒辦法體會到的難忘經驗。如果是非祭典期間前來，也可以到立佞武多的館參觀，最高的山車平日會停放在這裡，還有製作燈籠等體驗活動可以參加，適合帶小朋友來玩耍，做出來的成品也可以成為很棒的回憶。

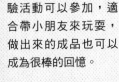

www.tachineputa.jp ｜ 立佞武多の館：五所川原市大町506-10 ｜ 0173-38-3232
每年8月4～8日19:00～21:00(夜間共同遊行) ｜ 在JR五所川原駅下車徒步5分鐘

青森縣
住宿情報

青森市

hotel

ホテル青森
車站接送、適合家族旅行

http www.hotelaomori.co.jp | ✉ 青森市堤町1-1-23 |
📞 017-775-4141 | 🕐 入住14:00、退房11:00 | ➡ 從JR
青森駅徒步25分鐘、搭計程車5分鐘 | MAP P.43／F3

青森市區最高級的飯店，設施和房間大
小都很不錯，適合家族、情侶及帶著長輩來
旅行的人。漂亮的門面讓人有好印象，雖然
價格比商務飯店高一點，距離青森駅也比較
遠，不過從飯店官網預訂的話，可選擇從青
森駅或新青森駅接送服務的住宿方案，就可
以不用拉著行李、輕鬆前往。

這裡的房間寬敞，29吋行李箱也可以毫
無障礙的打開。頂樓的Sky Bar「MON-
TAGNE」是很有氣氛的地方，在這裡喝點
酒、欣賞漂亮的青森夜景，是多麼悠閒的
事。在1樓餐廳的自助早餐，除一般常見餐
點，還有幾樣青森的鄉土料理，以及可以自
己選料的海鮮丼，內容豐富到也許會飽到連
午餐都省下來啦！

十和田

hotel
十和田莊
距離十和田湖近、參加雪祭方便

http www.towadaso.co.jp｜✉十和田市奧瀨十和田湖畔休屋340｜☎0176-75-2221｜🕐入住15:00、退房10:00｜➡飯店免費接駁巴士：往返八戶駅西口(期間限定且需預約，詳見官網)、搭JR巴士みずうみ号：往返從新青森駅及青森駅，但冬季(每年11月中到隔年4月中)停駛，搭JR巴士おいらせ号：往返八戶駅西口，原則上冬季停駛，但仍會有期間限定班次行駛｜MAP P.45／A3

如果想到十和田湖畔遊玩，三小a最推薦且便宜的溫泉旅館，大概就是十和田莊了，純住宿每人￥5,000、含兩餐每人￥10,000價格覺得超值，尤其冬季交通不便，還有免費接駁車往返八戶駅西口，加上徒步7分鐘就能到達十和田湖冬物語會場，是相當熱門的住宿設施，但周邊無便利商店，想買東西只有飯店內的賣店。

青森市

hotel
アートホテルカラー青森
多元色系布置、豐富的自助早餐

http arthotelcolor.com｜✉青森市新町2-5-6｜☎017-775-4311｜🕐入住15:00、退房10:00｜➡從JR青森駅徒步10分鐘｜MAP P.42／C2

「因為8樓的彩色房間和豐富早餐，是再訪的理由」，這是三小a的住宿感想。有別於單調的住宿環境，這間旅館的8樓與眾不同，房門、裝潢、家具等都是同色系，共有粉紅、紅、橘、綠、藍、水藍、草綠、天空藍等8種不同顏色，此外還有付費洗、烘衣

機可使用，此處的早餐也相當推薦，每天有超過30種菜色可挑選，味道也很不錯，難怪這間旅館在網路上有很高的評價。

三沢市

hotel

星野リゾート 青森屋

融合祭典的熱鬧、多樣體驗活動

http hoshinoresorts.com/ja/hotels/aomoriya ｜ ✉三沢市字古間木山56 ｜ ☎0570-073-022 ｜ ⏰入住15:00、退房12:00 ｜ ➡從青い森鉄道三沢駅(需預約)有免費接駁車

飯店內營造如祭典般的氛圍，特別是連接本館、西館的じゃわめぐ廣場就像是祭典會場，有土產品商店、熱鬧氣氛居酒屋、釣干貝小攤、蘋果汁喝到飽及租借可愛浴衣攤位，而2022年4月重新開幕的みちのく祭りや，利用聲光特效讓你一次收集青森著名的夏日三大祭典，一定要提早預約才不會錯過。另外還有超限定的青森睡魔房型，從房號、電鈴到房內裝潢都相當特別且有意外驚喜，餐飲部分有採自助式的「のれそれ食堂」、古民家氛圍的「南部曲屋」，以及滿滿悠閒感的「八幡馬ラウンジ」，絕對要來親身體驗。

星野リゾート
青森屋

祭典造景的溫泉

　　青森屋的溫泉，主要分成「元湯」、「ひば湯」和「浮湯」等3種。元湯位在飯店外，是當地民眾也會來的地方，房客有免費接駁巴士可搭，憑房間鑰匙就可在櫃檯免費取得毛巾、盥洗用具及入場，入浴後全身舒暢暖和，慢慢散步幾分鐘回青森屋也不錯。「ひば湯」(飯店內)使用「青森ひば」(青森檜)裝潢，從浴槽、天花板及牆壁都是，一邊泡澡、一邊聞著淡淡檜木香，因此稱為「ひば湯」。最後是露天的「浮湯」(飯店內)，面對造景池子跟樹林，無論是欣賞夏季新綠、秋天紅葉或冬天雪景都很適合，在冬季夜晚還有漂亮的「ねぶり流し灯籠」造景，可是會讓人不想離去呢！

圖片提供／星野集團 青森屋

圖片提供／星野集團 青森屋

十和田市

hotel

星野リゾート
奧入瀨溪流ホテル

悠閒度假、享受大自然與溫泉

hoshinoresorts.com/ja/hotels/aomoriya｜✉十和田市大字奧瀨字栃久保231｜☎0570-073-022｜◎入住15:00、退房12:00｜➡搭乘免費接駁車：**1**.從JR八戶駅、JR新青森駅、JR青森駅，每天各1次往返，至少入住前2天要預約；**2**.青森屋跟奧入瀨溪之間每天也有1次往返｜MAP P.45 / B2

位在奧入瀨溪跟十和田湖附近，環境相當幽靜，彷彿住在森林裡。對此處的第一印象是大廳後方咖啡店裡的大型藝術作品「森の神話」，白天透過大片落地窗能看到漂亮景色，晚上點燈後又是完全不同於白天的風景，實在很幸福。

西館大廳旁的櫃檯能預約體驗行程，每天都有不少活動能選擇，讓你覺得住一晚時間都還不夠，像是觀察青苔生態的「苔さんぽ」，早上5點出發的超人氣行程、在溪流邊喝咖啡「渓流モーニングカフェ」，以及坐在溪流旁享用早餐的「渓流テラス」，冬季還有夜間冰瀑點燈活動可參加。

這裡溫泉分成兩個地方，分別是飯店內「渓流露天風呂・內湯」，還有需搭接駁車前往的「八重九重の湯」，在　湯能欣賞到漂亮的溪景，而每年12月到隔年3月還有加碼期間限定的冰瀑造景。「八重九重の湯」就是期間限定貸切溫泉風呂，家族旅行很適合包場盡情享受。

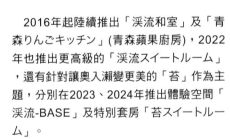

星野リゾート
奥入瀬渓流ホテル

2016年起陸續推出「渓流和室」及「青森りんごキッチン」(青森蘋果廚房)，2022年也推出更高級的「渓流スイートルーム」，還有針對讓奧入瀨變更美的「苔」作為主題，分別在2023、2024年推出體驗空間「渓流-BASE」及特別套房「苔スイートルーム」。

玩家分享

藝術作品：「森の神話」、「河神」

在星野奧入瀨渓流飯店裡，有2個日本藝術家岡本太郎的大型創作，分別是本館大廳後方，高8.5公尺、重5噸、青銅材質製作的「森の神話」，以及位在西館，高10公尺、重7噸、鋁合金材質的「河神」，這2個作品分別代表男性與女性，是飯店知名的代表裝飾。

hotel
ホテルテトラ八戸
價格經濟實惠、可使用洗衣機

🌐 hachinohe.e-tetora.com ｜ ✉ 八戸市尻内町八百刈 23-1 ｜ ☎ 0178-27-0088 ｜ 🕐 入住15:00、退房10:00 ｜ ➡ 從JR八戸駅徒步7分鐘

　雖然東北新幹線在八戸有設停靠站，但要到熱鬧的中心街還得再轉車才能到達，對於單純找住宿的旅人其實沒有很方便，如果只是需要可以睡覺、洗澡、放行李的地方，三小a建議可以來住ホテルテトラ八戸。平均每晚只要￥3,500就可以搞定，就算是假日大約也只要￥5,000，對於有預算限制的旅人是很好的選擇，可以滿足旅行的基本需求，並且還有付費的洗衣、烘衣機可以使用，推薦給行李不多且旅行時間長的人。

hotel
コンフォートホテル八戸
位置便利、提供免費早餐

🌐 www.choice-hotels.jp/hachinohe ｜ ✉ 八戸市尻内町館田2-16 ｜ ☎ 0178-70-4811 ｜ 🕐 入住15:00、退房10:00 ｜ ➡ 從JR八戸駅徒步2分鐘

　走出八戸駅就能看到這家旅館(Comfort HOTEL八戸)，徒步只要2分鐘就能到達，交通相當便利，酷似太陽的LOGO辨識度很高，大廳有免費咖啡，而且住宿還提供免費早餐，雖然是簡單的餐點，不過對於旅人而言也很足夠。徒步3分鐘有便利商店，住宿機能頗佳，也由於是日本連鎖飯店，每間的品質跟價格相差不會太大，就算是第一次來也可以安心入住，是三小a很推的連鎖飯店。

ランプの宿
青荷温泉

ランプの宿
青荷温泉

與現代隔絕的一泊二食小時光

http www.yo.rim.or.jp/~aoni | ✉ 黑石市大字沖浦字青荷沢滝ノ上1の7 | ☎ 0172-54-8588 | 🕒 入住15:00、退房10:00 | ➡ 從弘前搭乘「弘南電車」到「黑石」，轉乘弘南巴士(黑石～溫川線)到「虹の湖」下車，再轉乘青荷溫泉免費接駁車 | 🚗 自駕mapcode設定：323 892 388，將車停在此處後等待接駁車

你曾嘗試過住在沒電視、沒插座、沒網路、沒信號、沒電燈只點油燈的溫泉旅館嗎？但有機會的話該來這裡住宿，享受一晚這邊提供的健六、本館內湯、滝見の湯及露天風呂等4個溫泉浴池，除了露天風呂是混浴外，其他都是男女分開使用，但露天風呂有提供女性專用的「Lady Time」時段。

雖然這邊有提供日歸溫泉服務，畢竟都這麼遠來一趟了，其實住一晚並享受晚餐才是最推薦的行程，尤其從房間、風呂及餐廳等空間都是採用油燈照明，是相當具有特色的旅館，不過這裡房內並無獨立浴廁而都是在公共空間裡，另外要特別注意住客用餐時段，只要是在這個時段內來用餐都可以，超過就會被服務人員收掉，雖然住宿期間會有些不便，但仍吸引不少人來住宿，大家不妨來親身體驗。

宮城縣
みやぎけん

重要交通門戶，尋訪日本東北第一站

Miyagi-ken

宮城
focus
焦點

仙台城跡 伊達政宗銅像(仙台市)
石ノ森章太郎動漫車廂彩繪(石卷市)

蔵王キツネ村(白石市)
甘味処 彦いち(仙台市)

WELCOME!

©石森プロ

宮城縣的地理交通、經濟活動及生活條件,都是東北的最佳首位。戰國知
名武將「獨眼龍」伊達政宗,17世紀時將居城移到仙台,建設仙台城、成
立仙台藩,努力開發城下町經濟活動,奠定屹立不搖的地位。日本三景之
一「松島海岸」,假面騎士的故鄉「石卷」,日職樂天金鷹隊的根據地「仙
台市」,能近距離接觸可愛狐狸的「白石藏王狐狸村」,掃貨重點的OUT-
LET和購物街也沒缺席,而烤牛舌和新鮮海產,更是擄獲大家的胃呢!

仙台市區地圖

広瀬通

Disney Store

スーパーホテル
仙台・広瀬通り

炭焼牛たん東山

広瀬通り

1

広瀬通り

Nine Hours

末廣ラーメン本舗

#C-pla

いきなり
ステーキ

106

仙台七夕まつり展示範囲

閣

Daiso大創

松屋

ABC
MART

Daiso大創

鯛きち

ダイコクドラッグ
（大國藥妝）

あおば通

2

3 Coins

阿部蒲鉾店

マツモトキヨシ
（松本清）

青葉通り

青葉通一番町

コンフォートホテル
仙台西口

地下鐵東西線

仙台朝市

3

Maison Cœlacanthe

カズノリ イケダ
アンディヴィデュエル

松屋

ユニゾイン仙台

ホテルグリーンマーク

4

北

松島海岸地圖

北

瑞巌寺

瑞巌寺博物館青龍殿

かき小屋

5

洗心庵

松島観光物産館

松島蒲鉾本舗

パンセ

五大堂

JR仙石線

観瀾亭
松島博物館

松島観光協会
観光船売票處

福浦橋

JR東北本線

6

松島海岸駅

松島海岸観光船搭船處

松島灣

福浦島

A   B   C   D

● AER展望テラス
米沢牛焼肉 仔虎
利久 西口本店

● そばの神田
　善治郎

　ホテルメトロポリタン
　仙台イースト

● ずんだ茶寮
　伊達の牛たん本舗

JR仙石線

仙台駅

ホテル
メトロポリタン
仙台

● 喜助

ヨドバシカメラ ●

ダイワロイネットホテル仙台 ●

宮城野通 ●

東北新幹線

JR東北本線

宮城鐵道交通圖

1. 僅標註大約時間，依搭乘列車不同而有差異
2. 本圖僅列出書內所提到的景點站名和鐵道路線
3. 有關列車詳細資訊及交通費用，請利用黃頁簿介紹的交通APP查詢

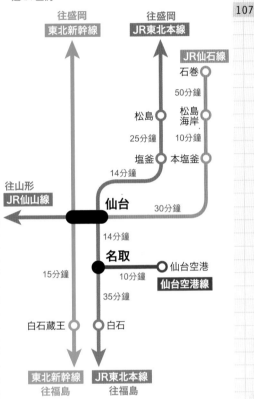

往盛岡
東北新幹線

往盛岡
JR東北本線

JR仙石線

石巻

50分鐘

松島　　松島
　　　　海岸

25分鐘　　10分鐘

塩釜　　本塩釜

往山形　　　　　14分鐘
JR仙山線

仙台　　　　30分鐘

14分鐘

名取　　　　仙台空港
　　　　　　仙台空港線
15分鐘　　10分鐘

35分鐘

白石蔵王　　白石

東北新幹線　　JR東北本線
往福島　　　　往福島

田代島地圖

● 大泊港

● 猫神社

田代島にゃんこ共和国 ●

田代島開発総合センター ○　● 仁斗田港

這個範圍能看到較多的貓

● マンガアイランド

北

石巻市區地圖

A　　　B　　　C　　　D

1

JR仙石線　　石巻駅　　JR石巻線

月台有仮面ライダー1号(假面騎士1號)跟009、001、003(人造人009)
車站上面有002ジェット・リンク(人造人009)
車站前面有003フランソワーズ・アルヌール(人造人009)

仮面ライダーV3
(假面騎士V3)

001イワン・ウイスキー跟
005ジェロニモ・ジュニア
(人造人009)

008ピュンマ
(人造人009)

石巻グランドホテル

石巻サンプラザホテル

2

009島村ジョー
(人造人009)

004アルベルト・ハインリヒ
(人造人009)

006張々湖
(人造人009)

仮面ライダー
(假面騎士)

007グレート・ブリテン
(人造人009)

ホテル林屋

赤レンジャー
(祕密戦隊)

3

ロボコン
(小露寶)

佐武と市

チョビン
(星星王子)

エッちゃん＆ブク

4

シージェッター海斗
(當地英雄)

石ノ森萬画館

網地島ライン
石巻中央発着所

北

仙台市

仙台市的交通方式

機場 ⟷ 市區
Airport　Sendai-shi

往返仙台機場、JR仙台駅的列車，分成普通車(25分)、快速列車(17分)，雖然車程有10分鐘差距，但單程票價都是￥660，亦可使用JR東日本周遊券或JR鐵路周遊券免費搭乘。

🔗 仙台空港鉄道：www.senat.co.jp (日、英)

仙台市營地鐵
Subway

目前仙台市區地鐵，有東西線、南北線兩條運行，票價依搭乘距離從￥230～540不等，一般而言，若單純在市區觀光，較少會用到地鐵，不過仍可參考搭乘。

🔗 仙台市交通局：www.kotsu.city.sendai.jp/subway(日、英)

觀光巴士
「るーぷる仙台」／Loople

「るーぷる仙台」觀光巴士，是仙台市區觀光最方便的交通工具，行駛路線會經過瑞鳳殿、仙台城跡、大崎八幡宮等景點，單次搭乘￥260。如果要安排一天時間悠閒觀光，建議購買￥630的一日乘車券，在部分景點還可折抵門票優惠，是相當划算的票券。此巴士是單向循環行駛，行程安排要特別注意景點前後順序。

🔗 るーぷる仙台：www.sentabi.jp/loople(日、英)

sightseeing
瑞鳳殿
伊達政宗的長眠地

http www.zuihoden.com | ✉仙台市青葉区霊屋下23-2 | ☎022-262-6250 | ⏰2～11月09:00～16:30、12 ～1月09:00～16:00 | 休12月31日、1月1日 | 💲一 般¥570、高中生¥410、中小學生¥210，購買入場 券時，如出示「るーぷる仙台」1日乘車券可折抵部分 金額 | ➡搭乘「るーぷる仙台」在「瑞鳳殿前」下車 後徒步8～10分鐘

戰國時代知名武將、仙台藩首代藩主伊 達政宗曾留下遺言，過世後要後代將其遺骸 移送到経ケ峯安葬，後繼者伊達忠宗依遺言 在此建立靈廟並取名「瑞鳳殿」，以豪華絢 麗為特色的桃山文化風格建造，曾被列為日 本國寶，在二戰期間遭受摧毀。現今的瑞鳳 殿是後來移地重建，原址則興建資料館，展 示出土文物及挖掘調查記錄等相關資料。

1.伊達一族牌位放置處「瑞鳳寺」/2.祭拜前記得要先 洗手喔 /3.有提供免費柱杖可使用 /4.移地重建後的瑞 鳳殿

sightseeing
仙台城跡
伊達一族的權力象徵

http www.sendaijyo.com；伊達武將隊官網www.date busyou.jp | ✉仙台市青葉区川内1 | ☎022-261-1111 | ⏰09:00～17:00 | 💲參觀城跡免費，青葉城資料展 示館¥770 | ➡搭乘「るーぷる仙台」在「仙台城跡」 下車後即達

仙台城位於青葉山，又名「青葉城」， 是在武將伊達政宗的帶領下建造，後來成為 伊達一族世代傳承的居所，原有建物在二戰 期間遭到轟炸摧毀，目前僅存大型石牆於原 地，而在主要建築本丸舊址則建造了「宮城 縣護國神社」。遊客來此大多是跟伊達政宗 騎馬銅像合照，或以居高臨下的視角來遠眺 仙台市區，在護國神社旁還有下町銘店館及

資料展示館可參觀，還有機會 跟伊達武將隊合照。

1.青葉城資料展示館 /2.宮城縣護國神社 /3.記得跟伊 達政宗騎馬像合照 /4.據說祈求早日恢復健康的御守很 靈驗

1.

sightseeing

大崎八幡宮

桃山文化的國寶神社

http www.oosaki-hachiman.or.jp | ✉仙台市青葉区八幡 4-6-1 | ☎022-234-3606 | ◉09:00～17:00 | 💰免費 | ➡搭乘「るーぷる仙台」在「大崎八幡宮」下車後即達

最早創設於岩手水沢地區，戰國時代由伊達政宗將它遷移到現址，御社殿主體以黑漆為主，搭配鮮豔的雕刻裝飾，看起來相當高貴華麗，被指定為日本國寶。進入境內沿著表參道前往主建築御社殿，會經過3座鳥居、長床及大石段，這些也分別被列為重要文化財產。在御社殿旁的西迴廊，展示每年1月由宮城當地職棒、足球、籃球、女子排球代表隊所有隊員簽名的繪馬，也是此處的亮點之一。

遊玩托囉撇 盡量勿正面取景神社正殿

參觀神社時，不少人會在正殿的正面取景拍攝，但這樣其實是不正確的，要拍正殿時，建議側一點為佳，太正面的角度是對神明不敬，或許台灣沒有這樣的禁忌，但到了日本就請入境隨俗吧！

1.八幡宮正殿 / 2.列為重要文化財產的鳥居 / 3.有發現隱藏在牌匾中的兩隻鴿子嗎 / 4.掛滿祈求願望的繪馬跟籤詩 / 5.日職樂天金鷹隊全體隊職員簽名的繪馬

仙台うみの杜水族館

東北規模最大、表演豐富的水族館

http www.uminomori.jp ｜ ✉ 仙台市宮城野区中野4-6
｜ ☎ 022-355-2222 ｜ 🕐 11月5日～3月15日09:00
～17:30(最後入場17:00)、3月16日～11月4日09:00
～18:30(最後入場18:00)｜ 休 12月31日、1月1日｜ $
大人(18歲以上)￥2,400、國高中生￥1,700、小學生
￥1,200、4歲到未就學￥700、65歲以上￥1,800、另
有年間護照價格請見官網｜ ➡ 搭乘JR仙石線到達「
中野栄駅」下車,可徒步10分鐘或轉乘免費接駁車前
往,平均每30分鐘一班接駁車

位於海邊的仙台うみの杜水族館是2015年才開幕,由橫濱八景島水族館負責應運管理,館內有超過300種以上生物在此生活,是目前日本東北地區規模最大的水族館,自駕來此相當方便,還能順遊附近的三井OUTLET PARK仙台港,就算搭電車也很方便,有著可愛企鵝外觀的免費接駁車往返於水族館跟「中野栄駅」間。

兩層樓建築物占地不大,在巧妙安排下分成「世界的海」、「東北的海」、「海獸區」、「水母館」及「表演區」等9個不同的空間,使用聲光效果及一系列體驗活動能讓人玩到忘了時間。既然來訪水族館,當然也不能錯過這邊的海豚海獅表演秀,由於表演區在戶外,所以館方也貼心在表演區入口處放了保暖毯子讓訪客自由取用,但用完後記得把它掛回來,位於1樓的賣店擺放不少有趣紀念品,逛完水族館不妨來逛逛賣店囉!

1.「世界的海」大水槽內可看到種類繁多的魚種／2.水族館外觀看起來相當樸實／3.企鵝散步是館內招牌活動之一／4.逗趣海獅表演也相當熱門

sightseeing
AER展望テラス
白天夜晚都可觀賞仙台市區街景

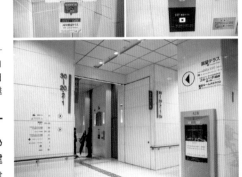

http www.sendai-aer.com | ✉ 仙台市青葉区中央1-3-1
| 📞 022-724-1111 | ⏰ 10:00～20:00 | 休 1月1日
| 💲 免費 | ➡ 從JR仙台駅2F出口2-8徒步2分即達
| MAP P.107 / E1

　以仙台市區的景點來說都是以白天為主，晚上除了逛商店街外還能做什麼呢？建議可以去位於AER的31樓展望台吧！在這邊無論白天晚上都可以看到漂亮的仙台市區街景。AER是一棟複合式商業大樓，明顯標示不用擔心找不到，不過要特別注意的是展望台有東西兩側，從室外並沒有連通，只能透過建築物內的走道連接在一起，因此當看完一邊的展望台後，可別忘記另外一邊也有展望台喔！

shopping
三井OUTLET PARK仙台港
上百家店鋪、折扣血拼首選

http www.31op.com/sendai | ✉ 仙台市宮城野区中野3-7-2 | 📞 022-355-8800 | ⏰ 商店10:00～22:00、餐廳10:30～20:00(L.O.19:30)、美食街10:30～20:00(L.O.19:30) | ➡ 1.搭乘JR仙石線到JR中野栄駅下車，之後徒步8分鐘；2.從JR仙台駅西口徒步5分鐘，到JRあおば駅旁的50號站牌，搭巴士約40分鐘下車即達。較推薦以方法1.前往

　這裡是東北地區第一個引進的大型連鎖OUTLET，園區中直徑50公尺的大型摩天輪，讓人遠遠就能看到商場所在地。此處包含商店及餐廳，總共有超過140家店鋪，品牌選擇性相當豐富。由於就在JR仙石線上，白天可前往石卷或松島海岸觀光，下午再轉來這裡購買折扣優惠商品，或是直接安排一天時間在這盡情血拼囉！

1.OUTLET旁摩天輪是情侶約會好場所 / 2.不少精品名牌店面進駐 / 3.多達140家店讓人逛到眼花撩亂

shopping
仙台市區商店街
商品種類豐富、應有盡有

仙台市區血拼好去處有：1.仙台駅前商店街、2.ハピナ名掛丁商店街、3.クリスロード商店街、4.一番町商店街這4處。從JR仙台駅為起點，可以在這裡安排一個下午，好好的逛街選購，無論藥妝、特色小物、動漫專賣、手機周邊等應有盡有，還有不少特別小店可以撿便宜，就讓我們一起來逛逛吧！

ダイコクドラッグ (大國藥妝)

http daikokudrug.com｜✉ 仙台市青葉区中央2-2-30｜🕐 週一~六08:00~21:30、週日及假日09:00~21:00｜MAP P.106／D2

相較於其他藥妝店，ダイコクドラッグ的價格整體而言比較便宜些，且店內有會說中文的店員能提供服務，很適合喜歡比價及不懂日文的旅人前來選購。

Daiso (大創)

http www.daiso-sangyo.co.jp｜✉ 仙台市青葉区一番町3-6-7｜🕐 10:00~21:00｜MAP P.106／B2、D1

很多人耳熟能詳的Daiso(大創)，在商店街裡就有3家分店，提供不少特色小物、生活用品可以選購，價格相當便宜。

#C-pla

http toshin.jpn.com/cpla｜✉ 仙台市青葉区中央2-6-2｜🕐 10:00~22:00｜MAP P.106／D1

＃C-pla是一家日本全國連鎖的扭蛋玩具專門店，每家分店都有不同的星球主題，最讓人驚豔的莫過於店內那幾面琳瑯滿目的扭蛋機牆，有選擇困難症的人要小心荷包破洞。

3 Coins (¥300商店)

http www.3coins.jp｜✉ 仙台市青葉区一番町3-1-13｜🕐 10:00~21:00｜MAP P.106／C2

有很多店面及好評價，是女性喜歡光顧的店家，主打商品是價錢便宜且可愛的生活小物，因未稅價只要￥300，所以就取名3 Coins，代表只要3個銅板就能入手。

restaurant
阿部蒲鉾店
鮮魚漿裹麵衣的美味炸物

預算¥250

🌐www.abekama.co.jp｜✉仙台市青葉区中央2-3-18
｜📞022-221-7121｜🕐10:00～18:30｜💲￥300
｜休無休｜MAP P.106 / C2

如果說三小a每次來仙台都會吃的美食，那大概就是阿部蒲鉾店的「ひょうたん揚げ(炸魚板葫蘆)」了，用麵衣裹在新鮮魚漿做成球狀下去炸，一串兩顆看起來像是葫蘆的樣子，吃起來像是美式炸熱狗的口感，加上番茄醬或甜辣醬食用感覺更棒，無論當地人或遊客都相當喜歡它，現在在仙台駅2樓也有攤位，吃的時候可得要小心別沾到頭髮或衣服。

1.位於商店街旁的本店／2.加上醬料的樣子看起來真美味／3.看到葫蘆商標來一支就對了

restaurant
米沢牛燒肉 仔虎
來自米沢的垂涎好味道

預算¥5,000

🌐team-toranomon.com｜✉仙台市青葉区中央
1-6-1Herb SENDAI 8F｜📞022-223-0151｜🕐11:30
～15:00(L.O.14:30)、17:00～22:00｜休不定休
｜MAP P.107 / E1

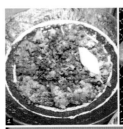

既然來到仙台，想吃些特別美食也是很理所當然的，如果不想吃牛舌定食的話，不妨來吃燒肉如何？「仔虎」雖然打著「山形米沢牛」的招牌，不過在仙台美食界裡仍有著很高的人氣，看著一盤盤油花超漂亮的牛肉，聽著肉片在鐵網上滋滋作響的聲音，無論是誰都無法阻擋美食的魔力，入口即化的肉質讓人想到就忍不住口水直流，價格雖然略高，仍建議可來奢侈一下。

1.灑滿大量蔥花的牛舌軟嫩好吃／2.燒烤的滋滋滋聲音，殺傷力大／3.點份拼盤能吃到多種部位

restaurant

いきなり！ステーキ

牛排站著吃、自選產地喜好

httpikinaristeak.com | ✉ 仙台市青葉区中央一丁目8-25 | 📞022-393-6629 | 🕐11:00～22:00 | 休無休 | MAPP.106 / D1

「立食」在日本很稀鬆平常，但你曾站著吃過牛排嗎？顛覆傳統思維的「いきなり！ステーキ」是從東京發跡的全國連鎖店，以公克為單位，可自己決定要吃多少，還能選擇不同產地的牛肉，真的很棒！若不喜歡站著吃，店內也有座位區，每人另加¥200就可以坐著享用美食。開放式廚房讓顧客能看到料理的製作過程，也會在客人面前切肉和確認重量，主食是另外付費，ガーリックライス(大蒜炒飯)是三小a最推薦的主食選擇！

1.店家外觀 / 2.站著吃牛排感覺新鮮 / 3.可以自行決定要吃多少肉 / 4.搭配大蒜炒飯是最佳選擇

restaurant

そばの神田

快速經濟的麵食好選擇

httpwww.facebook.com/sobakan | ✉ 仙台市青葉区中央1-10-23 | 📞022-267-5679 | 🕐07:00～01:00、週六～23:00、週日～22:00 | 休無休 | MAPP.107 / E1

1969年從東京立食そば(蕎麥麵)店起家，後來陸續將據點移回仙台，目前在人潮密集區共有5家分店。每天營業長達18個小時，還有店家自製麵條、上餐速度快及餐點便宜等優勢，是當地上班族吃早餐、宵夜的好選擇。從門口售券機就能看到總共有超過20種麵食可以挑選，購券後交給櫃檯人員時，再告知要そば(蕎麥麵)或うどん(烏龍麵)即可，還有數種炸食配菜可選購，飽食一餐可能還花不到¥500，相當適合趕時間或想省錢的旅人。

1.店家外觀 / 2.看起來簡單卻分量十足的麵食 / 3.使用食券機挑選想吃的食物

restaurant
預算¥1,000

中華そば 嘉一
每日限定4小時的美味拉麵

http ka-1.net ｜ ✉仙台市青葉区国分町3-8-12 ｜ ☎022-265-5907 ｜ ⏰11:00～15:00(可能提早售完) ｜ 休週三、每月第三個週四

最讓三小a錯過多次、扼腕不已的仙台美食，就是「中華そば嘉一」的拉麵，每天只有中午營業4小時，開門前就會出現排隊人龍，不只值得特地來一趟享受美味，還強烈建議在營業前至少20分鐘就到，可減少排隊等待的時間。

香氣十足、不會過鹹的金黃透明雞湯，Q彈順口的拉麵，還有味道口感兼具的「鶏チャーシュー」(雞叉燒)及筍乾，真不愧是招牌餐點。為了讓客人有更多選擇，推出「ランチセット」(午間套餐)，搭配雞飯、雞皮及あさりご飯(蛤蠣飯)，用雞湯加牛蒡製作、風味特殊的雞飯，還有店家力推的雞皮，另

外再加¥100還可多一碗「鶏チャーシュー麵」(雞叉燒麵)，是能充分品嘗雞叉燒美味的好選擇。

1.還沒營業就開始排隊 / 2.味道相當不錯的雞飯 / 3.拉麵的金黃色湯頭，喝起來很爽口

restaurant
預算¥800

末廣ラーメン本舗
隨時可品嘗傳統口味拉麵

http www.fukumaru.info/suehiro ｜ ✉仙台市青葉区中央1-7-8 ｜ ☎022-397-8112 ｜ ⏰09:00～02:00 ｜ 休不定休 ｜ MAP P.106 / D1

來自秋田的拉麵店，在仙台地區也有高人氣，由屋台開始到固定店面，現在總共有近10家分店，它的美味是從京都「新福菜館」直接傳授而來，加上營業時間長(部分24小時營業)，所以吸引不少人來吃。雖然招牌寫著「中華そば」，其實就是拉麵，風味不變的古早味湯頭，使用豬肉、雞肉跟蔬

菜燉煮，並加入醬油調味，以及白蔥、薄切叉燒和Q彈麵條，讓整碗麵變得更好吃，但因為湯頭屬於濃厚風味，喝起來會有較鹹的感覺，如果覺得分量不夠，可加點炒飯吃。

1.店內只有吧檯座位 / 2.這裡的拉麵湯頭相當濃厚 / 3.位於商店街相當顯眼

1.不起眼的外觀 2.用餐時間常客滿 3.肉質軟嫩的炸豬排,搭配酥脆外皮,一整個大滿足

restaurant

かつせい
炸豬排老店、低調誘人美味

預算¥1,100

✉仙台市青葉区北目町7-25 │ ☎022-264-3878 │
🕐11:00～14:00 │ 休週六晚上、週日及假日

要不是有人排隊,低調的店面會讓人輕易錯過它。「かつせい」是仙台市區的とんかつ(炸豬排)老店,很多當地人都會推薦這裡的美味,用餐時間很多上班族會來大快朵頤,加上有不少觀光客聞香而來,太晚到達可是會被拒於門外喔!建議平日午餐開始前就過來,這樣比較不會花太多時間排隊,而影響到接下來的行程。

　　店內座位不多,有可能需要和陌生人併桌。三小a最推薦的是「ヒレかつ」(炸腰內肉)、「ロースかつ」(炸里肌肉)定食,不只分量讓人很有飽足感,微酥外皮搭配軟嫩豬肉的口感很不錯,沙拉和高麗菜絲也相當契合,而炸豬排沾黃芥末醬的爽口,更會讓人忍不住大口扒飯呢!

玩家分享
炸豬排點餐心得

　　在日本吃炸豬排,三小a通常不會點價格和等級較高的肉,不是擔心預算爆表,而是「特」或「特上」的肉,通常脂肪比例偏高,口感的確會嫩很多,但是很容易吃幾口就覺得太油膩,因此推薦吃基本餐點即可。

restaurant

鯛きち
豐富爆餡甜點、顛覆傳統

預算¥200

http www.taiankichijitsu.com │ ✉仙台市青葉区中央2-1-30 │ ☎022-224-7233 │ 🕐10:30～19:00 │ 休無休 │ MAP P.106 / D2

對日本人來說「鯛焼き」(鯛魚燒)是能邊走邊吃的甜點,原本以為就只有口味不同,不過在「鯛きち」可就有很大的差別呢!這裡有兩種不同口感的選擇,溫熱的「うす皮たい焼き」(薄皮鯛魚燒),和冷的「生たい焼き」(生鯛魚燒),內餡也不太相同,不過都有滿滿餡料,而口味也相當多樣化,除了有小倉(紅豆)跟奶油等基本款,還有抹茶、ずんだ(毛豆)、マロン(栗子)和さつま芋(番薯)等特別選擇,顛覆大家的印象,認識完全不同的鯛魚燒。

1.位於商店街旁很顯眼的位置 2.較少見到的「生鯛魚燒」 3.可愛鯛魚燒裡塞滿美味內餡

restaurant
炉ばた
日本傳統圍爐料理

預算¥4,000

✉ 仙台市青葉区国分町2-10-28　☎ 050-5447-0806
🕐 17:00～23:00　休 不定休

「炉端焼き」是起源於仙台，卻在北海道釧路發展起來的特色料理，客人圍著方形爐坐著，廚師直接在爐邊烹調料理，之後將餐點以木槳傳遞給客人，成為非常有趣的特點。「炉ばた」是最早以炉端焼き創業的店家，爐邊的小空間只能容納約10～12人，通常若沒事先預訂，就只能碰運氣看是否有客人臨時取消，強烈建議同行者要具有日文溝通能力，否則可能在點餐時就會有困難。

店內有各種海鮮和野菜燒烤，此外也有新鮮的生魚片及干貝可選擇，還有松島當地生產的美味牡蠣，初嘗者可能無法接受它的味道，但真的好好吃！喜歡喝酒的人，可以來瓶冰涼的啤酒或熱過的日本酒，一邊聊天、一邊享用美食美酒是多麼好的事。結帳時店家提供以毛筆書寫的帳單及收據，是相當有趣的經驗。

1.隱身在建築物裡的入口 / 2.由松島直送的新鮮牡蠣 / 3.鮮甜的干貝很美味 / 4.天氣冷時來杯熱燒酒真棒 / 5.當地上班族會來此聚餐 / 6.裝潢看起來相當懷舊

預算¥600

restaurant

カズノリ イケダ アンディヴィデュエル
(kazunori ikeda individuel)
系出名門的法式甜點

カルト フリュイ ルージュ
¥520 (税込)

🌐www.kazunoriikeda.com ｜ ✉仙台市青葉区一番町2-3-8 ｜ ☎022-748-7411 ｜ ⏰週一～五11:00～20:00、週六10:00～20:00、週日10:00～19:00 ｜ 休每月只休1天，不定休 ｜ MAP P.106 / B3

🏯 城丸森町出身的店主池田一紀先生，24歲時前往法國巴黎修業10年，期間曾在巴黎青木定治甜點店工作，在2011年東日本大震災後回到日本，並於同年12月起在仙台經營這家甜點店。店內提供的多種甜點，都是池田先生長期累積經驗的成果，無論是巧克力甜品、蛋糕、馬卡龍、餅乾、布丁等味道都很不錯，很多女性都喜歡購買回家享用。使用新鮮水果製成的果醬跟果凍，也是店內相當有人氣的商品，喜歡甜點的旅人不妨來試試看。

1.店家外觀很顯眼 / **2.**還有販賣果醬跟餅乾 / **3.**美味的甜點讓人食慾大開 / **4.**蛋糕跟馬卡龍是主打商品

預算¥2,000

restaurant

Maison Cœlacanthe
日洋結合的人氣甜點

✉仙台市青葉区一番町2-2-3 ｜ ☎022-748-4061 ｜ ⏰平日11:00～19:00、假日10:00～19:00 ｜ 休1月1日 ｜ MAP P.106 / C3

Maison Cœlacanthe由知名甜點師池田一紀操刀，2021年8月於仙台正式開幕營運，將西式甜點製作方式與日本傳統和菓子モナカ(最中)結合在一起，把北海道十勝產的紅豆研磨成泥，加入來自法國的伊斯尼發酵奶油及蓋朗德鹽，做成和菓子的內餡，吃起來甜而不膩還帶點鹹味，有別於以往對モナカ的傳統印象，加上有花式滑冰王子羽生結弦的話題加持，成為不少仙台人餽贈親友的高級禮品，バインミー(越南法國麵包)也是店內相當有人氣的商品。

1.店家外觀 / **2.**融合西式甜點及日本和菓子作法的モナカ / **3.**不少當地人也會排隊入店購買

restaurant

ずんだ茶寮

仙台必嘗的毛豆甜點

預算¥700

http://zundasaryo.com ｜ 🖂 仙台市青葉区中央1-1-1(JR仙台駅3F) ｜ ☎ 022-715-1081 ｜ ⏰ 賣店09:00～21:00；喫茶店10:00～18:00 ｜ 休 無休 ｜ MAP P.107／E2

「ずんだ茶寮」是由已創業50多年的老店「菓匠三全」開發的品牌。「菓匠三全」旗下有近160種商品，其中最具代表性的，是用「ずんだ」(毛豆)製作的甜點，因此創立以毛豆為主題的獨立品牌「ずんだ茶寮」。這裡無論是「ずんだ餅」(毛豆麻糬)、「ずんだロールケーキ」(毛豆奶油蛋糕捲)或「ずんだ生クリーム大福」(毛豆生奶油大福)，都是很推薦的商品，會顛覆你對毛豆只能搭配啤酒的刻板印象，如果不怕甜的人也可以來

杯「ずんだシェイク」(毛豆奶昔)，是相當有趣的口感和味道。

1.位於仙台駅3F的內用櫃檯／**2**.使用毛豆奶油內館的蛋糕捲／**3**.毛豆麻糬的口感相當不錯

restaurant

甘味処 彦いち

復古甜品、螞蟻人最愛

預算¥550

🖂 仙台市青葉区一番町4-5-41 ｜ ☎ 022-223-3618 ｜ ⏰ 11:00～17:30 ｜ 休 週一，如遇假日則隔日休；12月31日、1月1日

仙台鬧區小巷中，有一間古民家風格的店，招牌商品是充滿濃濃復古風味的甜點，店門前有禁止使用行動電話的告示牌，店家希望客人能夠在此好好專心享用美食。餐點種類相當多，光甜點就有超過40種搭配方式，最推薦的當然就是「フルーツクリームあんみつ」(水果奶油餡蜜)，使用白玉、水果、紅豆、冰淇淋及奶油等材料，看起來分量相當充足，明知熱量不低，卻仍一口接一口地吃掉它。這裡甜點價格不高，算是CP值很棒的店家，適合螞蟻一族前來征服。

1.店家外觀／**2**.悠閒享受抹茶飲品／**3**.店內裝潢有懷舊感／**4**.熱量不低仍想大快朵頤的甜點「あんみつ」

火紅的 牛舌料理

仙台第一名物．熱門美味料理

牛タン・牛たん

與牛舌近距離接觸、深情推薦

「牛タン」、「牛だん」(牛舌)成為仙台名物的說法很多，但確定是從二次大戰結束後開始，當時物資缺乏，由經營燒き鳥屋的佐野啓四郎開始，將原是洋食食材的牛舌拿來燒烤，在歷經熟成、鹽量、炭火等研究，成為現在仙台的知名料理，熱門火紅的程度，真的是來仙台沒吃牛舌，就不算來過仙台了。

雖然日本牛舌產量沒有那麼多，不少店家的食材是從美澳等地進口，但依然不減仙台牛舌的美味，甚至紅遍日本各地，成為仙台美食的代表！其中首推炭烤，無論是しお(鹽味)、たれ(醬汁)、みそ(味噌)都各有特色，此外還有厚切、串燒、香腸、燉煮等多樣變化！

預算¥1,800

restaurant

伊達の牛たん本舖

限量軟嫩好味，早餐就快來

http www.dategyu.jp ⊠仙台市青葉区中央1-1-1(JR仙台駅3F) ☎022-715-5056 ⏰11:00〜21:30 (L.O.21:00) 休無休 MAP P.107 / E2

「芯たん」是指最靠近牛舌根、最軟嫩的部位，也是好品質的代表，此字也被伊達の牛たん本舖登錄為商標。「芯たん」部位分量不多，因此「極厚芯たん定食」、「極厚芯たん燒き」是每天限量供應，前者只有鹽味，後者另有味噌和綜合可選，每種調味都相當好吃，如果賣完就只能點普通的牛たん(牛舌)定食了。如果搭新幹線也能品嘗到美

味的牛舌，是多麼幸福的事，即使要趕車也能買現做熱呼呼的便當喔！

1.仙台駅3F的店家外觀 **2.**加白蔥的牛尾湯味道鮮美 **3.**「極厚芯たん」每日限量提供

預算¥1,500

restaurant

利久

名氣最大的仙台牛舌專賣店

http www.rikyu-gyutan.co.jp ⊠仙台市青葉区中央1-6-1(ハーブ仙台ビル5F) ☎022-266-5077 ⏰週一〜五11:30〜14:30、17:00〜22:30(L.O.22:00)；週六、日及假日11:00〜14:30、17:00〜22:30(L.O.22:00) 休無休 MAP P.107 / E1

在仙台眾多的牛舌專賣店裡，「利久」應該是名聲最響亮、最為人所熟知的，全日本近50家連鎖店的亮眼表現，也讓它在不少人心中跟「仙台牛舌」劃上等號，光是仙台市區就有超過10家分店，讓人有走到哪都能看到利久的錯覺。

近年利久的部分分店以居酒屋型態經營，除了牛舌餐點，還提供酒水、新鮮海產和碳烤，有不少人下班後也會相約到店內喝一杯再回家。利久烤牛舌的口感比較硬，吃的時

候建議多咬幾下，搭配加了白蔥、帶鮮甜味的牛尾湯，個人滿喜歡這樣的味道，而居酒屋的分店也有不錯表現，非牛舌類的餐點也很好吃。

1.利久是日本全國連鎖專賣店 **2.**讓人口水流不停的烤牛舌 **3.**不少人都無法抗拒厚切牛舌的魅力

預算¥2,200

restaurant
閣
炭烤炙燒的軟嫩牛舌

http gyutankaku.in｜✉ 仙台市青葉区1番町3丁目 8-14(B1)｜☎ 022-268-7067｜🕐 11:30～14:30 (L.O.14:00)、17:00～22:30(L.O.21:30)｜休 週日｜MAP P.106／B2

營業時間短是「閣」的特色，食材使用特選美國牛，最初只有牛舌定食，後來加入一些較特別的餐點，吸引不少想嘗鮮的客人，在口耳相傳下有更多人前來一探究竟。

「閣」使用備長炭來燒烤牛舌，切牛舌的方式也跟其他家不同，外觀看起來較硬的牛舌，口感卻相當軟嫩，特別推薦「牛タンたたき」給大家，將牛舌表面用大火炙燒後再切片，加上大量洋蔥、碎蔥段，以及店家特製的酸味醬汁，口味極度契合，無論是配白飯吃，或當成啤酒的下酒菜，都是很棒的組合。要特別注意的是，「閣」偏向居酒屋式營業，因此有加收「お通し」座位費用，所以會提供前菜，其中的「牛タン角煮」(燉煮牛舌)肉質軟嫩、非常好吃，完全沒有牛舌的口感，讓人忍不住想多來一份。

1.特別推薦餐點「牛タンたたき」／2.店家外觀／3.閣的烤牛舌是條狀切法

預算¥2,000

restaurant
善治郎
多樣牛舌套餐與肉串香腸

http www.tanya-zenjirou.jp｜✉ 仙台市青葉区中央 1-8-38(AKビル3F)｜☎ 022-723-1877｜🕐 11:00～23:00(L.O.22:30)｜休 1月1日｜MAP P.107／E1

「**善**治郎」的牛舌也是很好吃的美味，雖然價格比其他店家較高，但是有多樣化套餐可選擇，例如：牛たん(牛舌)定食有4種不同分量，為求營養均衡，套餐還附贈とろろ(山藥)或サラダ(沙拉)二擇一，麥飯也可免費再來一碗，就旅人角度來看算是相當不錯，而漬物是使用帶點辣的味噌漬，和牛舌或白飯都很速配。

除了牛舌定食，還有不少特別美食，像是「牛たんつくね」(牛舌肉串)、牛たんソーセージ(牛舌香腸)也都很好吃，部分店面還可以搭配當天直送的新鮮海產，真的是太豐富了！而平日限定ランチ(午餐)是最超值的選擇，可以用較便宜的價格享受到不變的美味，難怪許多上班族會趨之若鶩來此用餐。

1.店家外觀／2.肉質鮮嫩的牛尾湯／3.油亮亮的牛舌看起來真好吃

預算¥1,500

旨味 太助
品嘗牛舌最初的滋味

✉仙台市青葉区国分町2-11-11 ☎022-262-2539
🕐11:30～19:30 休每週一、12月31日～1月4日

不起眼、充滿懷舊風味的外觀，是「旨味 太助」給人的第一印象，就連內部看起來也相當有歷史，雖然它不是仙台第一家，但卻繼承了牛タン(牛舌)料理催生者佐野啟四郎(初代「太助」創業者)的好味道，店內氛圍不像一家餐廳，反而還比較像是居酒屋，牆上還會公布當天牛舌是從哪來的，除了牛舌，也有鰻魚料理可選擇。

若坐在吧檯區，還可看到烤爐旁邊堆成一座小山的切片待烤牛舌，這可以算是店家特色之一，而烤牛舌時只會撒些鹽來提味，

這是堅持創業者祕傳的技術，看著牛舌隔著鐵網滋滋作響，飄散出來的香味讓人口水直流。這裡的牛舌口感稍脆、非常下飯，搭配清甜的白蔥牛尾湯也很解油膩，想試試牛舌最初的美味可以來這裡。

1.有濃濃懷舊風的店外觀／**2**.菜單上除了牛舌外還有其它料理／**3**.這裡牛舌的料理燒烤方式有別於其他店家

預算¥1,500

炭燒牛たん東山
美味廣受好評，醬菜絕佳

✉仙台市青葉区中央2-6-30 88中央ビル 1F ☎022-263-4129 🕐週一～五11:30～16:00、17:00～23:00；週六11:00～23:30(L.O.23:00)、週日11:00～22:00 休無休 MAP P.106／D1

在仙台起家的牛舌專賣店中，「東山」是一家表現很不錯的店，無論在美食網站上有高分外，當地人也是相當喜歡這家店，在日本廣島、大阪、福岡及沖繩都有分店，菜單上有不少選項總是讓人看到眼花撩亂，當然推薦午餐時間的「お昼の牛たん定食」。

東山的午間套餐時間滿長，從開門營業到傍晚5點都能點，牛舌咬起來的口感相當不錯。讓三小a驚豔的是牛舌旁邊，使用南蠻

味噌、蒜末、辣椒所做成的醬菜，無論是單純配飯或搭配牛舌食用都相當棒，原來這是店家特製的醬菜，真想買一罐回家就可以多吃好幾碗飯。

1.位於仙台駅附近的仙台本店／**2**.搭白飯跟湯吃起來有飽足感／**3**.店家特製醬菜配牛舌相當好吃

白石市

　　白石市的
　　交通方式

　　白石市位於仙台近郊，是宮城縣最南端的城市，來往此區景點的大眾交通不太方便，如果能採用自駕方式最佳，把主要景點：蔵王狐狸村、彌治郎木芥子村排在同一天前往。若無法自己開車，建議早上由白石蔵王駅搭計程車到蔵王狐狸村，之後搭計程車到彌治郎木芥子村，最後再搭白石市民巴士回白石蔵王駅，將時間和交通費做有效的運用。

sightseeing
蔵王キツネ村
（藏王狐狸村）
體會毛茸茸的可愛療癒系

http zao-fox-village.com ｜ ✉ 白石市福岡八宮字川原子
11-3 ｜ ☎ 0224-24-8812 ｜ ⏰ 09:00～最終入場(夏)
16:00、(冬)15:30 ｜ 💲 國中生(含)以上￥1,500、小學
生(含)以下免費 ｜ 🚗 建議自駕，或從JR白石蔵王駅搭
計程車約20分鐘，車費約￥4,000 ｜ 休 週三

　以往從影片、照片上看到狐狸那毛茸茸
的可愛樣子，總是讓人想去撫摸牠，再搭配
上無辜的眼神，更想將牠抱在懷裡。原本無
法輕易接近的狐狸，來到這裡就可以跟牠們
有近距離接觸，可以靠近餵食，聽到牠們像
嬰兒般的叫聲，更能抱著合照，親身體會狐
狸身上那柔軟的毛皮。

　狐狸村內有北狐、銀狐、十字狐等6種、
超過百隻以上的狐狸，站在專用餵食台上
時，狐狸們會像狗狗一樣蹲坐在台下等著飼
料，看著牠們昂首期盼的畫面真是太療癒，
但為了安全，也請遵守參觀規定喔！

1.門口有隻大猩猩的狐狸村外觀／**2.**賣店裡滿滿都是狐
狸商品／**3.**在餵食台就能親自餵狐狸／**4.**能抱著狐狸合
影留念／**5**、**6**、**7**外表超可愛的狐狸充滿著神秘感

補充提醒 藏王狐狸村的參觀規定

　　　　請絕對不要把飼料交給小朋友
拿，就算是成人，在進入專用餵食台前，也請
不要把飼料拿在手上，除了專用餵食場外，其
他地方絕對不可以餵食狐狸。

弥治郎こけし村
（彌治郎木芥子村）
傳統木偶的職人工藝村

http ameblo.jp/yajiroukokeshimura | ✉白石市福岡八宮字弥治郎北72-1 | ☎0224-26-3993 | ⏰4～10月09:00～17:00、11～3月09:00～16:00 | 休週三 | $免費，著色體驗￥850 | ➡從白石駅搭白石市民巴士福岡線，在「弥治郎こけし村」下車後徒步3分鐘(巴士只有週一～五行駛)

こけし是從江戶時代開始，源自於日本東北地區的傳統木製人偶，為溫泉地販售的手工藝紀念品，這裡是製作「こけし」的工藝村，後方有好幾間職人工房可參觀。在1樓展示區能看到當地人生活和木偶的相關介紹，還有不少書面資料，2樓則有賣店及繪

「こけし」木偶

據說是從宮城縣藏王町的遠刈田溫泉開始出現，因此在東北幾個知名溫泉區都能看到它的身影，人偶的圖案及樣式，依地區不同分成11種類型，但基本上都有著刻意放大的頭部及圓柱型軀幹，人偶繪製方式通常會帶有作者的個人風格，底部也會有作者署名，是代表日本東北地區的紀念伴手禮。

製體驗區，可在こけし上畫出自己想要的圖案，就算是小朋友也能玩得很開心。

1.木架上擺放著許多的木製人偶 / 2.聚集不少職人的弥治郎こけし村 / 3.從畫風就能判斷是哪位職人製作 / 4.專心製作工藝品的職人

玩法分享

期間限定活動：宮城藏王雪壁健行

4月中來南宮城除了欣賞櫻花還能做什麼？參加宮城藏王雪壁健行或許是不錯的建議，通往藏王御釜道路冬季結束會進行開通工程，為讓旅人能有不同感受，特定日期及路段會開放以旅行商品方式申請進入，能近距離接觸高達10公尺的雪壁及拍照留念，是相當受到歡迎的活動。

sightseeing

船岡城址公園
宮城唯一入選櫻花百選景點

☒ 柴田郡柴田町大字船岡自館山95-1 ｜ ➡ 從JR船岡徒步12～15分鐘 ｜ 自駕設定：156 496 280*38

在宮城縣眾多賞櫻景點中，通常會跟一目千本櫻(P.9)相提並論的，應該就是船岡城址公園了，這裡是宮城唯一入選日本櫻花百選的景點，每當櫻花盛開時，總能吸引許多人潮來訪，無論是在公園中漫步，或是搭乘能穿梭在櫻花隧道下的スロープカー(斜面軌道車)到山頂都能看到相當不錯的櫻景，位於山頂的船岡和平觀音像也靜靜地在欣賞著這讓人屏息的絕美風景。

1.被櫻花包圍的山頂船岡平和觀音很美 / 2.不想走路的人可以搭乘軌道車直達山頂 / 3.站在山頂能看到很棒的櫻花景色 / 4.千櫻橋是櫻花季節絕對要來的攝影點

restaurant

預算¥1,000

清治庵
易消化的名物美食溫麵

☒ 白石市本町20 ｜ ☎ 0224-26-2659 ｜ ⏰ 11:00～15:00(L.O.14:45) ｜ 休 每月第二、四個週日

到白石要吃什麼？在白石的街上，無論走到哪都會看到「溫麵」的招牌。溫麵是白石的名物美食，而佐藤清治製麵則是當地有歷史的老店，無論是熱騰騰的湯麵，或是包裝精美的乾麵條土產品都很推薦。溫麵容易消化，相當適合年長者或消化系統不佳的人食用，每家口味略有不同，清治庵的味道是三小a很喜歡的，尤其天氣寒冷想來碗熱食的時候，加了薑末的濃郁湯頭味道很香，當

麵條一口口下肚後可以讓身體更加暖和。

1.店家外觀 / 2.把麵條當土產品送親友也不錯 / 3.帶薑末的溫麵吃起來很舒服

松島、石卷、塩竈

松島、石卷、塩竈的交通方式

　　松島及石卷位於仙台市東邊，如果從JR仙台駅搭乘JR仙石線可以直接前往松島海岸(40分鐘)及塩竈(30分鐘)等地，在交通方面相當便利，無論平日或假日總是能吸引不少觀光客。此外，搭乘JR仙石線也能直接從仙台前往石卷(90分鐘)，因此在計畫行程時通常可把這兩個地區排在一起，雖然在東日本大震災中遭受不小的傷害，但現在已恢復正常，也吸引很多人前來旅遊。

松島海岸觀光船

sightseeing

日本三景之一的蔚藍風光

http www.matsushima.or.jp ｜✉ 松島町松島字町內85 ｜☎ 022-354-2233 ｜🕐 4～10月09:00～16:00、11～3月09:00～15:00，每整點一個航班 ｜💲 大人￥1,500、小孩￥750；若要搭2樓グリーン(GREEN)艙，各追加大人￥600、小孩￥300 ｜🚃 1.搭乘JR仙石線到松島海岸駅後下車徒步8分鐘；2.從仙台駅搭乘JR東北本線到松島駅後下車徒步15分鐘 ｜MAP P.106／B6

　宮城松島和京都天橋立、廣島宮島並稱為「日本三景」。沿著松島的海岸線，有大大小小約260個島嶼，許多遊客會來此搭乘觀光船，在松島灣內欣賞漂亮的景色。目前總共有4條航線在松島灣內行駛，其中最熱門的是「仁王丸コース」，航程時間大約50分鐘，在海面上搭船乘風、享受蔚藍海景所帶來的舒暢，是很棒的一件事，但比較可惜的是，以前還可以搭船餵海鷗，可是現在已經禁止，請大家要注意這點囉！

1.搭乘觀光船的碼頭／2.買觀光船票的售票處／3.仁王島／4.日本三景碑／5.松島灣內有超過200個島／6.觀光船「第三仁王丸」／7.觀光案內所裡張貼東日本大震災紀念照

sightseeing

五大堂

供奉五大明王的千年建築

✉ 松島町松島字町內111 | ⏰ 08:00～17:00 | 💲 免費 | ➡ 1.搭乘JR仙石線到松島海岸駅下車徒步10分鐘；2.從仙台駅搭乘JR東北本線到松島駅下車徒步12分鐘 | 🅜🅐🅟 P.106 / B6

松島五大堂位於海岸邊，因為供奉了五大明王像——大聖不動明王、東方降三世、西方大威德、南方軍荼利、北方金剛夜叉，所以稱為「五」大堂。這裡是松島最具代表性的千年建築，也是東北地區最古老的桃山風格建築，被列為日本的重要文化財，是許多有寫到松島的旅遊書必定要介紹的景點。五大堂的內部每隔33年才會開放，平時只能在建築物外參觀，上次開放是在2006年，所以下次要到2039年了。

1.每33年開放參觀的五大堂 / 2.由於是木造建物，所以周邊禁煙 / 3.就算是好天氣來這也不會感到很熱

---

sightseeing

観瀾亭、松島博物館

體會伊達藩主們的風花雪月

✉ 松島町松島字町內56 | 📞 022-353-3355 | ⏰ 08:30～16:30 | 💲 大人￥200、大學生及高中生￥150、中學生及小學生￥100 | ➡ 從仙台駅搭乘JR仙石線到松島海岸駅，下車徒步5分鐘 | 🅜🅐🅟 P.106 / B6

観瀾亭在豐臣秀吉時期，原本是伏見桃山城的茶室，後來秀吉將此建物送給伊達政宗，並遷移到江戶品川的仙台藩邸，之後二代藩主伊達忠宗，又以海運方式將茶室再度移築到松島現址。坐在観瀾亭內，可以看到前方美麗的松島灣景色，這裡也是歷代伊達藩主賞月乘涼的地方，來此可以點抹茶及和菓子的套餐，坐在廊下品嚐甜點，同時享受悠閒氛圍及漂亮風景。後面境內的松島博物館，擺放由伊達家傳承的武具及書畫，如果進來観瀾亭休息，不妨順道參觀。

1.店家外觀 / 2.悠閒享受屬於自己的抹茶套餐吧 / 3.「雨奇晴好」說明無論何時都有漂亮風景 / 4.能坐在這裡欣賞美麗海景

瑞巖寺

桃山式的國寶建築

http www.zuiganji.or.jp｜✉松島町松島字町內91｜
☎022-354-2023｜🕐開放時間每個月都不同，建議
參閱官網｜💲高中生以上￥700、中學生以下￥400
｜➡1.搭乘JR仙石線到松島海岸駅後下車徒步8分
鐘；2.從仙台駅搭乘JR東北本線到松島駅後下車徒步
15分鐘｜MAP P.106／A5

　　最早建於平安時代，由慈覺大師奉淳和
天皇的詔書，帶3,000名學生及堂眾來此建
造完成，原名為「延福寺」，江戶時代由仙
台藩主伊達政宗下令改建，所需建材遠從紀
州(現和歌山縣)熊野山運送到此，用了5年
時間才完成這座華麗風格的桃山式建築，並
將其更名為「瑞巖寺」。境內的本堂及庫裡
被列為國寶，青龍殿內也展示許多跟伊達家
有關的繪畫、茶器、墨跡等文物，是遊客來
松島地區觀光的必訪景點。

1.鐵道殉職者弔魂碑／2.東日本大震災造成的海嘯曾淹
到這裡／3.裡面保存不少有紀念性的舊建築／4.祭祀伊
達政宗正室的寶華殿／5、7.寶物館(青龍殿)裡收藏不
少古物(內部禁止拍攝)／6.通往瑞巖寺本殿路旁的岩壁
上，有不少山洞

sightseeing

石ノ森萬画館
紀念日本漫畫界的王者

http www.man-bow.com/manga | ✉石卷市中瀨2-7 | ☎0225-96-5055 | ⏰3～11月09:00～17:00,每月第三個週二休館;12～2月09:00～17:00,每週二休館 | 💲大人￥900、高中生及國中生￥600、小學生￥250 | 🚃搭乘JR仙石線到石卷駅,下車後徒步15分鐘 | MAP P.108 / D4

知識充電站
漫畫家 石ノ森章太郎

　　喜歡假面騎士及戰隊系列等特色英雄的人,對這個名字應該不會太陌生。石ノ森章太郎(1938～1998年)老師的作品,如:「假面騎士」、「人造人009」及「祕密戰隊」等,至今還是為人熟知,另外還有「HOTEL」及「排球女將」曾被改編成日劇,由於老師的漫畫題材範圍很廣,一生累計超過600部作品,被金氏世界紀錄列為最多漫畫作品的創作者,在日本漫畫界有無法撼動的王者地位。

　　這裡是日本知名漫畫家,石ノ森章太郎(石之森章太郎)老師的紀念館,位於石卷海邊、有著太空船形狀的建築物,311東日本大震災時受到海嘯的嚴重損害,目前已經整修完畢重新開幕。從石卷駅到紀念館的路上,就能看到不少石ノ森老師筆下的漫畫人物,在街邊歡迎大家到來,如果有機會到訪石卷,記得來試試能找到幾個吧!

　　從紀念館的入口開始,有石ノ森老師的原尺寸手模,和很多漫畫家的手印。1樓老師的生平簡介區和紀念品店免費開放、可自由拍照。從放映室開始,到2樓展示老師代表作品的常設展區,還有特別企劃展區(內容請見官網),各處都有精彩的作品呈現,但請注意2樓展區全部禁止拍照攝影。來到3樓,陳列了近6,000冊、提供現場借閱的漫畫,可以免費體驗學習畫漫畫的區域,此外還有「BLUE ZONE」咖啡店能稍作休息,3樓可以自由拍照留念喔!

1.萬画館內隨處可見老師筆下的漫畫人物 / 2.一出石卷駅就能看到卡通人物迎接 / 3.JR仙石線有動漫彩繪車廂可搭乘 / 4.展示區能看到超逼真的假面騎士 / 5.萬画館外觀像是一艘太空船 / 6.賣店裡的壞人商品也相當搶手 / 7.戰隊系列始祖「祕密戰隊」也是石ノ森章太郎老師的作品

松島　　　　　　　　　預算¥300

restaurant

パンセ

牡蠣咖哩麵包，吃一口就愛上

http www.i-pensee.jp｜✉松島町松島字町內75-14｜
☎022-353-2844｜🕐週一～五10:00～17:00、週六
日及假日09:00～17:00｜休無休｜MAP P.106／B5

　　來到松島這個盛產牡蠣的地方，如果沒機會好好享受美味的新鮮牡蠣吃到飽，那不妨來個「牡蠣カレーパン」(牡蠣咖哩麵包)吧！將一個個肥美的牡蠣，浸過咖哩醬汁後做成麵包油炸，光看外表跟咬下第一口，會以為只是個普通的咖哩麵包，但是當品嘗到牡蠣時，會讓人有一口接一口、無法停止下來的衝動，沒想到酥脆的外皮，與牡蠣、咖哩可以這麼契合，不管這個麵包的熱量有多高，也都全部拋在腦後，就算再來一個也沒有關係。

1.不太起眼的店面／2.外表像是一般的咖哩麵包／3.裡面包著軟嫩的牡蠣

松島　　　　　　　　預算¥2,200

restaurant

かき小屋

新鮮牡蠣、吃好吃滿

http www.matsushima-kanko.com(松島観光協会官網)｜✉松島町松島東浜12-1｜☎0120-733-530｜
🕐10月底～隔年3月中10:00～13:00｜休不定休｜
MAP P.106／D5

　　你嘗試過新鮮牡蠣吃到飽嗎？如果來訪松島且想嘗試看看大快朵頤的滋味，由松島観光協会營運的かき(牡蠣)小屋是個不錯的選擇。店內只有自己燒烤，不販賣生食，現有兩種方案能選擇，A方案價格高些，且要事先預約，每天分成4個用餐時段，用餐時間為50分鐘，另附かきご飯、かき汁(牡蠣飯、湯)可享用。B方案價格較便宜、不需預約，用餐時間為40分鐘，沒有附飯和湯。兩種方案每天都有限定人數、額滿為止，店內有販賣調味料跟飲料，禁止自行攜帶入店，請特別注意。

1.店家外觀／2.用餐時會提供免費工具／3.肥美又好吃的牡蠣／4.牡蠣吃到飽看起來壯觀

restaurant
洗心庵
扛蠣與鰻魚的讚絕登場

📶 www.sensinan.co.jp ｜ ✉ 松島町松島67 ｜ ☎ 022-354-3205 ｜ ⏰ 10:00～16:00 ｜ 休 不定休 ｜ MAP P.106 / A5

與瑞巖寺及円通院連接在一起的洗心庵，是不少遊客會停留駐足休息的地方，由於它距離主要道路有一段距離，因此在這邊用餐時是不會有太多雜音，這邊主要販賣丼飯、定食、そば(蕎麥麵)及甜食等餐點，當然松島名產牡蠣也會是盤中佳肴之一，かき丼是不少人會來點的食物，燒烤後香味十足的うなぎ(鰻魚)當然也是選擇對象之一，雖然價格較高，但仍吸引不少人來點。

1.店家外觀 / 2.來松島當然要享受一份牡蠣定食的美味

松島　　　　　　　　預算¥200

restaurant
松島蒲鉾本舖
現場體驗熱食燒的魅力

📶 www.matsukama.jp ｜ ✉ 松島町松島字町內120 ｜ ☎ 022-354-4016 ｜ ⏰ 09:30～17:00 ｜ 休 無休 ｜ ➡ 從松島海岸駅徒步9分 ｜ MAP P.106 / B5

店內販賣不少魚板相關商品可供選購，多種口味也讓魚板變得沒有那麼單調，現場除了能試吃這些商品外，還能在這邊進行笹かまぼこの手燒き(烤魚板串)的體驗，看著魚板在烤網上慢慢從白色變成微焦，飄散出來的香味讓人口水直流，一邊喝著店家準備的熱茶、一邊享受烤魚板的美味，感覺真是悠閒，店外還擺放一支大型的魚板串可以拍照合影。

1.店內能進行烤魚板的體驗活動 / 2.烤魚板體驗區 / 3.店家外觀

周邊順遊

可愛貓咪至上、任性療癒有理

田代島 **貓咪的天堂！**

與其說這裡是貓咪的天堂，不如說是貓奴的天堂吧！在面積不大的田代島上，住民不到百人，但卻有超過百隻的貓咪在此生活，傳說貓可以招來漁獲豐收的好運，因此以漁業為主要經濟活動的島民，還在島上建立一座貓神社，畢竟對他們來說貓咪可是代表著神明呢！喜歡旅行的貓奴們，快來這個日本著名的貓島享受被貓咪療癒的感覺吧！雖然島上沒有餐廳，但是有提供住宿設施的「マンガアイランド」，可選擇貓臉外觀的「ロッジ」小木屋，或是「テントサイト」露營帳篷，也是不錯的體驗。

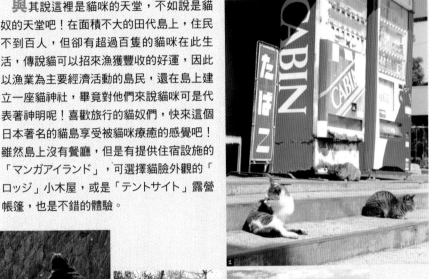

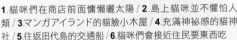

1.貓咪們在商店前面慵懶曬太陽／2.島上貓咪並不懼怕人類／3.マンガアイランド的貓臉小木屋／4.充滿神祕感的貓神社／5.往返田代島的交通船／6.貓咪們會接近住民要東西吃

http 網地島ライン：ajishimaline.com／宮城交通：www.miyakou.co.jp／マンガアイランド：www.city.ishinomaki.lg.jp(住宿設施由石卷市管理)　1.如搭乘JR仙石線到石卷駅，可選擇徒步20分鐘或搭計程車7分鐘，到網地島ライン石卷中央発着所　MAP P.108／D4；2.如自駕前往，導航請設定map-code「581 592　858*11」到石卷市門脇発着所才有停車場能停車；3.田代島有兩個港口，建議在大泊港下船，徒步走到仁斗田港，途中會經過貓神社及貓群出沒地；4.「網地島ライン」每天有3個船班來往田代島，由於石卷跟田代島各停泊兩個港，請務必確認好船班時間　1.島民不希望遊客自行餵食貓咪，無節制地吃會讓貓咪生病，仁斗田港前的「田代島開發總合センター」有可擺放貓食的箱子，建議把飼料放在這裡；2.島上無餐廳，遊客需自備食物，垃圾請自行帶走　MAP P.107

special column

繽紛彩球與炫麗花火

紀念牛郎織女愛的相會

仙台七夕まつり

1.祭典期間眾多讓人看到眼花撩亂的裝飾，總是吸引不少人駐足參觀 / 2.相當吸晴的漂亮裝飾 / 3.在まつり廣場也會有表演 / 4、6.路過的人總是會拍照留下回憶 / 5.每年都會舉行七夕裝飾競賽

相較於東北其他祭典活動，仙台七夕まつり屬於較靜態的祭典，從400年前就傳承下來的活動，跟青森ねぶた祭(睡魔祭)、秋田竿燈祭合稱東北三大祭典。漂亮及豪華的沿街裝飾是祭典重頭戲，這些裝飾都是由商店及機關團體花數個月時間準備製作而成，總數超過3,000支的竹飾都做得相當精緻，讓人看得目不暇給。在勾当台公園、市民廣場設有美食攤位和表演節目，滿足視覺與口腹之慾，8月5日的前夜祭還會舉行有超過15,000發的花火大會，而祭典會場內的各處裝飾與煙火都美到讓人讚歎不已。

http www.sendaitanabata.com｜從JR仙台駅起到市民廣場間的商店街｜每年固定在8月6日～8日

Let's Go
まつり
祭典特集

点燃愛與幸福的
浪漫光之慶典

SENDAI
光のページェント

②

1.定禪寺通掛滿漂亮燈飾 / **2**.祭典期間會有聖誕老人計程車可搭 / **3**.無論旅人或當地人都會忍不住停下腳步欣賞 / **4**.每天晚上總能聚集不少人潮 / **5**.點燈時也是情侶約會的好地方

如果問冬季仙台有沒有一定要參加的活動，那一年一次的「SENDAI光のページェント」絕對榜上有名。從1986年起就開始舉辦的仙台光之慶典，沿著定禪寺通的所有樹木上掛著數十萬顆燈泡，當每天傍晚同時點亮的瞬間，就能聽到許多人的讚歎聲，如果錯過第一次亮燈也沒有關係，在每天的18、19、20整點也會再度熄燈，1分鐘後重新點亮，讓大家可以再體會一次美麗的瞬間。定禪寺通在此時也是情侶約會的人氣景點，兩個人手牽手走在步道上，充滿著幸福的氛圍，快帶著喜歡的另一半一起來吧！

http www.sendaihikape.jp | ✉ 定禪寺通、勾当台公園、市民廣場 | ⏰ 每年12月初～月底(日期不固定)，17:30～23:00

宮城縣住宿情報

仙台市

hotel

コンフォートホテル 仙台西口
(Comfort Hotel)

高質感裝潢、有免費早餐

http www.choice-hotels.jp | ✉ 仙台市青葉区中央3-5-11 | ☎ 022-217-7112 | 🕐 入住15:00、退房11:00 | ➡ 從JR仙台駅西口徒步3分鐘 | MAP P.106 / D3

屬於國際飯店集團「CHOICE」旗下的コンフォートホテル，在日本連鎖旅館中有不低的市占率，從JR仙台駅徒步只要3分鐘就能到達是優勢之一，而且無論去商店街、便利商店及藥妝店都很方便，房內看起來高質感的裝潢風格有加分作用，白色床單也讓人感覺很乾淨，免費提供的早餐也是優點之一，無論是麵包、飯糰、沙拉及水果都有提供，營養相當均衡。

仙台市

hotel
ユニゾイン仙台
(UNIZO Inn)
交通便利、省錢好選擇

🌐 www.unizo-hotel.co.jp ｜ ✉ 仙台市青葉区中央4-8-7
｜ ☎ 022-262-3211 ｜ 🕐 入住14:00、退房11:00 ｜ ➡
從JR仙台駅西口徒步5分鐘 ｜ 🗺 P.106／D4

　　如果想住在JR仙台駅附近的便宜旅館，
ユニゾイン仙台應該是不錯的推薦選擇，從
車站徒步只要5分鐘，而商店街也只要7分鐘
就能到達，巷子口就有7-11，徒步3分鐘就
是仙台朝市，生活機能相當方便。雖然空間
略小，不過卻很適合想省錢的旅人，以雙人
房而言，平均每人￥3,000算是便宜，屬於
CP值不低的推薦住宿。

仙台市

hotel
Nine Hours
男女分區的膠囊旅館

🌐 ninehours.co.jp ｜ ✉ 仙台市青葉区国分町2-2-8 ｜ ☎
022-714-1530 ｜ 🕐 入住12:00、退房10:00 ｜ ➡ 搭仙台
市營地鉄在「広瀬通駅」下車徒步5分鐘 ｜ 🗺 P.106／A1

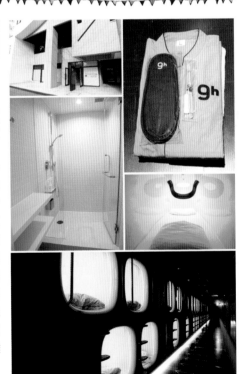

　　如果一個人旅行想節省費用，當美食跟
住宿只能擇一時，住宿預算通常是被節省
掉的，畢竟1個人住宿價格，總是會比兩個
人分攤高些，這時膠囊旅館就是好選擇。位
在市中心的「Nine Hours」於2015年才開
幕營業，它在成田空港、北新宿跟京都也
有分店，有別於傳統膠囊旅館，充滿現代感
的設計，備品部分相當齊全，男女分區的規
畫，讓女性旅人有安全感，附近是熱鬧商店
街、1樓是7-11，生活機能佳，缺點是距離
仙台駅有段距離，就看個人取捨囉！

hotel

ホテル メトロポリタン仙台
(仙台大都會飯店)

近仙台駅、設備完整齊全

http 本館：sendai.metropolitan.jp、東館：east-sendai. metropolitan.jp｜✉仙台市青葉区中央1-1-1｜☎022-268-2525｜🕐入住15:00、退房12:00｜➡本館從JR仙台駅西口徒步1分鐘、東館跟仙台駅3樓直通｜MAP P.107／E3

如果住宿預算足夠，也不想離車站太遠的人，那仙台大都會絕對是最佳選擇，由於屬於JR飯店集團旗下飯店，因此徒步距離就占很大優勢，目前該飯店分成本館及東館兩棟建築物在運作，無論是哪一館都有漂亮的建築物外觀及大廳，網路訂房網站中評比都相當高分。

東館於2017年6月開幕，從仙台駅3樓有通道直通，主要取向是以商務客及自助旅行客人為主，還設置住宿者專用的Lounge及健身房，無論房內設備及浴廁內備品都跟本館相同，現在洗髮、潤髮及沐浴等用品都跟宮城大崎新澤酒造「伯樂星」合作，推出聯名商品提供給住客使用，這些商品在櫃檯也能購買，帶著淡淡麴香味感覺真是不錯，洗完後還能在肌膚上持續很久的香味。

無論本館或東館在房間的設備也都很齊全，空氣清淨機、燙衣板等都有，還有嬰兒床跟桌上放置的免費手機「handy」可以免費使用，算是相當貼心的服務。本館早餐有2種選擇：日式定食「はや瀬」，西式自助餐「セレニティ」，東館早餐採自助式，使用東北當地食材製作。

仙台市

hotel

ダイワロイネット ホテル仙台
(Daiwa Royal Hotel)

早餐吃到飽、有洗衣烘衣設備

🌐 www.daiwaroynet.jp │ ✉ 仙台市宮城野区榴岡1-2-37 │ 📞 022-293-7055 │ 🕐 入住15:00、退房11:00 │ ➡ 從JR仙台駅東口徒步2分鐘 │ MAP P.107 / F3

ダイワロイネットホテル仙台位於較不熱鬧的JR仙台駅東口，但徒步2分鐘就能到達也相當方便，由於2010年才開幕，所以內部設施還很新。飯店隔壁就是「ヨドバシカメラ」(Yodobashi Camera)電器賣場，1樓也有便利商店，在生活機能上加分不少。早餐是跟2樓居酒屋合作採吃到飽方式，飯店內部也設有洗衣、烘衣設備，對長時間旅行卻不想帶一堆衣物的人相當方便。

仙台市

hotel

ホテルグリーンマーク
(Green Mark Hotel)

物美價廉、服務和備品齊全

🌐 www.bh-green.co.jp │ ✉ 仙台市青葉区中央4-8-10 │ 📞 022-224-1050 │ 🕐 入住15:00、退房11:00 │ ➡ 從JR仙台駅西口徒步5分鐘 │ MAP P.106 / D4

這裡是源自仙台的グリーンチェーン(Green Chain)飯店集團之一，該集團旗下在仙台市區裡總共有13家商務旅館，不小心的話可是會認錯飯店的。這裡是走物美價廉路線，雖然住宿設施跟連鎖商務旅館相比會有些遜色，但該有的服務跟備品都很齊全，單人房平均每晚￥4,200起的價格算是便宜，可以滿足旅人的基本住宿需求。

岩手縣
いわてけん
尋找小海女芳蹤，欣賞三陸海岸美景
Iwate-ken

北限の海女
北三陸久慈小袖海岸
久慈広域観光協会

岩手
focus
焦點

小岩井農場冬季燈飾(雫石町)
三陸鉄道久慈駅小海女變身(久慈市)

中尊寺金色堂(平泉町)
盛楼閣冷麵(盛岡市)

這個日本面積第二大的縣,人口密度卻是第二低,酪農、畜牧、養殖和漁業是岩手縣最大的經濟活動,三陸海岸的久慈、宮古及釜石有種類和數量都豐富的漁獲,還有小岩井農場的乳製品。在觀光旅遊方面,世界遺產的平泉地區、橋野高炉跡,有美麗太平洋景色的三陸海岸,河童跟座敷童子傳說發源地的遠野,都相當推薦來訪,每年夏天的「盛岡さんさ踊り」,當然也是必來參加的祭典之一,體驗整個城市為了祭典動起來的感受!

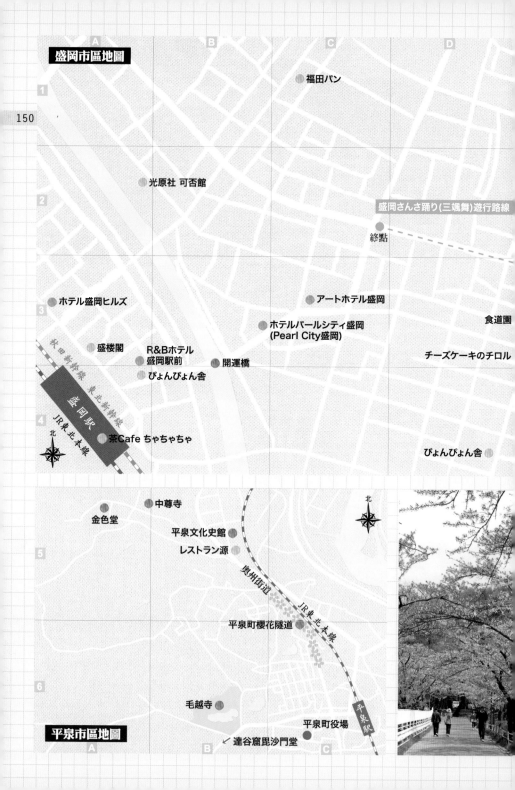

盛岡市區地圖

150

A B C D

1

- 福田パン

- 光原社 可否館

2

盛岡さんさ踊り(三颯舞)遊行路線

終點

3

- ホテル盛岡ヒルズ

- アートホテル盛岡

- ホテルパールシティ盛岡
  (Pearl City盛岡)

食道園

- 盛楼閣

- R&Bホテル
  盛岡駅前

- 開運橋

チーズケーキのチロル

- ぴょんぴょん舎

盛岡駅

秋田新幹線 東北新幹線

JR東北本線

北

4

- 茶Cafe ちゃちゃちゃ

- ぴょんぴょん舎

平泉市區地圖

- 中尊寺

- 金色堂

- 平泉文化史館

- レストラン源

北

5

奥州街道

JR東北本線

- 平泉町櫻花隧道

6

- 毛越寺

平泉駅

- 平泉町役場

↙ 達谷窟毘沙門堂

A B C

岩手鐵道交通圖

1. 僅標註大約時間，依搭乘列車不同而有差異
2. 本圖僅列出書內所提到的景點站名和鐵道路線
3. 有關列車詳細資訊及交通費用，請利用黃頁簿介紹的交通APP查詢

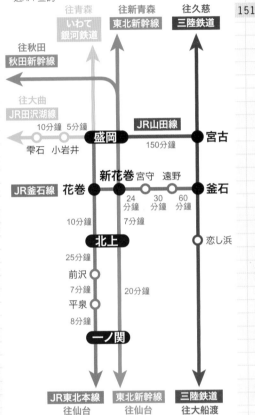

往青森　往新青森　往久慈
いわて銀河鉄道　東北新幹線　三陸鉄道

往秋田
秋田新幹線

往大曲
JR田沢湖線

10分鐘　5分鐘　盛岡　JR山田線　宮古
雫石　小岩井　150分鐘

新花巻　宮守　遠野
JR釜石線　花巻　24分鐘　30分鐘　60分鐘　釜石

10分鐘　7分鐘

北上　恋し浜

25分鐘

前沢

7分鐘　20分鐘

平泉

8分鐘

一ノ関

JR東北本線　東北新幹線　三陸鉄道
往仙台　往仙台　往大船渡

石割桜
岩手県庁

起點

白龍
盛岡市役所

桜山神社

盛岡城跡公園

盛岡市

盛岡市的交通方式

　　雖然盛岡市內徒步觀光很方便，但也有都心循環バス「でんでんむし」可以搭乘，基本上盛岡市內景點都會到達，平均約15～20分鐘就有一班，不少遊客都會選擇搭乘，單次乘車￥100，建議可購買每張￥300的1日乘車券。該巴士路線有分右回(紅色)、左回(綠色)兩種，停靠的景點順序不同，搭乘時請多注意。

http 岩手縣交通：
www.iwatekenkotsu.co.jp
http 都心循環バス「でんでんむし」：
www.iwatekenkotsu.co.jp/denden-an
nai.html

sightseeing

盛岡城跡公園

賞櫻花、紅葉豐富美景

✉盛岡市內丸｜📞019-639-9057｜🕐24小時｜💲免費｜🚌從JR盛岡駅搭乘盛岡都心循環バス「でんでんむし」，在「盛岡城跡公園」下車｜🗺P.151／E4

這裡是以前盛岡城所在地，可惜幾乎沒有舊建物保存下來，唯一可看到的是一座座石垣，在經過整建後成為現在的盛岡城跡公園。由於交通方便、環境優美，不少住民會來這裡運動散步，也吸引不少遊客到此一遊，尤其是櫻花、紅葉時節，更成為熱門觀光勝地，除了白天景色相當有可看性外，每到晚上點燈時，還會有上班族或全家大小在樹下聚會飲酒野餐，同時也會有屋台到此擺

攤販賣餐點，如果有機會的話，請一定要親自來體會看看。

1.盛岡城跡公園旁有百年歷史的桜山神社／**2.**春天能同時看到多種不同的櫻花盛開／**3.**當地民眾會在櫻樹下野餐賞櫻花

預算¥200

restaurant

福田パン

深受當地民眾喜愛的麵包老店

✉盛岡市長田町12-11｜📞019-622-5896｜🕐07:00～16:00(售完為止)｜🚫週二、12月31日、1月1日｜🗺P.150／C1

開業近70年的福田パン，是盛岡很有名的麵包店，每天大約生產1萬個麵包，市區內不少超市、便利商店及學校都有上架販賣。在長田町的本店裡，每天都有多達50種以上的新鮮麵包可選擇，雖然營業時間到下午5點，但熱門口味通常不到中午就會售完。店內的人氣商品有：「あんバター」(紅豆奶油)、「ピーナツバター」(花生奶油)、「ジャムバター」(果醬奶油)和「抹茶あん」(抹茶紅豆)等4種口味的麵包，但由於保存期限只能到隔天，選購時請注意購買數量。

1.店家外觀／**2.**福田パン在盛岡有著好口碑／**3.**店舖限定餐點只有在這裡買的到／**4.**每天都有不少人特地前來購買

154

restaurant
チーズケーキのチロル
在懷舊氛圍品味美好餐點

預算¥500

www.morioka-tirol.com ｜ 盛岡市大通1-10-21
｜ 019-654-5090 ｜ 11:30～18:00 ｜ 不定休 ｜
P.150 / D3

營業到現在已超過50個年頭，許多盛岡人記憶中都有這家店的存在，雖然網路商店能購買到蛋糕看起來相當方便，但仍有不少人寧願選擇坐在店裡好好享受餐點，店內餐點選擇性其實不多，最主要是來享受懷舊氛圍，點份「クリームチーズケーキセット(起司蛋糕套餐)」吧！除了能吃到濃郁香氣的起司蛋糕外，還能喝到好喝的咖啡或紅茶，如果選擇坐在吧台座位，有時店裡的人還會主動跟你聊天，相談甚歡的話，或許還會有意想不到的收穫喔！

1.店面外觀 / 2.美味的起司蛋糕是店家主打商品

restaurant
光原社 可否館
跟著文學家腳步來歇息一下吧

預算¥500

morioka-kogensya.sakura.ne.jp ｜ 盛岡市材木町
2-18 ｜ 019-622-2894 ｜ 10:00～17:00 ｜ 每月
15日，遇假日則隔日休 ｜ P.150 / A2

在盛岡想找地方享受香醇咖啡，從盛岡駅徒步到材木町的光原社可否館是不錯的選擇。位於中津川旁的咖啡店，以原木、紅磚和白色牆面組成的建築物外觀，看起來相當有特色，旁邊古樸風格的小徑也很有意境特色。一打開門就能聞到濃濃咖啡香，店內大約只有10～12個座位，雖然復古風菜單上選擇不多，目前只有咖啡、奶茶、牛奶、甜點及餅乾等簡單餐點。

但這裡的氛圍相當好，旁邊的マヂエル館也展示不少文學家宮澤賢治(P.161)的手稿，吸引很多喜歡宮澤賢治的讀者來此朝聖，旁邊也有販賣紀念品、漆器及南部鐵器等的商店。

1.光原社外觀 / 2.坐下來喝一杯美味咖啡吧 / 3.氣氛相當好的室內環境 / 4.店內空間不大，座位數也不多

親近大自然，欣賞壯闊山景冰壁
十和田八幡平国立公園

位於岩手、秋田縣交界，除冬季封山，其他季節都很適合前往，雖然也可搭巴士，但還是最推薦自駕，在27公里的山路上，各處都有很棒的風景，山頂的「山頂レストハウス」，提供觀光情報和販售熱食、土產品，在這裡也能看到很壯觀的八幡平山頂絕景，旁邊可看到標示岩手跟秋田縣界的木柱。若喜歡接近大自然，也推薦山頂散步路，約兩小時的路程大多可輕鬆完成，一路上有很多展望台可欣賞漂亮美景，最後會再走回原處，無論搭巴士或自駕都能來運動一下。

每年4月中道路開通後，有很多人會前來山頂，一睹期間限定的冰壁，自駕從這裡往秋田方向繼續開下去，就能到達鹿角、田沢湖、乳頭溫泉及角館，在行程安排上八幡平可算是必經之路，或是在八幡平地區就有泉質很棒的溫泉能享受，但這裡的溫泉很多是混浴，女性朋友要多注意，另外請記得自備毛巾。

1.八幡平山頂景色 / 2.山頂レストハウス內食堂 / 3.食堂裡販賣的餐點おでん（關東煮）/ 4.開車行駛在高聳雪壁是有趣的經驗 / 5.每年4、5月可來此欣賞雪壁奇景 / 6.以人體比例尺對照出雪壁有多高 / 7.八幡平山頂位於秋田、岩手的交界

http www.hachimantai.or.jp | ☒八幡平市柏台1-28 | ☎0195-78-3500 | ◷4月中旬～11月上旬（冬季積雪封山） | ⑤免費 | ➡1.從JR盛岡駅搭每天1個往返的「八幡平自然散策バス」；2.從JR盛岡駅搭每天3個往返的「岩手県北バス」到「八幡平頂上」下車

麵食之都的各式美味
盛岡知名
三大麵
Noodles
不要只是聽過，記得來吃最重要！

盛岡在日本東北地區有首屈一指的麵食都市地位，在車站附近就有不少提供麵食的店家，就算還沒來過盛岡，可能也聽過「盛岡三大麵」：
1.古早風俗傳承的「わんこそば」(一口蕎麥麵)；2.源自朝鮮半島的「冷めん」❶(冷麵)；
3.來自中國東北的「じゃじゃ麵」(炸醬麵)，
接下來就介紹幾間三小a挑選的代表店家，到盛岡來時請別忘記來試試看喔！

❶「冷めん」以牛肉、牛骨熬煮高湯製作，不吃牛的人須留意。

預算¥3,240

restaurant
東家
挑戰一口蕎麥麵大胃王

www.wankosoba-azumaya.co.jp │ 盛岡市中ノ橋通1-8-3 │ 019-622-2252 │ 11:00～15:00、17:00～19:00 │ 休無休

「わんこそば」❶是從岩手的鄉村習俗演變而成的麵食料理，在以往集合村民的婚喪喜慶等場合，都會以木碗吃蕎麥麵做結尾，這個習俗流傳至今，演變成現在的「わんこそば」。首先圍上店家提供的圍兜兜，在一聲聲「じゃんじゃん」及「どんどん」中，服務人員開始將小碗麵條往顧客的碗裡倒，再將一個個木碗堆疊起來，當吃不下時就算喊STOP也沒用，一定要把碗蓋蓋起來才算結束，否則服務人員還是會繼續倒麵的喔！如果可以吃到100碗，還能收到證明書及紀念手形(木牌)，來挑戰看看你能吃掉幾碗吧！

❶「わんこそば」有兩種價格，較高的才能看到木碗一個個疊起來的壯觀畫面。

1.店家外觀 / 2.就算是一口口吃，累積起來也很驚人 / 3.超過100碗就會贈送證明書

ぴょんぴょん舍 稲荷町本店

品嘗清甜酸辣的冷麵

restaurant

預算¥1,500

🌐 www.pyonpyonsya.co.jp　✉ 盛岡市稲荷町12-5
📞 019-646-0541　🕐 11:00～22:00　休 無休

　提到盛岡冷麵，大家最快想到的，應該是曾上過《料理東西軍》的ぴょんぴょん舍，它也是三小a第一次接觸盛岡冷麵的店家，清甜酸辣的湯汁搭配半透明麵條，是很棒的滋味，強烈建議帶些辣味會比較過癮，如果不吃辣可在點餐時先跟服務人員告知。冷麵碗內除泡菜跟蛋，還會放牛肉片和水果切片(會依季節變化)，這是相當特別的搭配方式。

　此外，這裡也有其他韓式料理可選擇，無論是燒肉、「石焼ピビンパ」(石鍋拌飯)、「海鮮チヂミ」(海鮮煎餅)等味道都很不錯。ぴょんぴょん舍在盛岡駅周邊、東京銀座及晴空塔也有分店，適合無法親自前往東北的旅人。

1.店家外觀 / 2.美味的牡蠣煎餅 / 3.冷麵麵條很Q彈 / 4.冷麵搭配烤肉一起吃，相當契合 / 5.冷麵裡夏天會放西瓜片、冬天放梨片 / 6.天冷時也有熱湯麵可點 / 7.用餐時間常座無虛席

restaurant
食道園
改良平壤冷麵，咬勁十足

預算¥1,500

✉ 盛岡市大通1-8-2 │ ☎ 019-651-4590 │ ◷ 週一～六11:30～15:00、17:00～22:00，週日及假日11:30～15:30、16:30～21:00 │ 休 每月第一、三個週二 │ MAP P.150/D3

說這裡是盛岡冷麵的發源地也不為過，朝鮮半島出身的初代店長青木先生，於二戰結束後移居盛岡，在此開業重現朝鮮半島的傳統冷麵滋味，並以「平壤冷麵」作為主打，目前只有在盛岡市區可以吃到。傳統的平壤冷麵是以蕎麥粉製作，食道園改良成加入馬鈴薯，麵條咀嚼起來特別有咬勁。在麵上擺放牛肉絲及醃蘿蔔，辣度可隨個人喜好調整，或是請店家另外用小盤子裝辣醬，建議平日中午14:00之前來，可以選擇「ランチセット」(午間套餐)，燒肉套餐加半碗冷麵很適合食量較大的人，或單點冷麵嘗鮮也是不錯的選擇。

1.店家外觀 / 2.ランチセット(午間套餐)相當有人氣 / 3.冷麵食材跟其他店家口味略為不同

restaurant
盛楼閣
Q彈冷麵，宵夜好選擇

預算¥2,000

http www.gen-plaza.com │ ✉ 盛岡市盛岡駅前通15-5(ワールドインGENプラザ 2F) │ ☎ 019-654-8752 │ ◷ 11:00～00:00 │ 休 無休 │ MAP P.150 / A3

從盛岡駅一出來，就能看到對面大樓上「盛楼閣」3個大字，它在盛岡也是一家相當著名的冷麵店，每當用餐時間常是座無虛席，建議避開用餐尖峰過來，不然可得等候半小時以上，但因為營業時間到深夜2點，深夜肚子餓想吃宵夜也是一個很棒的選擇，店內使用較豪華高級的裝潢，以消費價格而言也沒有特別貴。

這裡的冷麵湯頭口感較甜，麵條有彈性但不會太難咬斷，滿推薦搭配燒肉一起吃，無論牛肉、雞肉的肉質都很不錯，同時享用冷麵與燒肉，用這一餐來開啟盛岡之旅似乎是個不錯的規畫喔！

1.盛岡駅對面的店家外觀 / 2.燒肉是絕對不能少的選項 / 3.冷麵也是盛楼閣的招牌之一

restaurant

白龍

有勁炸醬麵，記得搭配蛋花湯

✉盛岡市內丸5-15 │ ☎019-624-2247 │ ⏰週一～六 09:00～21:00(L.O.20:40)，週日11:30～18:45 │ 休無 休 │ 🅜P.151／E4

在盛岡想吃「じゃじゃ麺」(炸醬麵)，當 地人多會推薦盛岡城跡公園旁的「白龍」， 創業者於二戰期間在中國東北曾吃過一道 麵食，回盛岡後就按照印象重現じゃじゃ麺 的好滋味。使用在日本少見、吃起來有嚼勁 的平打麵體，搭配肉末和以味噌炒過的肉味 噌，再加入薑末及小黃瓜拌勻後來吃，桌上 還有醬油、辣油、醋及其他調味料可調整餐 點味道，吃起來相當過癮。麵吃完後，拿顆 桌上的生雞蛋打入盤中，和剩下的肉味噌一 起攪拌，交給店員加入熱湯後就變成一盤「

蛋花湯」，這是吃じゃじゃ麺時一定會有的 選項「ちーたんたん」，雖然需要多付￥50 ，不過卻很值得。

1.店家外觀／**2.**用餐時間人滿為患／**3.**讓人無法忘懷的 好滋味炸醬麵

玩家分享 冷麵製作體驗

如果光吃盛岡三大麵無法滿足你的 好奇心，是否有興趣親手來做一碗冷麵來試試？ 位在盛岡手作り村裡的ぴょんぴょん舍冷麵工房， 能讓你體驗從揉麵到上桌一整套完整的冷麵製作 過程，非常適合自助旅行者前來遊玩。

ぴょんぴょん舍冷麵工房

🌐www.pyonpyonsya.co.jp/shop/shop04 │ ✉盛岡 市繫字尾入野64-119 │ ☎0120-470-473 │ ⏰10:00 ～16:00 │ 休無休 │ ❓建議提前幾天預約

花卷、遠野

花卷、遠野的交通方式

花卷跟遠野位於盛岡的南邊，通常建議選擇直接搭乘JR東北本線前往花卷(40分鐘)，或者從盛岡先搭乘東北新幹線到達新花卷(10分鐘)，之後再轉乘JR釜石線前往遠野(60分鐘)，可省下不少時間。雖然前往花卷也可在新花卷轉乘，不過並沒有比較節省時間，因此仍建議搭乘JR東北本線即可。

宮沢賢治記念館

收集童話巨匠生平事蹟文物

http www.miyazawa-kenji.com/kinenkan.html | ✉花卷市矢沢第1-1-36 | ☎0198-31-2319 | ⏰08:30～17:00 | 休12月28日～1月1日 | 💰大人￥350、高中生￥250、國中(小)生150 | ➡搭岩手縣巴士在「賢治記念館口」下車後徒步15分鐘；1.從JR新花卷駅搭乘土沢線前往「イトーヨーカドー」的巴士；2.從JR花卷駅搭乘土沢線前往「雲南桜前」的巴士

宮沢賢治老師是出身岩手縣花卷的知名文學家，在他短短37年人生中，創作出不少童話及文學作品，但終其一生都沒被世人發現才華，反而是過世後整理他的遺物時才找到許多手稿，作品曾被翻拍成電影，最具代表的是《銀河鉄道の夜》(銀河鐵道之夜)。

記念館內分成「常設展示室」(禁止攝影)

和「特別展示室」，除了展示老師的各類創作和生活用品，中央還有以童話作品《銀河鐵道之夜》為主題的展示空間，在館內還設有咖啡廳能歇腳休息，是想認識宮沢賢治老師的人必訪的地方。

1.記念館門口 / 2.記念館內部禁止拍照攝影 / 3.逛累的話就在咖啡空間休息一下吧

宮沢賢治童話村

探索童話作家的幻想世界

✉花卷市高松26-19 | ☎0198-31-2211 | ⏰08:30～16:30 | 💰大人￥350、高中生￥250、國中(小)生￥150 | ➡參考宮沢賢治記念館，從巴士站徒步5分鐘

想瞭解宮沢賢治老師的創作世界，那就不能錯過這裡，實際體會老師筆下的童話世界，親眼目睹那鮮豔的銀河鐵道之夜列車，以及由高高低低框架組成的「天空の広場」(天空的廣場)，而「賢治の学校」(賢治的學校)是參觀重點，裡面分成：「ファンタジックホール」(幻想世界)、宇宙、天空、大地及水等5個主題，將幻想變成現實，藉由這些展品來感受老師天馬行空的想像空間。

1.童話村入口 / 2.昆蟲草木都巨大化的大地部屋相當有趣 / 3.巨大萬花筒的宇宙部屋很吸引人 / 4.有機會來觀察這些框架有什麼奧祕吧

sightseeing

旅の蔵 遠野
來辦張河童捕獲許可証吧

http www.tonojikan.jp │ ☎0198-62-1333 │ ◷08:30
～17:30 │ ➡1.從JR盛岡駅搭東北本線到JR花巻駅，
轉釜石線在JR遠野駅下車；2.從JR盛岡駅搭東北新幹
線到JR新花巻駅，轉釜石線在JR遠野駅下車

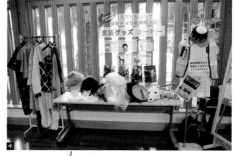

　JR遠野駅外的幾隻「カッパ」(河童)正
在輕鬆聊天說笑，不把來訪旅客看在眼裡，
但也替遠野這地方製造些許神祕感，仔細來
數數到底有幾隻河童吧！車站前的郵筒上也
有一座木雕河童，別忘記拍幾張照片留念。
在JR遠野駅對面有棟寫著「旅の蔵 遠野」
的建築物，這裡就是遠野市觀光協會的所在
地，從遠野地區旅遊資訊，到租借腳踏車、
賣店及歇腳休息用餐的地方都有，也可在此
辦「カッパ捕獲許可証」，工作人員貼心在
這準備不少有趣服裝，可以換裝拍照留念，
隨自己喜歡扮成河童、座敷童子及其他有趣
的妖怪，超可愛的啦！

1、2.觀光協會建築，桌上也放著河童玩偶 /3.對面郵筒
上也有河童 /4.有免費變身體驗可拍照留念 /5.地上的
下水道蓋也有河童身影 /6.遠野駅外觀 /7.一出車站就
能看到有河童在等你

知識充電站　什麼是カッパ(河童)？

日本傳說中的妖
怪，體型跟兒童差不多大小，
全身呈現綠色，背部有著龜
殼，頭頂則有一個盤子，
手、腳指間都有蹼，
嘴短且尖，最喜歡吃
小黃瓜，弱點是當頭
頂盤子內的水流盡，
就會失去力量任人擺布。

遠野

sightseeing

カッパ淵 (河童淵)

傳說河童就是住在這裡

✉遠野市土淵町土淵 | ☎0198-62-1333(遠野市観光
協会 | ➡從JR遠野駅轉巴士前往：**1.**搭乘往「恩徳」
的巴士，在「伝承園」下車徒步5分鐘、**2.**搭乘往「坂
の下」的巴士在「足洗川」下車徒步7分鐘 | 🚗自駕
mapcode設定：810 068 146*00

很 多人知道河童的傳說，但也知道這傳
說是從遠野開始的嗎？遠野常堅寺旁的小
溪，當地人把這取名為「カッパ淵」(河童
淵)，據說就是河童居住的地方，在溪邊有
不少河童相關雕像跟裝飾，還有好幾隻綁著
小黃瓜的釣竿擺在旁邊，記得先辦一張「カ
ッパ捕獲許可証」，就能嘗試釣河童的樂趣
喔！運氣好的話，還能碰
到帶著整套河童捕捉裝備
的カッパおじさん(河童
歐吉桑)，會日文
的話能跟他聊天，他
會告訴你許多關於河
童的小故事。

玩家分享

カッパ(河童)捕獲許可証

想試試捕獲河童嗎？記得先辦一
張「カッパ捕獲許可証」喔！在JR遠野駅對面
的遠野市觀光協會就能辦理。許可証有2種，
一種有照片，限有日本
寄發地址才能申請，一
種不需照片，馬上就能
帶走，2種許可証的辦
理費用也不同。

1.釣河童要用小黃瓜 / 2.カッパ淵是個神秘的地方 / 3.
小溪旁的小祠堂 / 4.カッパ淵旁的伝承園外觀 / 5.寫著
釣河童要準備許可證的公告 / 6.裝備齊全的河童歐吉
桑 / 7.祠堂裡擺放不少供品

小岩井農場

享受自然風光與濃郁乳製品

164

http www.koiwai.co.jp | ✉雫石町丸谷地36-1 | ☎019-692-4321 | ⏰因季節性變動,請上官網確認 | 💰國中生(含)以上￥800、小孩(5歲以上)￥300 | ➡從JR盛岡駅前「10番」站牌,搭乘前往「小岩井農場まきば園」或「網張溫泉」的巴士,車程大約40分鐘

講到岩手縣的人氣觀光景點,相信小岩井農場一定會在名單裡。小岩井農場是東北地區第一個民營觀光農場,在占地3,000公頃的面積裡,有著漂亮的自然風景,無論是4月的一本櫻與岩手山美景,5月綿延數公里的油菜花田,或冬天夜間的點燈活動等都相當特別。此外還可以看到農場畜牧的牛隻,木工活動參觀體驗,也能和可愛動物互動,還有提供小朋友開心玩耍的遊樂設施,非常適合全家大小同遊。農場內自製生產的牛奶、優格及乳酪都是很有人氣的商品,尤其是味道濃郁的鮮奶霜淇淋,千萬不能錯過。

1.高人氣的鮮奶霜淇淋 / 2.園區內有射箭的體驗設施 / 3.在5月時,沿著農場道路能看到滿滿黃色油菜花 / 4.農場的乳製品都是由牠們提供的原料 / 5.門口旁展示一列有歷史的蒸汽火車 / 6.每年在此開放3週的木星跟月亮觀賞會 / 7.冬季燈飾讓農場的夜晚變得很美

小岩井農場名稱由來

「小岩井」不是地名、也不是人名,而是取自創始者:日本鐵道副社長「小」野義真、三菱社長「岩」崎彌之助、鐵道廳長官「井」上勝,這3位的姓第一個字組合而成。

遠野食肉センター
（遠野食肉中心）

遠野　預算¥1,300

restaurant

鮮嫩小羊肉，原味就很好吃

http www.tononamaram.com ｜ ✉ 遠野市松崎町白岩 20-13-1 ｜ ☎ 0198-62-2242 ｜ ⏰ 11:00～21:00 ｜ 休不定休

成吉思汗烤肉(ジンギスカン)並非北海道的專利，也是岩手遠野地區的一般家庭料理，在遠野市有不少提供「ジンギスカン」的餐廳，而這裡則是不少遠野當地人都會推薦的店。三小a推薦點「上ラムセット」(上等小羊肉套餐)，即使羊肉沒事先醃漬，就算不沾醬汁，吃起來也不會有腥羶味，店家使用未滿一年的小羊，肉質咬起來相當鮮嫩，搭配套餐中的蔬菜、白飯及味噌湯，相當有飽足感，但仍會讓人忍不住想再來一份。

知識充電站　成吉思汗烤肉的由來

以前日本人沒有吃羊肉的習慣，為了要將羊毛提供製作軍隊、警察的制服，所以開始飼養大量羊隻，由此為契機開始研究開發羊肉料理，第一家成吉思汗烤肉的專門店是在東京開始營業，全盛時期有超過40%的食用羊都是出產自北海道，因此讓人以為成吉思汗烤肉是北海道特有料理，但是來到遠野地區，羊肉料理也是必嘗的美食呢！

1.道路旁的大看板 / 2.店家外觀 / 3.香氣四溢讓人垂涎的烤羊肉 / 4.熟度均勻的羊肉看起來就很美味 / 5.店內環境 / 6.上等小羊肉套餐相當受到歡迎

平泉

平泉地區於2011年6月29日被登錄為世界文化遺產,登錄內容包括中尊寺、毛越寺、觀自在王院跡、無量光院跡及金雞山等地區,由於登錄範圍較廣,本書挑選具有代表性的中尊寺及毛越寺來介紹給大家認識。

茅の輪（夜いの輪）

土足嚴禁

平泉的交通方式

　　從盛岡駅搭乘JR東北本線,80分鐘就能到達平泉。以JR平泉駅為起點,搭乘巡迴巴士「るんるん」參觀遊覽平泉町的各景點,巴士繞一圈平均大概是20分鐘,沿線依序會到達毛越寺、平泉文化遺産中心、中尊寺、無量光院跡等地,平日每30分鐘就有一班車,班次算是頻繁,適合無法自駕的旅人,如果當天會搭3次以上,建議直接購買一日券為佳。

http 岩手縣交通:www.iwatekenkotsu.co.jp

sightseeing

中尊寺

祈願和平，收藏國家文化財

http www.chusonji.or.jp｜✉平泉町平泉衣関202｜
☎0191-46-2211｜🕐3月1日～11月3日08:30～17:00
、11月4日～2月底08:30～16:30｜💲境內免費；參觀
金色堂、讚衡蔵、経蔵及旧覆堂需付費：大人￥1,000
、高中生￥700、國中生￥500、小學生￥300｜➡1.
搭乘平泉町巡回巴士「るんるん」在「中尊寺」下
車；2.從平泉駅徒步25分鐘；3.從平泉駅搭計程車約3
分鐘｜MAP P.150／A5

　　有悠久歷史、為比叡山延曆寺高僧慈覺
大師所創建，後來由豪族藤原清衡將平泉寺
移到現址，祭奠的是不分敵我、在長期戰亂
中的亡故者，藉以實現和平理想的社會。從
月見坂開始的參天古杉，收藏豐富文化財的
讚衡蔵，到用金箔工藝覆蓋、被列為國寶的
金色堂等，都相當具有參觀價值。在月見
坂入口的事務所可租借語音導覽機，目前有
日、英、韓及中文等4種語言，租借時支付
租金￥500、押金￥500，返還時會退押金
給租借者。

1.中尊寺本堂／2.白山神社十二支一代守護神社／3.春天
來訪中尊寺也能看到美麗櫻花／4.金色堂外觀(內部禁
止攝影)／5.指定為重要文化財的能楽殿／6.白山神社紅
色鳥居在中尊寺裡相當顯眼

毛越寺

遇見古蹟裡的紅葉美景

🌐www.motsuji.or.jp｜✉平泉町字大沢58｜📞0191-
46-2331｜🕐4月5日～11月4日08:30～17:00、11月
5日～4月4日08:30～16:30｜💲大人￥700、高中生
￥400、國中(小)生￥200｜➡1.搭乘平泉町巡回巴士
「るんるん」在「毛越寺」下車；2.從平泉駅徒步10
分鐘｜🗺P.150／B6

　跟中尊寺一樣都是由慈覺大師所創建，
也在藤原一族時代成為大型寺院，最盛時期
規模比中尊寺還要大，但經過數次災禍，境
內建築物多數被燒毀，現在只剩下以大泉が
池為中心的淨土庭園，以及周邊平安時代的
伽藍遺跡，而位於大泉が池東北側引水入池
的「遣水」，在每年5月的第四個週日，會
有人打扮成平安時代的貴族在此舉辦「曲水
宴」，境內的紅葉景色也相當著名，秋天總
是會吸引許多旅人前來欣賞。

1.毛越寺入口／2.門口能租借平泉町語音導覽機／3.淨土
庭園在東日本大震災時受到損害，但現在已經修復／4.
境內種植不少相當有歲月的樹木／5.本堂外觀／6.出島
石組跟池中立石

sightseeing
嚴美渓
國家指定名勝，有趣空飛糰子

🌐genbikeiga.com │ ✉一関市嚴美町字滝の上地內 │ 📞0191-23-2350 │ 🕐24小時 │ 💲免費 │ ➡從JR一関駅前搭乘嚴美渓線巴士到「嚴美渓」下車徒步2分鐘

　　跟猊鼻渓同樣被列為國家指定名勝及天然紀念物，雖然溪谷看起來沒有想像中大，但這個被磐井川沖刷侵蝕而成的溪谷，沿岸出現許多奇岩怪石，可以算是觀賞重點之一，相信喜歡攝影的朋友們，應該可以在這邊拍到不少好照片。相較於猊鼻渓是以搭船的方式遊覽，在這邊則是以徒步方式，推薦來訪時節為夏季新綠及秋季紅葉。

　　這裡有名的「郭公団子」，源自溪谷對岸的商店「郭公屋」，又稱「空飛ぶ団子」，特別之處在於使用吊籃運送，想買東西時敲敲木板，把買糰子的訂單跟錢放到籃子裡，

再敲敲木板後，店家會把籃子回收，然後再把商品用同樣方式送到顧客手上，糰子口味有好幾種，味道都挺不錯，如此的有趣噱頭可以嘗試看看。

1.位於對岸的店家 / **2.**把點餐單跟錢放到木盆讓店家回收 / **3.**在河川長時間沖蝕下形成的溪谷

sightseeing
達谷窟毘沙門堂
一面插入岩壁的神聖建築

🌐www.iwayabetto.com │ ✉平泉町平泉字北沢16 │ 📞0191-46-4931 │ 🕐3月1日～11月5日08:00～17:00、11月6日～2月28日08:00～16:30 │ 💲大人￥500、高國中生￥200、小學生免費 │ ➡從JR平泉駅搭乘「嚴美渓平泉線」在達谷窟下車即達(不適用平泉巡回バスるんるん一日券)、搭計程車單程10分 │ 🚗自駕mapcode設定：142 157 8 25*13 │ 🗺P.150 / B6

　　沿山壁懸崖建造的「毘沙門堂」相當顯眼，裡面供奉掌管富貴、守護佛法的「毘沙門天」，入內會發現建築物其實只有三面，另外一面是岩壁及供奉的佛像，境內還有「岩面大佛」、辯天堂、不動堂等地可參觀，是平泉地區具有參觀價值的景點之一。

1.參道上有三座建材跟樣式都不同的鳥居 / **2.**蝦蟆ヶ池辯天堂也是不錯的拍照點

蔵元レストラン

平泉一関的美食是もち(麻糬)，無論婚喪喜慶等集會場合都能看到麻糬料理，官方紀錄中一年有吃60次もち的機會及多達300種口味，「果報もち膳」則是人氣餐點，芝麻、枝豆、櫻花蝦、紅豆等8種麻糬加上麻糬雜煮，最特別的是其中有一樣口味是納豆麻糬，想試試看嗎？

© 午餐11:00～15:00，晚餐17:00～21:00(晚餐採預約制)

sightseeing
世嬉の一酒造
保存酒造歷史與民俗之地

🌐 sekinoichi.co.jp ｜ ✉ 一関市田村町5-42 ｜ ☎ 0191-21-1144 ｜ © 酒の民俗文化博物館09:00～17:00、カフェ徳蔵10:00～17:00、ビール工場參觀要預先申請 ｜ 💲 酒の民俗文化博物館大人￥300、國中小生￥200 ｜ ➡ 從JR一関駅徒步10分鐘即可到達

世嬉の一酒造從1918年開始營業，已超過百年歷史，而這邊除了製作傳統的日本酒外、也有釀造較現代的啤酒，世嬉の一酒造主要由幾個部分組成，分別是酒の民俗文化博物館、カフェ徳蔵(咖啡店)、蔵元レストラン(餐廳)、ビール工場(啤酒工廠)及酒の直売所せきの市(賣店)等。

建築物外觀除了有原本日式建築外，也能看到歐式建築身影，而在酒の民俗文化博物館裡保存不少釀酒相關設施，懂日文的還能聽到導覽員的詳細解說，無論是發酵室或木造大酒桶彷彿都還飄散著淡淡酒香，想試飲的朋友就可以直接到賣店試喝日本酒，而獲獎不少的啤酒也是世嬉の一的招牌商品，有興趣不妨買些喝喝看吧！

1 酒の民俗文化博物館外觀 / 2.有濃厚歐風外觀的石蔵クラストン / 3.賣店裡除了賣酒還有其他文創商品

restaurant

預算¥1,000

ジャズ喫茶「ベイシー」(Beishi)

走入時光隧道享受爵士妙音

✉一関市地主町7-17 ｜ ☎0191-23-7331 ｜ 🕐15:00～22:00 ｜ 休週二、週三

光站在門外就能感受到室內爵士樂在空氣中流動，音樂聲彷彿就從門縫中傳了出來，雖然說它並非是一定要來的店家，但如果行程有安排到「世嬉の一酒造」或選擇晚上住在一関市區的朋友，個人就很推薦能夠前來，點杯咖啡或酒精飲料坐在椅子上，看著牆上桌上不少照片及懷舊裝飾，彷彿讓人走進了時光隧道，最受人注目的就是那一整個架子的黑膠唱片，不知道當初業主花了多

少心血收集，喜歡爵士樂的朋友不妨來此尋寶吧！

1.爵士樂演出資訊公布欄／2.店家外觀

restaurant

預算¥2,000

レストラン源

清爽口感的岩手前沢牛丼

🌐www.hiraizumi2011.jp ｜ ✉藤西磐井郡平泉町坂下10-7(平泉レストハウス2F) ｜ ☎0191-46-2011 ｜ 🕐供餐時間11:00～14:00；咖啡時間09:30～11:00、14:00～17:00(12～3月到16:00) ｜ 休不定休 ｜ MAP P.150／B5

平泉地區餐飲選擇不太多，位於中尊寺參道對面平泉レストハウス的2樓的「源」，是三小a很推薦的店家。這裡所有餐點都是使用岩手縣當地生產的食材製作，如果你喜歡牛肉，當然不能錯過岩手前沢牛，就點份「特選前沢牛ステーキどんぶり」(前沢牛排丼)來嘗嘗吧！看著一片片粉嫩的牛肉整齊疊在碗裡，吃的時候搭配蘿蔔泥跟芥末，口感很清爽、不油膩，真的好好吃！吃完後

還能到後面的土產品專賣店選購伴手禮，順便消化一下剛才的飽足感。

1.店家外觀／2.內部採光很舒服／3.美味的前沢牛ステーキどんぶり(牛排丼)

搭乘人力小船，悠遊岩壁溪谷的自然清新

猊鼻渓舟下り（猊鼻溪遊船）

如果說岩手有什麼活動特別推薦要來體驗，「猊鼻渓舟下り」(猊鼻溪遊船)一定會在三小a的推薦名單中，無論是夏天新綠、秋天紅葉或冬天白雪都相當適合前來，但因為這裡被指定為天然紀念物及名勝，不能行駛馬達驅動的船隻，在90分鐘的航程裡，船夫就用一根木篙駕船載客往返，在兩旁超過100公尺高的岩壁中緩緩漂過，四周除解說聲音外，剩下的大概只有自己的呼吸聲吧！

在人力遊覽船約2公里的行駛範圍中，有不少漂亮的風景可以欣賞，當船經過少婦岩後就準備靠岸，在這邊有個很有趣的體驗可以嘗試，若能投擲運玉(5個¥100)到對面的岩洞裡，代表能實現願望，還會得到一張「運玉投入認定証」，有福、緣、壽、愛、願、運、戀、絆、祿及財10

個字的運玉可挑選，你會想挑哪幾個呢？

投擲完運玉再回到下船處搭船，繼續未完成的下半段航程。此時船夫會開始清唱「猊鼻追分」這首歌謠，歌聲迴盪在岩壁溪谷之中，綿延不絕的回音，讓人有使用麥克風的錯覺，聽著聽著會有滿滿療癒的感覺。此處遊覽船讓行動不便、搭乘輪椅的人也可以參加，很推薦大家來喔！

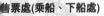

犭艮鼻溪遊船地圖

售票處(乘船、下船處)

凌雲岩

鏡明岩

毘沙門窟

壯夫岩

少婦岩

停船徒步處
(徒步3分鐘到大犭艮鼻岩)
沿途為碎石子路，建議
女性當天穿著適合行走
的鞋子。

北

獅子ヶ鼻

大犭艮鼻岩

1.停靠在岸邊的船隻 / 2.安靜氛圍讓人沉靜陶
醉 / 3.夏天來搭遊船涼爽感十足 / 4.快來試試自己
能不能一投即中 / 5.日本人瑞姐妹花金銀婆婆的
手印 / 6.有10種不同含義的運玉能挑選投擲 / 7.回
程時船夫還會清唱歌謠 / 8.乘船處建物外觀

www.geibikei.co.jp｜✉一関市東山町長坂字町467
｜☎0191-47-2341｜🕐遊船約每小時一班，因季節不
同而有異，詳細航班時間請見官網｜💲大人￥1,800、
小學￥900、幼兒￥200｜🚉搭乘東北新幹線到JR一ノ
関駅，轉乘大船渡線到JR犭艮鼻溪駅下車徒步7分鐘

special column

三陸海岸

三陸海岸的
交通方式

　　三陸海岸北從青森縣東南方起，經過整個岩手縣海岸，到宮城縣的牡鹿半島為止，整段海岸線超過600公里，以岩手宮古為界，分為北三陸、南三陸，這個地區也有著相當豐富的漁獲蘊藏量。目前連接三陸海岸地區的鐵道交通，除了往返久慈(最北)、盛(最南)的リアス線外，還有從盛岡分別往返宮古、釜石的JR山田線、釜石線這兩條鐵道，如果可以的話，仍建議以自駕方式替代鐵道為佳。

sightseeing
三陸鉄道 久慈駅
追尋日劇《小海女》的腳步

http www.sanrikutetsudou.com/?p=563 | ✉ 久慈市中央三丁目38-2 | ☎ 0194-52-0177

久慈駅分為JR、三陸鉄道兩條路線的相鄰建築。三陸鉄道的久慈駅是リアス線最北邊的車站，車站前有提供乘客拍紀念照的看板，車站裡也提供日劇《小海女》的劇服和道具讓大家穿著拍照留念。販賣部「三陸リアス亭」，每天限定20份的夢幻海膽便當相當搶手，便當除了最上層的海膽誘人外，就連底下米飯也用碎海膽跟殼裡的汁液料理，吃起來味道相當濃厚。

1.三陸鉄道久慈駅外觀 / 2.不少旅人因為小海女來此 / 3.跟小海女看板拍紀念照吧 / 4.來這可以變身成小海女喔 / 5.三陸鉄道車廂看板 / 6.車站裡有小海女的戲服跟配件可自由穿戴 / 7、8.限量海膽便當在三陸リアス亭才有賣

sightseeing

浄土ヶ浜
乘船賞玩陸地與餵食黑尾鷗

🌐jodogahama-vc.jp；みやこうみねこ丸遊覧船(宮古
淨土之濱遊覽船)jodo-yuransen.jp；マリンハウス(海之
屋)j-marine.com/sappa；レストハウス(休息所)www.
kankou385.sakura.ne.jp/resthouse｜✉宮古市日立
浜町32-69｜📞0193-65-1690｜🕐4月1日～10月31
日08:00～18:00，11月1日～3月31日09:00～17:00
｜🈺12月29日～隔年1月3日｜💲免費｜➡從JR盛岡
駅搭JR山田線在「宮古」下車，再轉岩手県北バス到
「浄土ヶ浜ビジターセンター」下車

　　整條三陸海岸的海岸線很長，從青森開始到宮城都可以算是它的範圍，雖然沿岸都有漂亮海景可欣賞，但個人最推薦的還是「浄土ヶ浜」這一段，這個地區由ビジターセンター(遊客中心)、みやこうみねこ丸遊覧船(宮古海貓丸遊覽船)、マリンハウス(海之屋)及レストハウス(休息所)4個部分組成，夏天這裡則搖身一變成為海水浴場。

　　在遊客中心裡的展示內容相當具有教育意義，也擺放311東日本大震災所造成的災害照片，這個地區的無障礙設施做的不錯，非冬季期間從遊客中心到碼頭、休息所都能使用輪椅，最推薦的就是搭乘遊覽船，除了能從海上的角度欣賞陸地，在船上也能購買麵包餵食うみねこ(黑尾鷗)，或是從海之屋搭乘小船欣賞「青の洞窟」，而浄土ヶ浜最推薦的拍照時間其實是日出，也因此吸引不少攝影愛好者前來，如果非自駕旅人則建議前一晚住在徒步就能到達的浄土ヶ浜パークホテル(P.184)。

1.搭乘遊覽船可以餵食黑尾鷗 / 2.休息所外觀 / 3.搭乘小船才能參觀「青の洞窟」 / 4.遊覽船外觀 / 5.浄土ヶ浜有著漂亮景色

sightseeing

龍泉洞

鐘乳石發達，具有學術價值

http www.iwate-ryusendo.jp ｜ 岩泉町岩泉字神成1-1 ｜ 0194-22-2566 ｜ 08:30～17:00，5～9月開放時間延長到18:00 ｜ 高中生(含)以上￥1,100、國中(小)生￥550 ｜ 1.從盛岡駅搭乘前往「岩泉龍泉洞」的JR巴士，在「龍泉洞前」下車；2.從久慈駅搭乘三陸鐵道在「小本」下車，再轉乘小本線巴士在「龍泉洞前」下車

與山口縣秋芳洞、高知縣龍河洞並稱為「日本三大鐘乳石洞」，依據目前持續對龍泉洞的調查，總長度為4,088公尺、有8個地底湖，但現在開放範圍只有700公尺。參觀焦點是3座有著清澈透明湖水的地底湖，鐘乳石搭配彩色燈光形成的效果，也讓人忍不住多按幾下快門，洞穴裡常年維持攝氏10度的低溫，參觀時請記得做好保暖措施。在龍泉洞對面，還有一座同為鐘乳石洞穴的龍泉新洞科學館，這裡的鐘乳石相當發達，並且保留不少具有學術價值的痕跡，因此規畫成科學館開放給外界參觀。

1.龍泉洞售票處 / 2.用泉水製作的優酪乳跟碳酸飲料都很推薦試看看 / 3.看起來像獅子的鐘乳石 / 4.龍泉洞對面還有一個龍泉新洞 / 5.這邊有座山葡萄酒儲藏庫 / 6.有著清澈水質的地底湖 / 7.內部使用燈光效果很吸睛

避冒提醒

龍泉洞參觀注意事項

■建議至少要帶件外套保暖，或是可向當地事務所借用外套。

■洞穴內沒有設置廁所，務必先上廁所，再進入洞穴參觀。

■地底湖非許願池，勿投入錢幣，並注意物品勿掉入(無法取回)。

■洞穴內地面濕滑，建議穿著防滑鞋且勿奔跑，以免發生危險。

sightseeing

釜石大観音
從展望台欣賞壯闊海景

http www.kamaishi-daikannon.com｜✉釜石市大平町3-9-1｜☎0193-24-2125｜🕘09:00～17:00｜休12月29～31日｜💲高中生(含)以上￥500、國中生￥300、小學生￥100｜➡從釜石駅搭乘前往「佐須」、「小白浜」或「平田」的巴士，在「観音入口」下車徒步7分鐘

　　在三陸海岸邊，有座高達48.5公尺的魚籃觀音像，天氣好時可隨著迴旋梯向上，爬202階到達海拔120公尺高的觀音像展望台，可以看到壯闊美麗的太平洋跟釜石港美景。觀音像的1～3層供奉三十三觀音，4～10層供奉的是七福神，在觀音像旁邊還設立一座佛舍利塔，裡面收藏由斯里蘭卡所贈送的釋迦牟尼遺骨(舍利子)。因為周邊有著漂亮風景，也讓這裡在2016年6月列入「恋人の聖地」。

1.一塊塊繪馬上乘載眾人的願望／2.將近50公尺高的觀音像／3.佛舍利塔裡收藏釋迦牟尼的舍利子

預算￥700

新華園本店
自製細麵、湯頭清爽的釜石拉麵

✉釜石市大町2-1-20｜☎0193-22-1888｜🕘11:00～21:00｜休週二

　　開業近60年，是釜石當地名店，以前製鐵廠工人午休時間短，希望店家提供可快點吃、又好消化的餐點，拉麵因此成為最佳選擇。新華園以自製的極細麵條，搭配用雞、豬、魚類一起燉煮的琥珀色醬油湯頭，雖看起來油膩，喝起來卻相當爽口，叉燒肉的口感跟一般不太相同，再加上蔥花點綴，成為特別的美味，是釜石當地的美食代表之一—「釜石ラーメン」(釜石拉麵)，如果在三陸海岸一帶自駕經過時，不妨來一碗試試看。

1.店家外觀／2.內部裝潢相當簡單／3.琥珀色醬油湯頭喝起來很爽口

浜茶や食堂

招牌海藻拉麵、海鮮丼

預算¥1,000

restaurant

✉ 下閉伊郡田野畑村菅窪205-4 ｜ ☎ 0194-34-2295
｜ ⏰ 11:00～21:00 ｜ 休 不定休

不起眼的外觀與位置，很容易會錯過，但卻是一家饕客會特地來光顧的好店。店內食材使用當地漁家新鮮捕撈的海鮮，無論價格或品質都相當吸引人，不愛吃生食也可以來碗熱呼呼、以多種藻類製作的「磯物ラーメン」(海藻拉麵)，端上桌時散發出來的香氣彷彿還帶著鹹味，透明的湯頭喝起來有著大海的味道，麵條分量跟口感都很不錯，是相當有特色的餐點。

此外店家最推薦的是季節限定「ウニ丼」(海膽丼)，豐富金黃色海膽把白飯都蓋到看不見，建議先品嘗味道香甜的原味海膽，感受新鮮滋味在口中的躍動，再來把醬油淋在海膽上，一口口將海膽跟白飯一起吃下，此時早已忘記何為膽固醇，當然是先吃再說，或是也可以點海藻拉麵、海膽丼的套餐，更是有滿足感呢！

1.店家外觀 / 2.牆上有不少名人簽名 / 3.內部裝潢清爽簡單 / 4.不吃生食的也有熟食可點 / 5.豐富的海膽丼值得品嘗

三陸鉄道

日劇場景、暖桌列車、干貝絵馬

三陸鉄道原分成「北リアス線」、「南リアス線」兩條路線，最後於2019合併成為「リアス線」，2013東日本大震災後拍攝的日劇《あまちゃん》(小海女)、《恋の三陸列車コンで行こう！》(戀愛的三陸 去搭聯誼列車吧！)都是以這裡為故事背景，希望藉由戲劇的魅力，吸引遊客來欣賞三陸海岸美景。原本因海嘯毀損的鐵路也已全線恢復通車，在特殊節日還有特色列車運行，但觀光列車採非定期行駛，不過有不少特色列車能選擇，有暖桌的「こたつ座敷列車」，以及提供餐食甜點的「レトロ列車」等，都是相當有人氣的選項，若有興趣可參考官網相關資訊。

「リアス線」從久慈駅起到盛駅為止，全長163公里，是日本目前路線最長的第三セクター鉄道，「第三セクター鉄道」指的是由政府官方或民間企業共同出資成立的鐵道公司。

三陸鉄道地圖

JR八戶線
久慈
東北新幹線
東北本線
リアス線
盛岡
宮古
JR山田線
花巻
JR釜石線
釜石
盛
JR大船渡線
北

玩家分享　戀人同遊「恋し浜駅」

　　位於リアス線上的「恋し浜駅」曾是日劇「恋の三陸　列車コンで行こう！(戀愛的三陸〜去搭聯誼列車吧！)」的主要拍攝景點之一，那條使用數千片干貝繪馬所製作的隧道跟等待室，則是這裡的賣點之一，如有機會來訪在這邊拍照留下美好回憶是一定要做的事。

歡慶惡鬼退散的傳統三颯舞
整齊劃一的動作讓人讚歎不已

盛岡さんさ踊り

1.參加祭典的小朋友們笑得很開心 / 2.整齊劃一的動作相當引人注目 / 3.祭典最後會有花車加入遊行 / 4.當地女學生們也粉墨登場參加祭典 / 5.岩手招待隊當然不會錯過祭典 / 6.可愛的河童跟小朋友共舞

爲期4天的「盛岡さんさ踊り」祭典，每年都有100多個團體參加，無論大人小孩、學校公司等都共襄盛舉，不僅遊行有看頭，從隊伍分區集合時就能看到許多有趣畫面，每個團體都絞盡腦汁裝扮來吸引觀眾目光。從市役所前的遊行起點開始，每輛花車都布置的相當吸睛，大家以日式太鼓及笛子搭配舞蹈演出，呼喊著一樣的口號，整齊劃一的動作讓人讚歎不已。當遊行結束時活動才要正式開始，此時兩旁的觀眾可以加入同樂，所有人一起跳著、一起叫著，氣氛在此時到達最高潮，如此的感覺只能意會、無法言傳，快點一起來參加「盛岡さんさ踊り」吧！

知識充電站

「盛岡さんさ踊り」的由來

據說從前盛岡城有惡鬼施暴作亂，影響當地居民跟來往旅客們的生活，城內三ツ石神社供奉的神明打敗惡鬼，並要求以手印立約、不得再來作亂，現在神社內的三顆石頭上還能看到惡鬼的手印，當地居民為了慶祝惡鬼離開，圍著石頭唱歌跳舞來慶祝，而岩石上的手印也是「岩手」這個地名的由來喔！

岩手縣住宿情報

hotel
浄土ヶ浜パークホテル

早起拍攝淨土之濱的絕佳住宿點

http www.jodo-ph.jp ｜ ✉ 宮古市日立浜町32-4 ｜
📞 0193-62-2321 ｜ 🕐 入住15:00、退房10:00 ｜➡從
JR盛岡駅搭JR山田線在宮古下車，再轉往浄土ヶ浜
或宮古病院的岩手県北バス在パークホテル入口下車
即到，飯店也有提供宮古駅免費接駁車，但要提前預
約，詳細接駁時間請到官網確認

如果來訪三陸海岸，其實浄土ヶ浜是一定
要來逛逛的景點，而位於國立公園裡的浄土
ヶ浜パークホテル則是一間相當推薦住宿的
飯店，無論是房間裝潢、人員服務及餐飲水

準都很不錯，如果想早起拍浄土ヶ浜日出美
景，從飯店徒步7分鐘就能到達海邊，由於飯
店地理位置較高，坐在大廳就能看到美麗的
海景。

盛岡市

hotel
ホテルパールシティ盛岡
(Pearl City盛岡)
整齊清潔、生活機能便利

🌐 www.pearlcity.jp/morioka ｜ ✉ 盛岡市大通3-7-19
｜ ☎ 019-625-3311 ｜ 🕐 入住15:00、退房10:00 ｜ ➡
從JR盛岡駅徒步5分鐘 ｜ MAP P.150 / B3

　這是HMI飯店集團旗下的一個品牌，而
在盛岡市區的「ホテルパールシティ盛岡」
也是三小a很推薦的旅館選擇，價格便宜是
其中之一，每晚大概￥4,500左右很划算，
另外一個原因，就是周邊生活機能佳，徒步
2分鐘就可到鬧區商街，附近有居酒屋、餐
廳、便利商店，房間大小適中、備品齊全，
基本的整齊、乾淨還算不錯，可以納入參考
選項。

盛岡市

hotel
ホテル盛岡ヒルズ
便利的交通，價格經濟實惠

🌐 www.hotel-moriokahills.jp ｜ ✉ 盛岡市盛岡駅前通
15-25 ｜ ☎ 019-623-7008 ｜ 🕐 入住15:00、退房11:00
｜ ➡ 從JR盛岡駅徒步4分鐘 ｜ MAP P.150 / A3

　如果要在盛岡
駅周邊尋找價格
便宜、交通方便
的住宿，「ホテル
盛岡ヒルズ」會是三小a建議的選項之一。從
JR盛岡駅走路只要4分鐘就能到達，尤其是
每晚最低不到￥4,000的價格相當划算，雖
然房間裝潢較陽春，不過基本的需求都能夠
滿足，房內還有免費無線Wi-Fi可以使用，早
餐內容中規中矩，但足夠提供一天充分的營
養，是非常適合1個人出遊且想省錢的旅人。

盛岡市

hotel
アートホテル盛岡
適合家族旅行、活動空間充足

http hotel-higashinihon-morioka.com │ ✉ 盛岡市大通3-3-18 │ ☎ 019-625-2131 │ ⏰ 入住14:00、退房11:00 │ ➡ 從JR盛岡駅徒步8分鐘 │ MAP P.150 / C3

帶著長輩或家人來旅行，如果想在盛岡市區尋找舒適便宜的旅館住宿，那「アートホテル盛岡」絕對是三小a的推薦選擇。磚紅色的建築物外觀看起來很有歷史及質感，內裝走豪華風格，這裡也是當地居民結婚宴客的場地選擇之一，房內空間不小，就算把29吋行李箱打開整理，也還是有活動空間，每晚大概¥7,000屬於等級還不錯的落腳處。

花卷市

hotel
ホテル紅葉館
來交通方便的溫泉區泡湯

http www.hanamakionsen.co.jp/koyokan │ ✉ 花卷市湯本1-125 │ ☎ 019-837-2111 │ ⏰ 入住15:00、退房10:00 │ ➡ 從JR新花卷駅每天有往返花卷溫泉共6班接駁車可免費搭乘，詳細時間請參閱官網

花卷溫泉有空港、高速道路及新幹線等便捷交通來往，是很多人會到訪的溫泉區，最大的住宿由千秋閣、花卷及紅葉館組成，無論住在哪一間，都能去享受其他兩間旅館

非住客也能享受的大眾浴場「蓬萊湯」溫泉

千秋閣、花卷、紅葉館都有提供「日帰り入浴」的純泡湯服務，沒有在此住宿、單純只想體驗溫泉的旅人，可以到大眾浴場「蓬萊湯」，除了價格較便宜，也是當地民眾會來的溫泉，不過記得要自備毛巾跟盥洗用具，浴場裡並沒有提供。

的風呂。若有預算限制會推薦選擇紅葉館，這裡也有洋式風格的房型，在餐點也有很不錯的表現，西式或當地特色的美食都有，每年6～7月、9～10月在旁邊的バラ(玫瑰)園，還能欣賞數千株玫瑰花盛開的景色，相當推薦來訪。

hotel

そば庵 しづか亭

讓人放鬆享受溫泉小旅館

shizukatei.com ｜西磐井郡平泉町平泉長倉10-5
｜0191-34-2211 ｜入住15:00、退房10:00 ｜旅館有免費接駁服務往返JR平泉駅，訂房時要先預約

しづか亭其實是三小a心目中非常喜歡的溫泉旅館，因為房數少、服務人員熱情、泉質好及前沢牛晚餐料理相當美味，而且使用的食材幾乎是當地農家生產，另外這裡還有提供そば(蕎麥麵)及清晨野菜製作採摘體驗，有機會的話請來放鬆一下，好好享受這裡所提供的溫泉跟美食吧！

hotel

グリーンホテル北上

北上展勝地賞櫻花的好選擇

www.green-hotel.net ｜北上市大通り1-11-3 ｜
019-765-5500 ｜入住12:30、退房12:00 ｜從JR北上駅徒步2分鐘

如果要來東北賞櫻，位於岩手縣的北上展勝地絕對會在景點名單裡，但要從盛岡搭車來這，單程就得花掉近1個小時的車程，因此會建議在北上地區找個住宿點，除了免去舟車勞頓，也有機會拍到較沒有人的畫面。

價格便宜的「グリーンホテル北上」是很推薦的選擇，從JR北上駅徒步2分鐘可到，由旅館走到賞櫻河岸處大概15分鐘，算是很方便的落腳處。

秋田縣
あきたけん

享受古老乳頭溫泉，體驗竿燈祭的震撼

Akita-ken

秋田
focus
焦點

思い出の潟分校(田沢湖)
男鹿真山伝承館(男鹿半島)

鶴の湯(乳頭温泉)
むら咲(角館町)

以悠閒旅行來説，秋田算是三小a心中最喜歡的地方，即使在城市裡，生活步調也很緩慢。秋田主要的作物就是稻米，而使用秋田的好水好米所釀造出來的酒，品質當然也沒話説；此外，比內地雞、秋田錦牛和秋田杉都相當有名。至於美食當然更不能錯過，稻庭烏龍麵、親子丼、きりたんぽ鍋(米棒鍋)在秋田街頭隨處可見，另外乳頭温泉、夏天竿燈祭也是秋田的代表，沒排入行程那就太可惜了，快點來秋田玩吧！

秋田市區地圖

A B C D

1

　　キッチンふじみ

2

　　　　　　　　　　　　　　　　　民俗芸能伝承館　　アパホテル

3

　　　　　　　　　　　　　　　　　　　　　　　　　　秋田県立美術館

　　　　　　　　　　秋田竿燈祭活動場地

　　　　　　　　　　赤れんが郷土館

4

北

田沢湖地圖

P.207

　　　　　　　　　　　　　　　　乳頭温泉郷

5

　　　　　　　　　　　　　　　　駒ヶ岳

　　　　　　御座石神社
　　　　　　　姫観音
　　　　　　　　　　　　　田沢湖レイクリゾート
　　　　田沢湖

6

　たつこ(辰子)像

　　浮木神社

北

　たつこ茶屋　　思い出の潟分校　田沢湖駅　秋田新幹線

A B C

男鹿半島地圖

入道崎
ニュー一畠兼

セイコーグランド
ホテル

男鹿水族館GAO

なまはげ館
男鹿真山伝承館

男鹿桜島リゾート
きららかHotel

ゴジラ岩(哥吉拉岩)

北

千秋公園

E F

1

2

秋田駅

3

コンフォートホテル秋田

西武秋田店

-ミーイン秋田

無限堂

秋田牛玄亭　金萬

JR羽越本線

秋田新幹線

4

秋田市民市場

秋田鐵道交通圖

往弘前
JR五能線

往青森
JR奥羽本線

鷹巣

40分鐘

13分鐘

田沢湖

往盛岡
秋田新幹線

JR田沢湖線

往盛岡

能代

阿仁前田

秋田内陸縦貫鉄道

36分鐘

阿仁合

6分鐘

20分鐘

90分鐘

32分鐘

角館

阿仁マタギ

10分鐘

男鹿

秋田

30分鐘

大曲

30分鐘

60分鐘

50分鐘

JR男鹿線

20分鐘

横手

JR奥羽本線
往山形

1.僅標註大約時間，依搭乘
列車不同而有差異

2.本圖僅列出書內所提到的
景點站名和鐵道路線

3.有關列車詳細資訊及交通
費用，請利用黃頁簿介紹
的交通APP查詢

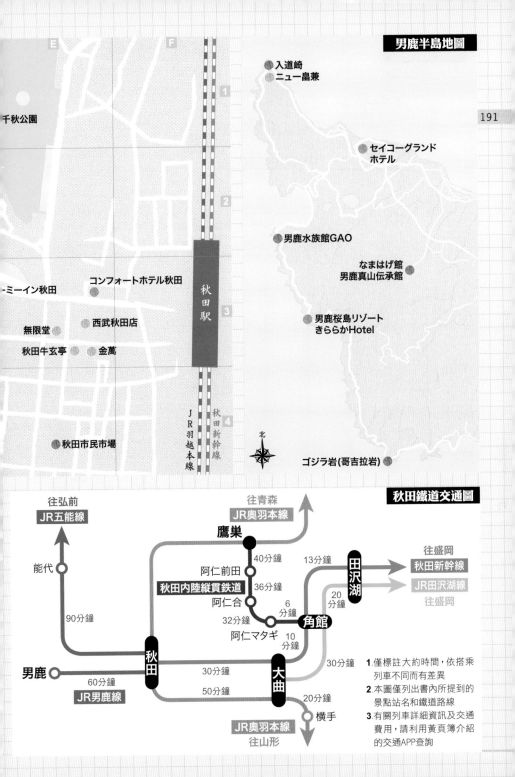

角館市區地圖

192

A **B** **C** **D**

1

● 桧木內川堤　　　● 石黒家

● 青柳家

● 角館樺細工伝承館

2

● 桜の里

ふきや　● 小田野家

3

7-11 ●　　● 有頂天喫茶

● むら咲

郵便局 〒

● 西宮家

4

北

● 角館町観光協会

ホテル フォルクローロ角館

● 安藤醸造元

秋田内陸縦貫鉄道

秋田新幹線

角館駅

秋田市

秋田市的交通方式

　　秋田市的熱鬧地區，集中在秋田駅周圍，無論是住宿、店家或購物在這裡通通看得到，而市內多數參觀景點都是徒步能夠到達的距離，因此除非和長輩一同旅遊，或是有行動不便者同行，或是要前往土崎港旁的「セリオン」，可選擇搭計程車或公車，其他景點建議以徒步前往即可。

http 秋田中央交通：
www.akita-chuoukotsu.co.jp

民俗芸能伝承館

sightseeing

體驗竿燈祭的熱鬧氣圍

http www.city.akita.akita.jp/city/ed/ak/fm/default.htm
| ✉ 秋田市大町1-3-30 | ☎ 018-866-7091 | ⏰ 09:30
～16:30；竿燈表演4月初～10月底，每週六、日及假
日13:30～13:40 | 休 12月29日～1月3日 | $ 高校生
以上¥130，含舊金子家住宅的共通觀覽券¥370 | ➡
從JR秋田駅西口徒步15分鐘 | MAP P.190 / C2

竿燈祭(P.222)是秋田的重要慶典，如果
無法在祭典期間來訪秋田，可以到秋田市民
俗芸能伝承館參觀，在這裡展示有祭典的影
片及介紹，能感受到濃厚的祭典氣圍，1樓
挑高的展示間裡，擺放好幾種尺寸的竿燈，
如果想嘗試看看的話，現場也有提供小朋友
使用的「幼若」給旅人體驗，即使只有5公
斤的重量，想順利將
竿燈立起來也不是件
簡單的事，來試試看
自己是否能順利把竿
燈舉起來吧！

1.建築外觀 / 2.現場撐竿
燈示範 / 3.「幼若」連女生
也能嘗試 / 4.祭典用車輛

玩家分享

秋田的夏季限定甜點「ババヘラアイス」

在日本其他地方問什麼是「ババヘ
ラアイス」？可能沒人能回答你，但只要問秋田
人就一定會知道答案。這是夏季限定的秋田代表
甜點，但出現的位置、時間不定，最常見到她們
的地方，是活動會場跟人多的地方。販賣者一定
是穿著圍裙、戴著遮陽帽、推著小推車的中年婦
女，熟練拿著刮勺將冰淇淋堆疊成玫瑰(薔薇)是
她們的絕技，粉紅色及黃色的冰分別是イチゴ(草
莓)跟バナナ(香蕉)，每支¥300，在路上看到別
忘了買來嘗嘗。

赤れんが郷土館
西式建築的歷史文物館

http www.city.akita.akita.jp/city/ed/ak | ✉秋田市大町 3-3-21 | ☎018-864-6851 | ⏰09:30~16:30 | 休12月29日~1月3日 | 💲高校生以上￥200，含民俗芸能伝承館、旧金子家住宅的共通観覧券￥370 | ➡從JR秋田駅西口徒歩15分鐘 | MAP P.190／B3

以舊秋田銀行總行修復而成的「赤れんが郷土館」，展示秋田相關的歷史文物資料和美術工藝品。建築物本身就是很有特色的重要文化財，超過百年歷史、保留古老氣氛的雙層磚造建物，有著挑高寬敞的大廳，天花板上的懸掛吊燈、雕花裝飾，走歐式風格的內裝，呈現當時的豪華氣派，還有舊時大金庫改造的放映室，2樓貴賓室和會議室的舊式鐵捲門，來此參觀比想像中有趣，會有很特別的收穫。

1.郷土館外觀／2.貴賓室一景／3.舊金庫／4.營業大廳

秋田市民市場
逛在地最大的傳統市場

http www.akitashiminichiba.com | ✉秋田市中通4-7-35 | ☎018-833-1855 | ⏰05:00~18:00 | 休週日 | ➡從JR秋田駅西口徒歩3分鐘 | MAP P.191／E4

大家出去旅行時會去參觀當地市場嗎？如果來到秋田，記得來規模最大的「秋田市民市場」，在這邊能看到不少想大快朵頤的美食，無論是肉類、海鮮、青菜及水果都有販賣，超過80個攤位讓人有更多選擇，當然也有好幾家食堂提供新鮮美味能現場享用，不管是麵類、壽司及定食通通都能找到，無論是早餐或午餐時間都很歡迎前來用餐。

1.不少人都來這裡購物／2、3.售價合理的新鮮水果／4.就連蔬菜也很新鮮

sightseeing

セリオン(Selion)
登高賞風景、戀人約會聖地

🌐www.selion-akita.com｜✉秋田市土崎港西1-9-1
｜📞018-857-3381｜🕐展望台09:00～21:00；商場
09:00～18:00，夏季到19:00，12～3月到17:00；餐
廳11:00～14:00、咖啡店10:00～16:00｜休無休｜💲
免費｜➡從JR秋田駅搭「セリオン線」到「セリオン
站」下車

位於土崎港旁、由3棟建築物組成的複合
式「道の駅」(休息站)，其中有室內綠地公
園的「セリオンリスタ」，以及多功能空間的
「セリオンプラザ」，是當地民眾也常會來
的地方，而高度143公尺的「ポートタワー・
セリオン」，是遊客最常駐足停留的所在，
有賣場、餐廳、咖啡廳及展望台，建議下午
先來逛街買土產、享用餐點，再登高欣賞日
落和夜景。

在展望台上環視周邊的漂亮風景，天氣晴
朗時，男鹿半島、太平山、鳥海山以及日本
海都能盡收眼底，夕陽西下的浪漫氣氛，也
吸引許多情侶來此約會，讓這裡成為秋田第
一個被認證的「恋人の聖地」(戀人聖地)，
每天16:30～22:00、顏色內容不同的高塔ライ
トアップ(點燈)活動，更讓秋田的夜晚增添
不一樣的氣氛。

1.展望台上可看到很棒的風景 / 2.展望台建築外觀 / 3.這
裡是「恋人の聖地」 / 4.可360度環繞景色是特點

 キッチンふじみ
温馨小店的簡單美味

預算¥800

restaurant

✉秋田市保戸野鉄砲町1-41 | ☎018-864-0556 | ⏰11:20～14:00、17:00～20:30 | 休週一 | MAP P.190 / A1

雖然和JR秋田駅之間有段距離，但「キッチンふじみ」卻是三小a很推薦的一家餐廳。從外表看起來像是一隻可愛貓咪的建築物開始，走進店內雖然沒有很多客人，但店主夫妻卻讓人有溫暖的感覺，這裡主要是供應「オムライス」(蛋包飯)、「ハンバーグステーキ」(牛肉漢堡排)、「カレー」(咖哩)等相關餐點，使用的醬汁是屬於較為古老的昭和風味，帶點甜甜的滋味讓人忍不住很快掃光它。

1.像貓臉的建物外觀 / 2.牛肉漢堡排飯味道不錯 / 3.蛋包飯很推薦來試試 / 4.漢堡排裡藏了不少肉湯汁

無限堂
自製烏龍麵、宵夜好選擇

預算¥1,000

restaurant

MAP www.mugendo.jp | ✉秋田市中通2-4-12 | ☎018-825-0800 | ⏰午餐平日11:00～14:00、假日11:00～14:00，晚餐17:00～21:45(L.O.21:15) | 休無休 | http P.191 / E3

無限堂是一家源自於秋田湯沢的企業，店內的「稲庭うどん」(稲庭烏龍麵)是自產自銷的主推商品，後來除了稲庭烏龍麵外，還提供新鮮海產、鄉土料理及當地酒飲販賣。由於營業時間長，因此晚上想吃宵夜的人不妨可以選擇來此用餐，無論是親子丼、「きりたんぽ鍋」(米棒火鍋)都有提供，由於有小分量的選擇，就算是一個人來也能享受到相同的美食喔！

1.店家外觀 / 2.牛肉沙拉營養均衡 / 3.好好吃的米棒鍋 / 4.室內裝潢感覺很中國風

預算¥3,000

restaurant

秋田牛玄亭
美味羽後黑毛和牛烤肉

http www.akitagyugentei.com｜✉秋田市中通2-6-44(2F)｜☎018-893-3929｜🕐11:30～15:00 (L.O.14:00)、17:00～22:00(L.O.21:00)｜休每月第三個週一｜MAP P.191／E3

這裡是秋田橫手市有著60年歷史的「日野精肉店」直營店，店內提供的是秋田縣羽後黑毛和牛，看著如此漂亮的油花，不難想像這裡肉品的高等級品質，但是看到晚餐動輒上萬日幣價格，不免讓人卻步，最划算的還是「ランチ」(午間套餐)，無論是「特撰ロース定食」或燒肉定食，甚至還有不到¥2,000的「和牛切り落とし定食」，想要一嘗秋田羽後牛美味的人，千萬別錯過來拜訪牛玄亭。

1.店門入口／2.美味的烤羽後黑毛和牛／3.相當划算的午間套餐

預算¥650

restaurant

金萬
白豆沙內餡的伴手禮點心

✉秋田市中通2-6-2｜☎018-834-3822｜🕐10:00～18:00｜休無休｜MAP P.191／E3

秋田縣的土產品相當多，具有60年歷史的「金萬」則是三小a推薦店家。看起來像小型大判燒(車輪餅)的外觀，上面印著店名「金萬」兩個字，咬起來是如カステラ(蜂蜜蛋糕)的綿細口感，而裡面是混著蛋跟蜂蜜的白豆沙，味道相當不錯。店內有販賣兩種樣式，一種是可以保存一週的「真空パック」(真空包裝)，另外一種則是只能保存3天的「生」，吃之前建議使用微波爐加溫10～20秒會更美味。

1.可以單買一個，或是有禮盒裝／2.店家外觀／3.裡面包白豆沙的金萬

男鹿半島

上金山

天神町·

男鹿半島的交通方式

　　男鹿半島位於秋田縣的西邊，雖然從JR秋田駅出發，搭乘男鹿線約1小時就能到達JR男鹿駅，但是以當地交通而言，這裡並不是一個很方便的地方，有路線巴士可搭，但班次不多且有假日停駛等限制，建議以自駕方式來訪，才能發現更多驚喜之處。此外男鹿半島有著豐富的新鮮海產，風光明媚迷人的景色和夕陽，令人完全放鬆的男鹿溫泉，以及也是「なまはげ」(鬼神)傳說的起源地，無論是當天往返秋田，或是選擇在男鹿半島住一晚都是相當不錯的選擇，建議大家可以用悠閒的心情來訪喔！

http 男鹿半島：www.oganavi.com
http JR東日本：www.jreast.co.jp

なまはげ館
男鹿真山伝承館
感受生剝鬼的震撼

http www.namahage.co.jp/namahagekan │ ✉男鹿市北浦真山字水喰沢 │ ☎0185-22-5050 │ ⏰08:30～17:00 │ 休無休 │ $なまはげ館：大人￥660、高中生以下￥330。與真山伝承館共通券：大人￥1,100、高中生以下￥660，12～3月大人￥1,080、高中生以下￥756 │ ➡搭乘JR男鹿線到JR羽立駅，下車轉乘計程車約15分鐘 │ MAP P.191

此處介紹「なまはげ」(鬼神)的傳說起源，以及可欣賞每年「大晦日」(12月31日)祭典的《なまはげの一日》影片介紹，也展示從秋田到海外相似風俗的文物收藏，還有機會能看到職人用心製作的鬼神面具，此外可以穿著相關服裝並拍照留念，是相當難得的體驗，尤其可看到整個男鹿地區近150種不同扮相的鬼神面具，其擬真的程度，彷彿鬼神下一秒就會往自己撲過來。

一旁的男鹿真山伝承館也非常有趣，坐在男鹿地區典型民家「曲家」裡，可以實際體驗鬼神的故事，雖然是用日文解說，但也能輕鬆融入劇情，隨著鬼神登場而讓人情緒亢奮不已，光是近距離感受鬼神吼叫跟跺腳就很有震撼效果，真的是相當有趣的體驗！

なまはげ(生剝鬼)的由來

なまはげ是秋田男鹿地區的傳統民俗活動，當「大晦日」(12月31日)的夜晚，村裡年輕人戴著面具、打扮成生剝鬼，然後去各戶敲門，通常會用威脅的吼叫來嚇人，看起來雖然可怕，也會讓家裡的小孩大聲哭叫，但卻是保佑新的一年平安順心的儀式。

紅面具是「ジジナマハゲ」(男鬼)、藍面具是「ババナマハゲ」(女鬼)／(以上圖片提供：秋田縣廳)

1.現場觀看生剝鬼登場／2.なまはげ館外觀／3.男鹿真山伝承館外觀／4.男鹿地區有近150種不同造型的生剝鬼

1

sightseeing

入道崎
男鹿半島的代表美景

2

http www.oganavi.com/spot/48.php ｜ ➡️此地大眾交通不便，建議自駕前來，mapcode請輸入873 609 258*53 ｜ MAP P.191

位於男鹿半島西北端的入道崎，是來男鹿觀光時的重要景點，因為它的漂亮風景相當吸引人，在一大片草地上能看到黑白相間的入道崎燈塔矗立在那，也可以算是男鹿半島的代表景觀之一，還能搭著海底透視船

仔細觀察水下風光，而夕陽則是最推薦的景色，如果帶著心愛的另一半或家人來到男鹿可別錯過，此外這裡的海產也相當新鮮，在入道崎以新鮮漁獲為噱頭的餐廳也是有好幾家呢！

1.入道崎燈塔 / **2.**哥吉拉岩

玩家分享 回程前記得來泡個溫泉吧！

在男鹿半島如果要推薦一個泡溫泉的好地方，三小a會推薦距離海邊不遠的「きららかHotel」。這裡日歸溫泉(純泡湯)的營業時間比其他家晚，適合出遊結束、準備要踏上歸途的旅人，但建議要自備毛巾，否則就得花錢另外購買。無論是室內大浴場或露天風呂都相當不錯，使用的是「金ヶ崎溫泉」的源泉，有著很好的療癒效果。

1 2
3

男鹿桜島リゾートきららかHotel ｜ http www.kiraraka.jp ｜ ✉男鹿市戸賀加茂青砂字中谷1-466 ｜ 📞0185-37-2311 ｜ 🕐12:00～15:00 ｜ 💲大人¥1,000、小學生¥400 ｜ MAP P.191

1.旅館外觀 / **2.**能望海的露天風呂 / **3.**大浴場一景

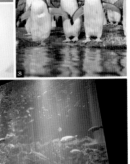

sightseeing

男鹿水族館GAO
人氣北極熊與多種海洋生物

http www.gao-aqua.jp｜🏠男鹿市戸賀塩浜字壺ヶ沢｜
📞0185-32-2221｜🕐09:00～17:00(會依季節、節日
而不同，詳細請至官網確認)｜💰大人￥1,300、中小
學生￥500｜🚌搭乘JR男鹿線到JR羽立駅，下車轉
乘計程車25分鐘；為行程順利，強烈建議自駕為佳
｜MAP P.191

在男鹿半島不僅有嚇人的生剝鬼，也能
見到超可愛的水中生物，這裡就是男鹿水族
館GAO。站在門口就能欣賞日本海的漂亮
景色，水族館中最受注目的，就是名為豪太
(Gouta)、胡桃(Kurumi)的北極熊家族，看
牠們龐大身軀在水裡靈活動著，還有排排站
像是擺出擁抱姿勢的企鵝群，以及在寬10公
尺、高7公尺的大水槽裡悠游的各種魚類，
畢竟這可是北海道及東北地區中最大的水槽
呢！賣店裡還有販賣取名為「豪太」的鹽牛

奶霜淇淋，吃起來味道還挺特別的，超可愛
的玩偶跟食物也不能錯過喔！

1.水族館外觀 / 2.北極熊掌的零食很受歡迎 / 3.模樣可愛
的企鵝也是主角之一 / 4.北海道及東北地區最大的水槽

---

restaurant

預算￥2,000

ニュー畠兼
豐富海陸丼飯，一次滿足

http www.namahagegoten.com｜🏠男鹿市北浦入道崎
昆布浦2-69｜📞0185-38-2011｜🕐09:00～16:00｜
🈚無休｜MAP P.191

來到男鹿半島除了觀光，美食也是不能
錯過的重點，如果要品嘗美味的海鮮料理和
購買土產的話，位於入道崎的這排店家應該
是最佳選擇。其中「ニュー畠兼」店外雖然
也有擺放土產品，但內部餐廳有著相當大的
空間，餐點選擇也不少，無論是看起來頗豐
盛的なまはげ海鮮丼，熱呼呼的「海鮮ラー
メン」(拉麵)，不吃生食者也能點分量豐富
的秋田牛丼享用，能滿足不少人的喜好。

1.店內用餐區 / 2.美味的秋田牛丼 / 3.相當豐盛的海鮮丼

角館

角館的交通方式

　　角館位於田沢湖附近，從盛岡或秋田出發，搭乘秋田新幹線就能到達角館駅。角館在盛岡跟秋田中間，無論是從哪個城市出發，大概都需要約40～50分鐘車程。此外角館也有秋田內陸縱貫鉄道連接，向北可往秋北地區，來訪時建議搭乘大眾交通工具，到角館後以徒步方式參觀為佳。

武家屋敷
體驗傳統古建築群的氣圍

石黑家｜✉仙北市角館町表町下丁｜☎0187-55-1496｜🕐09:00～17:00｜休無休｜💲大人￥500、小孩￥300｜MAP P.192 / B1

青柳家｜http www.samuraiworld.com｜✉仙北市角館町表町下丁3｜☎0187-54-3257｜🕐4月1日～11月30日09:00～17:00、12月1日～3月31日09:00～16:30｜休無休｜💲大人￥500、國高中生￥300、小學生￥200｜MAP P.192 / B1

西宮家｜http nishinomiyake.jp｜✉仙北市角館町田町上丁11-1｜☎0187-52-2438｜🕐10:00～17:00｜休無休｜💲免費｜MAP P.192 / C4

有著「みちのく小京都」(陸奧小京都)稱呼的角館武家屋敷，將古老建築融合在現代時空裡，有著相當契合的氛圍，每年總吸引不少旅人到訪。兩邊黑色木頭圍牆延伸往道路盡頭，走在這擁有濃厚江戶風情的街道感覺很舒服，尤其是春櫻、夏綠、秋楓及冬雪等特殊時節，更會出現相當漂亮的景色，會讓人有如癡如醉的感受，如果再換上和服的話就更完美了。

武家屋敷區由數間武士宅邸組成，除了石黑家、青柳家及西宮家外，還有小田野家、松本家、岩橋家及河原田家等，部分可免費進入參觀，親自體會武家生活的空間及文化。此處建築的內部裝潢，很多都做得相當細緻，部分還有餐廳，以及販賣和風小物、傳統工藝品、自家釀造的味噌或醬油等商品，多元豐富的內容不會讓人感到無聊，如果對江戶時代武士感興趣，在青柳家還有付費的鎧甲著裝體驗，雖然無法穿到街道上自由行走，但也是一種難得的經驗。

1.武家屋敷外觀 / 2.屋內有不少骨董的家具 / 3.角館吉祥物お梅ちゃん及福松くん / 4.濃濃懷舊風的裝潢 / 5.不少旅人都會進來一探究竟 / 6.黑色木牆也是特色之一

預算¥2,000

restaurant

れすとらん 北蔵
隱藏在武家屋敷裡的食堂

✉仙北市田町上丁11-1西宮家 │ ☎0187-52-2438 │
🕐11:00～17:00 │ MAP P.192 / C4

如果問角館武家屋敷有什麼推薦餐廳？
相信位於西宮家的「れすとらん 北蔵」會在
建議名單上，餐廳隱身在有著超過百年歷史
的「蔵(倉庫)」裡，裡面不僅提供餐點，也
有咖啡及甜點。使用當地生產的米及蔬菜做
成的料理相當美味，點份「ロ ーストポ ーク
御膳 稲庭うどん付き」就能滿足你那喜歡美
食的胃。

1.西宮家武家屋敷入口 / 2.使用當地食材製作的美味料
理 / 3.用餐時間就會有不少人前來 / 4.餐廳本身就是設
在有年代的倉庫裡

預算¥1,000

restaurant

有頂天喫茶
低調溫暖的洋食小店

http ucho-ten.com │ ✉仙北市角館町上新町3(しんまち
ビル1F) │ ☎0187-42-8675 │ 🕐11:00～19:00 │ 休週
四、五 │ MAP P.192 / B3

角館有間三小a非常推薦的店，在不起眼
的小巷弄中，這棟看來很古老的建築，要
不是前面的木製立牌，還真會讓人找不到在
哪，店主希望來訪客人當下能有一個可忘卻
日常煩惱的小空間，因此小小一家座位不多
的店，卻讓人感覺溫暖。

推薦來份「ナポリタン」(拿坡里義大利
麵)，使用酸甜的番茄醬調味香氣十足，先
吃點原味後再淋上些TABASCO辣醬，會讓
風味更濃厚，最後再來份「プリン」(布丁)
當甜點就更加完美。

1.店內座位不多 / 2.帶點苦味的古早味布丁 / 3.不起眼的
建物外觀 / 4.美味的拿坡里義大利麵

restaurant

ふきや

小路巷弄裡的美味烏龍麵

`http` www.kakunodate-fukiya.com│✉仙北市角館町小
人町28│☎0187-55-1414│🕐10:30～19:00(因時節
不同會提早打烊休息)│休4～10月不休息,其它月份
不定休│`MAP`P.192 / B2

稻庭うどん的特色

源自於秋田縣湯沢市稻庭町的「
稻庭うどん」(烏龍麵),是日本三大烏龍麵之一
(另外兩個為「香川縣讚岐うどん」、「群馬縣水
沢うどん」),無論是外觀或口感,都跟坊間販
售的香川讚岐うどん有很大的差別。稻庭うどん
是用外觀呈扁平略厚的麵條,口感雖Q但易於
咀嚼及消化,適合長輩及消化不好的人食用。

ふきや是角館唯一的「七代佐藤養助稻
庭うどん專門店」,雖然位在武家屋敷後的
小路,但仍有不少人慕名而來,假日常會
需要排隊。店內最主要就是供應「うどん」
(烏龍麵),如果想吃Q一點,就選冷的,如
果想吃軟一點,就選湯的,三小a建議可以
再點份招牌限量的「だし巻き玉子」(高湯蛋
捲)來試試,吃起來鮮甜的湯汁及軟呼呼的
口感讓人喜歡。如果想更有飽足感,可以多
¥200加大,或是點「うどんセット」套餐,
就能同時吃到烏龍麵跟飯糰喔!

1.店家外觀 / 2.口感顛覆以往的稻庭烏龍麵 / 3.這樣的
分量剛剛好 / 4.用餐時間人潮不少

預算¥1,500

restaurant

桜の里

肉質有彈性的比內地雞親子丼

🌐 www.sakuranosato.net | ✉ 仙北市角館町東勝楽丁9 | 📞 0187-54-2527 | 🕐 11:00～16:30 | 休 無休 | MAP P.192／B2

來到角館，很多人都選擇到這裡用餐。桜の里主要提供稻庭烏龍麵，和一端上桌就能聞到滿滿香氣的比內地雞親子丼等餐點，因為使用自然放養的雞，所以肉質吃起來很有彈性，烹煮後的料理香氣四溢，讓人食指大動。每碗親子丼還都很豪氣使用3顆雞蛋，將半熟蛋跟白飯拌勻後吃下，每口都能吃到雞肉跟香甜的湯汁，在不知不覺中就吃完了，如果可以的話，還真是想再來一碗。

如果想同時享用稻庭烏龍麵跟比內地雞親子丼，那就來份結合兩樣餐點的「セット」套餐，可同時吃到兩種秋田當地美食，也是相當推薦的選擇喔！吃飽喝足之後，不妨順便在這裡挑些當地土產，包裝型的烏龍麵條是不少人會購買的伴手禮，送人跟自用都相當方便呢！

1.店家外觀 / 2.美味的比內地雞親子丼 / 3.有飯有麵的套餐，相當有飽足感

預算¥2,000

restaurant

むら咲

多種秋田鄉土料理，米棒鍋最讚

✉ 仙北市角館町竹原町4-4 | 📞 0187-55-1223 | 🕐 11:00～14:00、17:00～22:00 | 休 不定休 | MAP P.192／C3

不在主要道路上，除非是特別走過來，否則多半不會來到這裡，角館沒有太多營業到很晚的店家，因此這裡的營業時間拯救了不少旅人們的胃。顧客大多是當地居民，店內空間不大卻很溫馨，提供比內地雞親子丼、稻庭烏龍麵，也有不少秋田的鄉土料理。三小a很喜歡這裡的「オムライス」(蛋包飯)、「きりたんぽ」(米棒鍋)，看起來樸實古早味的蛋包飯，吃起來有著濕潤感，番茄醬淋在包覆著炒飯跟雞肉的蛋皮上，這是

讓人想念的味道，而米棒鍋味道也不錯，鍋內有米棒、雞肉、舞茸等食材，由於分量比想像中大，如果人數不多且有其他餐點，建議不要點太多，或是也有1人份的米棒鍋可選擇喔！

1.店家外觀 / 2.比內地雞親子丼 / 3.蛋包飯也相當推薦

搭乘主題觀光列車，欣賞沿線內陸風光

鐵道迷到訪秋田推薦體驗 「鉄の三兄弟」

　　日本各地鐵道公司為了推展旅遊，陸續推出相當特殊的觀光列車，無論是在車廂設計或餐點製作上莫不施出渾身解數，秋田內陸縱貫鐵道株式會社當然也不例外，從2020年起連續3年分別推出主題觀光列車笑EMI、秋田繩文號及秋田マタギ號，無論哪一款列車設計都相當精緻，非常適合鐵道迷到訪搭乘，但這3輛觀光列車僅限假日行駛，每月行駛日期及班次以官網公布為準。

　　如果人多的話，建議也能用包車(貸切)方式來搭乘這些主題列車，只要事前預約且支付¥50,000，就能享有全程不會有其他乘客的特殊服務，以費用來說其實相當划算，很推薦有需要的朋友。更多秋田陸縱貫鐵道相關資訊，請參閱P.220。

秋田マタギ号 (長男)

　　以日本東北傳統獵人(マタギ)、熊及古民家為主題，濃厚復古風相當特別，車內裝潢隱藏不少細節，快來找找看吧！

笑EMI (次男)

　　車廂內以秋田犬圖案為主題裝飾的椅墊及天花板，也展示有秋田內陸鐵道四季風光照片，以滿滿誠意迎接旅人搭乘。

秋田繩文号 (三男)

　　秋田內陸鐵道沿線有不少繩文時代遺跡，其中「伊勢堂岱遺跡」在2021年被列為世界文化遺產，以此作為列車主題。

special column

回歸古典迷人的保存空間

小坂町地區

19世紀初在此陸續發現蘊藏不少礦產，因此曾有一段相當繁榮的歲月，在停止採礦後則留下像小坂鉱山事務所、康楽館及小坂鉄道レールパーク等具有代表性的建築及設施，而這些設施一直到現在還在使用中，其中的小坂鉱山事務所及康楽館還被列為日本重要文化財被保護著，為安排程程方便，建議自駕來訪尤佳。

小坂鉱山事務所有著充滿文藝復興風的華麗外觀，內部展示採礦時期相關文件及設備，還能租借豪華禮服讓女性朋友換裝後在建築物內拍照留念，但需3日前預約；康楽館這棟百年建築從採礦時期就是一座劇院，提供礦工們休閒娛樂的場所，館內能看到早期人力升降台及人力大型回轉舞台，即使現在戲劇公演還會用到這些設施，還有機會能親自操作體驗；小坂鉄道レールパーク除了靜態展示外，還有實際接觸跟乘車體驗，另外還有退役寢台列車「あけぼの」開放預約給旅人住宿，鐵道迷可不能錯過。

1.康楽館前道路是拍紀念照的熱點 / 2,3.小坂鉄道レールパーク保存不少文件及設備 / 4.康楽館到現在仍保有它的作用 / 5.具有華麗外觀的小坂鉱山事務所

http kosaka-mco.com | ✉ 鹿角郡小坂町小坂鉱山字古48-2 | ☎ 0186-29-2821 | ⏰ 三館均為09:00～17:00 | 🈺 小坂鉱山事務所及康楽館為12月31日及1月1日、小坂鉄道レールパーク冬季休館(12月1日～隔年3月31日) | 💲見下表 | 🚌 巴士：從JR大館駅搭秋北バス(小坂行)在「康楽館前」下車、JR盛岡駅搭高速バス(あすなろ号)在「小坂高校前」下車徒步20分 | 🚗 自駕mapcode設定：297 884 082*03

小坂町地區 參觀票價	小坂 鉱山事務所	康楽館	小坂鉄道 レールパーク	2館共通券 (康楽館+鉱山事務所)	3館共通券
大人(含高中生)	￥380	￥700	￥600	￥980	￥1,480
中小學生	￥200	￥350	￥300	￥490	￥730

周邊順遊

看貼心秋田犬賞美妙樹冰

森吉山阿仁スキー場

一般人通常只聽說青森八甲田、山形藏王有樹冰外，其實秋田森吉山也有樹冰可以欣賞，相較山形藏王而言規模較小，但看到樹冰的機率反而還較高，到達滑雪場下車後就可以看到秋田犬「北斗」在那邊迎接乘客到來，看著牠溫馴的樣子，總讓人忍不住多拍幾張照片，搭乘纜車上山就有免費租借雪鞋及雪杖的地方，對從外地來的人來說其實

1

相當貼心，天氣及體力允許狀況下能繞樹冰平一周，要不然就在樹冰平步道起點拍照留念即可，這裡可不只有樹冰啊！6月開始的百花齊放到10月紅葉期間也都很適合前來。

2

3

1.森吉山阿仁スキー場主建築外觀／2.山上景色像是水墨畫般美麗／3.秋田犬「北斗」是滑雪場吉祥物／4,5.森吉山也能看到很漂亮的樹冰

4

5

http www.aniski.jp｜✉北秋田市阿仁鍵の滝79-5｜☎0186-82-3311｜➡秋田內陸鐵道阿仁合駅乘車20分
森吉山觀光バス(森吉山觀光PASS)：前往森吉山交通較不方便，得先搭乘秋田內陸鐵道到阿仁合駅且無大眾交通工具，為推展觀光故推出「森吉山觀光PASS」，商品包含秋田內陸線一日券＋阿仁合駅往返森吉山計程車＋纜車往返券，對無法自駕的人來說是不錯且超值的票券選擇，分成冬季(1月初到3月初)及非冬季(6月初到10月底)兩種。｜❓購買地點：秋田內陸鐵道角館駅、鷹巢駅、阿仁合駅、仙北市觀光情報中心

special column

田沢湖
乳頭温泉

田沢湖、乳頭温泉 的交通方式

　　要去田沢湖的人，搭乘新幹線こま ち号到JR田沢湖駅後，可在站外轉乘 「羽後交通田沢湖一周線」巴士(每天 5班)，環湖參觀周邊景點，而田沢湖 跟乳頭温泉距離並不遠，因此若要去 乳頭温泉，通常也會搭車到JR田沢 湖駅後，再轉乘羽後巴士乳頭線或租 車自駕前往，詳細可參考各景點的交 通說明。

http 羽後交通：ugokotsu.co.jp
http JR東日本：www.jreast.co.jp

田沢湖

田沢湖是秋田縣的知名必訪景點，最深處有423.4公尺，是日本第一深的淡水湖，因為這裡的景色相當漂亮，也常成為偶像劇的取景場地。在長20公里的湖岸沿線，無論秋楓、冬雪的美景都有其特色，沿著湖畔周遊一圈，望著陽光映照在水面上閃亮亮的樣子，猶如身處仙境般的夢幻美麗之中。田沢湖周邊還有幾個很建議的景點，例如金黃色的「たつこ」(辰子)像是來到此處一定會拍照留念的地方，其他祕境也很值得探訪喔！

sightseeing
たつこ像、浮木神社
美麗辰子姬的傳說

MAP P.190／A6

たつこ(辰子)像是由雕刻家舟越保武依據「辰子姬」(日本神話中的神祇，傳說辰子姬為了青春永駐，飲用觀音指示的泉水後成為龍以及湖神的故事)傳說製作。當陽光照在辰子像時會出現金黃色的光芒，也替傳說再添一絲神祕，而旁邊的浮木神社也有不少人會來此參拜，虔誠祈求自己的願望可以實現。

1.來浮木神社許個願吧／2.求籤看是否能心想事成／3.金黃色的辰子像／4.浮木神社外觀

sightseeing

御座石神社
女子祈求美麗容貌

MAP P.190 / A5

這裡有座半龍半人的辰子像，神社內的美貌成就守及繪馬也是相當有人氣，不少女性旅人會來此祈求自己變得更加美麗，境內的「潟頭の靈泉」則是傳說中辰子為維持美麗而飲用的泉水。

1.神社外觀 / 2.半龍半人辰子像 / 3.位於湖邊的紅色鳥居

sightseeing

思い出の潟分校
廢棄小學、適合取景拍照

✉ 仙北市田沢湖潟一ノ渡226 | ☎ 0187-43-0766 | ⏰ 09:00～16:00 | 💲 大人￥500、國中生(含)以下￥300 | 休 週三、12～3月冬季休館 | MAP P.190 / A6

將廢校超過40年的木造小學校重新整修後對外開放，走入校舍彷彿就像進到時光隧道，教室的課桌椅、教員室的教學用具都保持原樣，在裡面拍照相當有感覺，是女性旅人會喜歡的地方，不過該景點交通較不便，建議自駕前來為佳。

1.木造建築外觀 / 2.教室內部有濃濃懷舊氛圍 / 3.適合來此拍照留念

預算￥700

restaurant

たつこ茶屋
炭火烤米棒的發源

✉ 仙北市田沢湖潟中山41 | ☎ 0187-55-1223 | ⏰ 09:30～16:00 | 休 不定休 | MAP P.190 / A6

能看到漂亮湖景的窗邊座位是優先選擇，使用炭火燒烤的「みそたんぽ」(味噌烤米棒)是從這裡開始發源的名物，店內提供的料理不少，「イワナ」(岩魚)燒烤是不錯的選擇，還有醬汁帶點辣味、相當開胃下飯的「カレーライス」(咖哩飯)，也是推薦餐點。

1.店家外觀 / 2.味噌烤米棒 / 3.帶點辣味的咖哩飯

乳頭温泉

在日本許多有名的溫泉中，秋田乳頭溫泉鄉是相當有名的祕湯，每年都有不少泡湯客來訪，住宿設施大都保持舊有原貌，即使住宿條件並不佳，但仍讓不少人趨之若鶩，想預約到這裡的住宿還得碰運氣。此外在鶴の湯、妙乃湯、黑湯溫泉、蟹場溫泉、孫六溫泉，還有男女混浴露天風呂可使用，有興趣的朋友不妨來體驗看看。

http www.nyuto-onsenkyo.com ｜ ➡ 從JR田沢湖駅搭乘羽後巴士乳頭線40分鐘到達 ｜ MAP 本頁下圖 ｜ ⁉ 單泡湯者需自備毛巾等用品

玩家分享

乳頭温泉通用年票：「湯めぐり帖」

「湯めぐり帖」是只能在乳頭溫泉鄉住宿時才能購買的票券，通常要泡遍所有溫泉要花超過￥5,000，但只要購買￥2,500的「湯めぐり帖」，就可以在1年內，使用這裡的溫泉各一次，票券無記名，每泡完一個就會在該溫泉的欄位蓋印，還有免費接駁車「湯めぐり号」可搭乘，除「鶴の湯」在比較遠的地區外，剩下幾個都在徒步2～20鐘能到達的範圍。

乳頭温泉地圖

● 蟹場溫泉 ⚲

● 大釜溫泉 ⚲　　　● 孫六溫泉

● 鶴の湯溫泉本館　● 妙乃湯溫泉 ⚲　　● 黑湯溫泉

　　　　　　　● 休暇村乳頭溫泉鄉

● 鶴の湯溫泉別館

↓ 往田沢湖

北

全制霸 乳頭温泉
Nyuto Onsen

聲名遠播的祕境溫泉

享受7大名湯,一次全收錄

鶴の湯
名氣第一、最古老代表

http www.tsurunoyu.com | 📞 0187-46-2139 | 🅒 非住客入浴時間10:00～15:00(每週一露天風呂不開放) | 💲 入浴費用￥700 | MAP P.215

乳頭溫泉鄉裡最古老、名氣也最大的溫泉,這裡的混浴露天風呂是旅遊宣傳手冊上必定會出現的地方,此外也有女性專用風呂,充滿大量硫磺的乳白色泉質是其特色。

如需接送服務請提前聯絡業者,搭乘羽後巴士在「アルパこまくさ」下車就能轉乘。

1.數百年歷史的祕湯 / 2.懷舊氛圍讓人感到舒服 / 3.露天混浴風呂一景(此處禁止拍照攝影)

妙乃湯
設備較齊全、注重隱私

http www.taenoyu.com ｜ ☎ 0187-46-2740 ｜ © 非住客
入浴時間10:00～15:00，週一不開放日歸 ｜ 💲 入浴費
用￥1,000 ｜ MAP P.215

各項溫泉相關設施較齊全，有提供吹風
機，因此收費相對較高。富含大量鐵質呈茶
褐色的金の湯，以及無色透明的銀の湯，都
很受到女性們喜愛，除先達川溪谷旁的混浴
露天風呂「妙見の湯」，也有男女別風呂和
注重隱私的貸切露天風呂。

1.妙乃湯外觀／2.銀湯混浴露天風呂／3.金湯混浴露天風呂／4.男性露天風呂

黑湯溫泉
3百年歷史古湯、硫磺泉源頭

http www.kuroyu.com ｜ ☎ 0187-46-2214 ｜ © 非住客入
浴時間09:00～16:30(11月中旬～4月上旬暫停營業) ｜
💲 入浴費用￥800 ｜ MAP P.215

與「鶴の湯」都有3百年以上的悠久歷
史，位於先達川上游的源泉地帶，在旁邊就
能看到硫磺泉不停從地底冒出，因此業者還
立起「禁止進入」的警告標誌。此處除了有
混浴露天風呂、男女別風呂，還有用水流以
沖刷方式來按摩的「うたせ湯」。

1.黑湯溫泉的入口／2.充滿硫磺味的源泉／3.利用水流沖刷的うたせ湯／4.混浴風呂旁的沖洗空間

蟹場温泉
nyuto onsen

在樹林裡泡湯好愜意

📞0187-46-2021 | 🕐非住客入浴時間09:00～17:00，週三不開放日歸 | 💲入浴費用¥800 | 🗺️P.215

被原生林包圍的「蟹場温泉」，是許多人喜歡的混浴露天風呂，從主建築徒步50公尺可到，泉質雖然屬於無色透明，不過由於四周都是綠色樹林，因此看起來會有一些淡綠色，除有混浴露天風呂外，也有男女別風呂可使用。

1.冬季被雪包圍的混浴露天風呂 / 2.這裡是三小a最喜歡及推薦的露天風呂

孫六温泉
nyuto onsen

交通不便、更為樸素原始

📞0187-46-2224 | 🕐非住客入浴時間09:00～16:00 | 💲入浴費用¥520 | 🗺️P.215 | ⁇2024年整修暫停營業

又稱為「山の藥湯」，是乳頭温泉鄉中唯一車輛無法直接到達的温泉設施，需要把車子停在黑湯温泉停車場再徒步進去，因此外觀及環境感覺起來相當樸素。泉質屬於特殊且充滿微量放射線的鐳礦泉，看起來非常清

澈透明，「唐子の湯」屬於男女別風呂，而「石の湯」有女性專用露天風呂及混浴風呂可使用。

1.唯一無法以車輛直接到達的温泉設施 / 2.泡起來有特別感受的鐳礦泉

nyuto onsen
大釜溫泉
舊校舍改建、交通方便

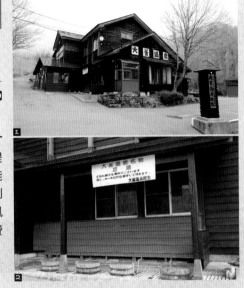

http www.ohkamaonsen.com | ☎ 0187-46-2438 | ⏱
非住客入浴時間09:00～16:30 | 💲入浴費用￥700 |
MAP P.215

原為廢棄的木造校舍，舊教室改建為提供遊客住宿的房間與溫泉設施，外表仍能看出來有學校的樣子，徒步2分鐘內就能到達巴士站，交通相當方便。這裡採男女別風呂，無論內湯或露天都有，此外還設有免費足湯供遊客使用，是相當貼心的服務。

1.大釜溫泉外觀 / 2.免費足湯

nyuto onsen
休暇村乳頭溫泉鄉
規模最大、交通最便利

http www.qkamura.or.jp/nyuto | ☎ 0187-46-2244 | ⏱
非住客入浴時間11:00～17:00 | 💲入浴費用￥800 |
MAP P.215

乳頭溫泉鄉裡規模最大的溫泉設施，硬體最齊全，交通也最方便。館內採男女別風呂，提供兩種不同泉質的溫泉，內湯風呂使用十和田石頭製成，露天風呂則用木板圍繞，夏綠楓紅的景色都相當美麗且吸引人，此外還有餐廳、宴客場所跟賣店等設施。

冬天來訪，還有穿著雪鞋在森林中行走的行程可挑選，大人或小孩都能盡情在這邊遊玩，就算沒有參加行程，門口也會擺放長筒雪靴供客人使用，這樣就不用擔心自己的鞋子會溼掉了。

1、2.餐廳有提供餐點服務 / 3.休暇村外觀 / 4.冬季有穿雪鞋到森林散步的行程

秋田内陸縦貫鉄道

自然風光、車站溫泉、馬肉料理

這是一條往返角館、鷹巢的鐵道，全長約94.2公里，單程需要2小時30分鐘，通常旅人最常搭乘的範圍是來往角館駅、阿仁前田駅，沿線風光是最主要賣點，鐵道攝影愛好者也很喜歡來此拍照，究竟這裡要怎麼玩，來看看三小a的介紹吧！

旅客最常停留的是：1.阿仁マタギ駅：有著名的「打当温泉マタギの湯」和熊牧場「くまくま園」。2.阿仁合駅：鉄道本社及車輛基地所在地，可惜只接受幼稚園到國中生的團體參觀預約，但可以在站內こぐま亭嘗到難得的「馬肉シチュー」(燉煮馬肉)。3.阿仁前田駅：可在站內的「クウィンス森吉」享受熱呼舒適的溫泉，露天風呂及大浴場都有，當地的居民也會來這邊泡澡，放鬆一下。

秋田內陸縱貫鉄道 www.akita-nairiku.com

阿仁前田駅-クゥインス森吉
📧 北秋田市小又字堂ノ下21-2
🕐 09:00～21:00(每月第一、三個週二休息)

阿仁マタギ駅-打当温泉マタギの湯
📧 www.mataginosato.com
📧 北秋田市阿仁打当字仙北渡道上ミ67
🕐 09:00～22:00(最終入館21：30)

阿仁マタギ駅-くまくま園
📧 www.facebook.com/kumakuma.en
📧 北秋田市阿仁打当字陳場1-39
🕐 4月下旬～11月上旬09:00～16:00

阿仁合駅-こぐま亭
📧 秋田市阿仁銀山字下新町119-4
🕐 11:00～15:00(週三休息)

秋田內陸線
かくのだて
角 館
KAKUNODATE
(秋田県仙北市角館町)

うごおおた
UGOŌTA

外國遊客限定優惠券

　　內陸線雖然只是一條鐵道,不過卻有好幾種1日優惠票券可選擇,以最常見的來舉例。此外,出示JR東日本鐵路周遊券(兩種皆可),就能在平日買到假日限定販售的「ホリデーフリーきっぷ」(秋田內陸線假日1日優惠券),可以再省下一筆費用。

秋田內陸縱貫鉄道優惠券 (1日內可不限次數搭乘)

票券種類	使用範圍	票券價格
平日1日優惠券	全線不分車種,可搭急行列車	￥2,500(小孩￥1,250)
假日1日優惠券	1.全線不分車種,可搭急行列車 2.Aタイプ(鷹巢↔松葉間)一般列車 3.Bタイプ(阿仁合↔角館間)一般列車	1.￥2,000(小孩￥1,000) 2.￥1,000(小孩￥500) 3.￥1,000(小孩￥500)

＊購買地點:鷹巢駅、合川駅、米內沢駅、阿仁前田駅、阿仁合駅、角館駅
＊假日1日優惠券,針對全線跟區間有不同搭乘規定,詳情請參閱表格內容

不只是熱鬧祭典

特技大會才最刺激精彩

秋田竿燈祭

這是三小a最推薦來參加的東北夏季祭典！與其說是熱鬧祭典，
倒不如說是一場令人歎為觀止的特技大會，
每個表演者都是需要經過長時間的訓練，
要承受不輕的重量，還要讓竿燈保持平衡並非易事，
加上每盞燈籠裡都是真正的火，一不注意就會受傷。

1.秋田竿燈祭是三小a最愛的東北祭典 / 2.車站附近白天就非常熱鬧 / 3.當地學生也加入祭典遊行隊伍 / 4.相當驚險的撐竿燈表演 / 5.祭典結束前也能讓現場觀眾嘗試 / 6.很多小朋友從小就開始練習撐竿燈

　　當祭典開始，看到2、3百盞竿燈同時舉起來，是很壯觀及感動的畫面，每年吸引超過百萬人次前來參加祭典，進入尾聲前，還會有讓觀眾嘗試舉竿燈的體驗，雖然舉的是小朋友用的「幼若」，但5公斤的重量仍然是個不小的挑戰呢！

　　祭典期間除了能看到竿燈妙技外，在市役所跟中央会場還有不少屋台擺攤，很多人會穿著浴衣來參加祭典，並在屋台間穿梭尋找美食，串燒、烤肉、炸物及炒麵等種類繁多的小吃，都是很受歡迎的目標。此外祭典期間有付費的觀覽席可購買，但建議四處走走參觀為最佳選擇，只是請務必留意現場情況，畢竟觀賞者跟舉竿燈的人距離很近，加上燈籠都是使用真火，注意安全才能玩得盡興。

 www.kantou.gr.jp | ✉竿燈大通り(山王十字路～二丁目橋) |
 每年固定8月3～6日

擺放上百小雪屋
點亮雪地的溫暖

橫手かまくら祭り

有著450年歷史的橫手かまくら祭り，
每年會吸引超過60萬人次的遊客前來欣賞參觀，
在此漫步玩賞，感受當地大孀的熱情款待。

2

1.蛇の埼川原的迷你雪屋是來訪一定要拍的景色 / **2**.橫手南小学校小雪屋都是學生製作 / **3**.旅客能親身體驗在雪屋裡喝甜酒吃烤麻糬 / **4,5**.木戶五郎兵衛村相當推薦前來玩耍 / **6**.路旁就有可愛雪雕展示

基本上從橫手駅到橫手公園中間這個區域都屬於祭典範圍，所以來訪時可以很悠閒地在這邊散步，馬路邊的雪屋內有一個小小供壇祭祀著水神，這些傳統可不會因此改變，除了市區內大型雪屋外，在指定地點還能讓遊客親手製作屬於自己的迷你雪屋。

雖然祭典重頭戲是從傍晚開始，但白天就能先到橫手市役所購買前往「木戶五郎兵衛村」或「增田のまちなみ」的巴士乘車券，三小a建議到「木戶五郎兵衛村」較佳，在這能體驗古時候的雪鞋、在雪屋裡喝甜酒、吃烤麻糬及聊天，還有熱情大嬸煮熱呼呼紅豆湯給你享用，為的就是讓你能放鬆享受祭典愉悅，重點是這些通通都是免費的，參觀完「木戶五郎兵衛村」後就能在搭回橫手市役所到其他進行祭典活動的場地參觀。

http www.kantou.gr.jp | ✉ 橫手市區內、及橫手市役所周邊及橫手公園 | 🕐 每年固定2月15～16日 | 🎒寄物時間須知：祭典期間橫手住宿通常一開放就會客滿，但帶著大型行李的旅客不用擔心寄物櫃不夠，因為橫手駅1樓觀光案內所會開放大型行李寄物服務，但晚間10點前一定要領回

仙北市

 hotel

田沢湖レイクリゾート

悠閒度假，享受特色鄉土料理

 www.hotel-tazawa.com ｜ ✉ 仙北市田沢湖生保內
下高野82-117 ｜ ☎ 0187-46-2016 ｜ ⓘ 入住15:00、退
房10:00 ｜ ➡ 從JR田沢湖駅有免費接駁車可搭，但要
先預約 ｜ MAP P.190 / B6

　　當看到35公尺高的金色大觀音距離越來
越近時，代表快要到達「田沢湖レイクリゾー
ト」了。從辦理入住開始，就讓旅人有度假
的感覺，辦理入住後及隔天早上出門前，都
有Cafe Lounge的免費咖啡可享用，在大廳
也有不少種類的男女浴衣可選擇，如果想更
放鬆，櫃檯還有香氛加濕器可免費借用，有
數種香味可以挑選，是相當貼心的服務，依
季節不同也有不少體驗活動可以參加。

　　房內雖然裝潢簡單，但是空間卻不小，洋
式房型有著悠閒的氛圍，打開窗戶也有著不
錯的風景，餐點內容也加入了秋田的鄉土料
理，用餐時還有嚇人的生剝鬼會逐桌跟大家
合照，當然也不能忘記享受一下，讓人能放
鬆愉快的溫泉喔！

男鹿半島

hotel

セイコーグランド
ホテル

有極佳泉質與豐盛餐點

httpoga-seiko.com | ✉ 男鹿市北浦湯本字草木原50-1
| 📞 0185-33-2131 | 🕐 入住15:00、退房10:00 | ➡️
從男鹿駅有免費接駁車，但一天只有2班 | MAP P.191

セイコーグランドホテル是由本館、東館
及南館等3棟建築組合起來的溫泉飯店，這
裡的溫泉含有與海水相似的鹽分，因此泡起
來不僅可以美肌，也有很不錯的保溼效果，
無論是早餐或晚餐都相當豐盛，而晚餐限定
提供的「石燒料理」也是男鹿名物，另外還
有開放多種在地清酒讓客人免費飲用。飯店
內無障礙設施也做得相當完善，適合帶著高
齡者一起來享受溫泉。

玩家分享　男鹿住宿時不可錯過的演出

或許你曾看過なまはげ(生剝鬼)的
表演，但把なまはげ與和太鼓結合在一起的「な
まはげ太鼓」，則是住在男鹿溫泉鄉裡才有機會
看到的演出，由當地年輕人組合的演奏團體，將
多變燈光及雄壯擊鼓融合後，觀賞者會得到滿滿
感動，讓なまはげ表演昇華到另一個階段，推薦
欣賞！

男鹿温泉交流会館 五風
httpe-ogaonsen.com/taiko | 🕐 20:00 | 💲 成人(國中
生以上)￥600、小學生￥300

hotel
ホテル
フォルクローロ角館

交通方便最佳、寬敞實惠

httpwww.folkloro-kakunodate.com | ✉仙北市角館町中菅沢14 | ☎0187-53-2070 | ◷入住15:00、退房11:00 | ➡從JR角館駅徒步1分鐘 | MAPP.192 / D4

隸屬JR集團的旅館有個優勢條件，那就是離車站都相當近，「ホテルフォルクローロ角館」當然也不例外，一出角館駅就到達。兩層樓的建築物外觀看起來不像旅館，雖然內部裝潢有些歷史且無電梯可使用，但房內活動空間大、價格便宜，仍讓它成為來訪角館的旅人挑選住宿的好選擇，尤其是對不喜歡拉行李跑來跑去的人而言，其交通便利的程度更是無法替代的優點。

hotel
コンフォートホテル
秋田

位置價格優勢，有免費早餐

httpwww.choice-hotels.jp | ✉秋田市千秋久保田町3-23 | ☎018-825-5611 | ◷入住15:00、退房10:00 | ➡從JR秋田駅徒步2分鐘 | MAPP.191 / E3

從JR秋田駅徒步2分鐘即可到達，無論地理位置或價格都很不錯，討厭冬天在雪地裡拖著行李找飯店的人可以考慮住這邊，因為是日本全國連鎖性的商務飯店，在住宿品質上較有保障，整體而言也很符合旅人的基本需求，周邊有便利商店、居酒屋及星巴克，在住宿環境上也很方便，在開始一天的行程前，也能先享用飯店提供的免費早餐後再出發，是相當貼心的服務。

秋田市

ドーミーイン秋田

設備齊全,貼心宵夜和大浴場

http www.hotespa.net/dormyinn ｜ ✉秋田市中通2-3-1
｜ ☎018-835-6777 ｜ ⏰入住15:00、退房10:00 ｜ ➡
從JR秋田駅徒步7分鐘 ｜ MAP P.191 / E3

　ドーミーイン(Dormy Inn)是日本全國連鎖商務旅館之一,這幾年在網路上也有不少好評價,價格雖然不是最便宜的,但房間設備卻相當齊全,明亮的空間感也加分不少。另外還有不少旅人最喜歡的大浴場,忙碌跑行程一整天後,如果能舒服泡個澡是很棒的事情,晚上9點還有個貼心服務,就是在餐廳提供免費拉麵給住客當宵夜,有時會因地區不同而口味有差異,不過想吃幾碗都沒問題喔!

秋田市

アパホテル

連鎖且品質穩定落腳處

http www.apahotel.com ｜ ✉秋田市千秋矢留町1-1 ｜
☎0570-092-011 ｜ ⏰入住15:00、退房10:00 ｜ ➡從
JR秋田駅搭車5分鐘 ｜ MAP P.190 / C2

　全國連鎖的アパホテル是不少人來日本住宿的選擇之一,近年來它在日本商務旅館規模可說是數一數二,住宿品質屬於中規中矩。秋田市區裡的這間分館就位在千秋公園附近且設有停車場,很適合自駕的朋友前來落腳,加上在2023年12月中重新整修開放營業,因此館內不少設施才翻新不久,可算是個設備相當新的住宿地點。

山形縣
やまがたけん
走訪知名溫泉，除了泡湯，美景更是一絕

Yamagata-ken

蔵王ロープウェイ(蔵王温泉)　　　山寺(山形市)
山形花笠まつり(山形市)　　　　　登起波(米沢市)

山形
focus
焦點

相較於東北各縣，大家對山形沒有太深刻的印象，主要就是蔵王樹氷、銀山温泉、米沢牛等較知名，但這裡可是日本將棋的主要製造地，也是全日本年度拉麵消費金額最高的地方喔！山形縣的拉麵店競爭激烈，各家都使出渾身解數、獨門祕方，來取得老饕們的認同光顧。山形縣一年四季都有水果採收，從櫻桃、葡萄，到西洋梨和草莓等，都是有名的物產。雖不是熱門的觀光區，但山形縣的種種，早在無形之中深入大家的生活中。

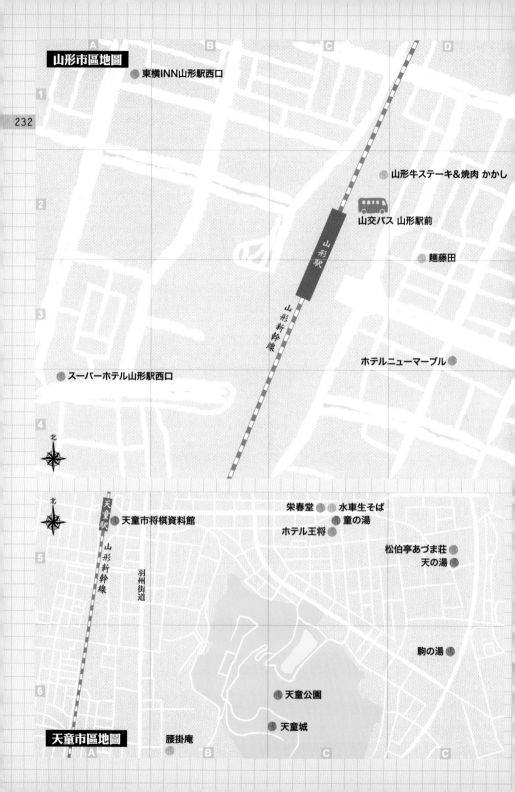

山形市區地圖

A B C D

232

● 東横INN山形駅西口

1

● 山形牛ステーキ&焼肉 かかし

2 山交バス 山形駅前

山形駅

● 麺藤田

山形新幹線

3

● ホテルニューマーブル

● スーパーホテル山形駅西口

4

北

北

天童駅

● 天童市将棋資料館

栄春堂 ● 水車生そば ●
● 童の湯
ホテル王将 ●

山形新幹線

松伯亭あづま荘 ●
天の湯 ●

5

羽州街道

駒の湯 ●

6

● 天童公園

● 天童城

腰掛庵

天童市區地圖

A B C C

山形鐵道交通圖

1.僅標註大約時間，依搭乘列車不同而有差異
2.本圖僅列出書內所提到的景點站名和鐵道路線
3.有關列車詳細資訊及交通費用，請利用黃頁簿介紹的交通APP查詢

往橫手
JR奧羽本線

新庄
20分鐘　　14分鐘

大石田
35分鐘　　20分鐘

天童
25分鐘　　10分鐘

往仙石
JR仙山線

山形　　　20分鐘　○→ 山寺
往長井　30分鐘
フラワー長井線　　　　　　20分鐘

赤湯
宮內　8分鐘
20分鐘　　10分鐘

米沢
JR奧羽本線　　　**山形新幹線**
往郡山　　　　往郡山

山形花笠まつり會場

蔵王温泉地圖

上ノ台駅 蔵王スカイケーブル

上湯共同浴場

下湯共同浴場

山交バス蔵王温泉
バスターミナル

川原湯共同浴場

蔵王温泉
大露天風呂

温泉駅 蔵王中央ロープウェイ

蔵王山麓駅
蔵王ロープウェイ

北

銀山温泉地圖

おもかげ湯
はいからさん通り

旅館 能登屋

旅館 藤屋

旅館 古勢起屋別館
旅館 昭和館
あいらすげーな
(大正浪漫換裝體驗)

旅館 古山閣

旅館 酒田屋　和楽足湯

白銀橋
観光案内所

しろがね湯(公共浴場)

北

山形市
蔵王温泉

山形市、蔵王温泉 的交通方式

　　往返仙台、山形，最快的交通方式不是新幹線，而是搭乘JR仙山線，單程大概是90分鐘。蔵王溫泉是本區最主要的景點，每天從JR山形駅有多班巴士往返，在秋天紅葉、冬天降雪的季節，會另外推出包含來回巴士、兩趟纜車的特殊優惠票券，相關資訊可在山交官網確認。

http 山交バス：www.yamakobus.co.jp
http 蔵王ロープウェイ：zaoropeway.co.jp
http 蔵王中央ロープウェイ：zaochuoropeway.co.jp
http 蔵王スカイケーブル：zaochuoropeway.co.jp

蔵王温泉
泡溫泉賞美景，登頂也很有看頭

http www.zao-spa.or.jp ｜ 山形市蔵王温泉708-1
｜ 023-694-9328 ｜ 從JR山形駅轉乘「山交バス」
巴士，大約40分鐘可到蔵王温泉巴士總站 ｜ MAP P.233
上湯共同浴場、下湯共同浴場、川原湯共同浴場｜
06:00～22:00 ｜ 入浴料金各￥300
大露天風呂 ｜ 4月下旬～11月平日09:30～17:00
、假日0930～18:00 ｜ 入浴料金￥700、12歲以下
￥400

　　許多人來到山形，一定會把蔵王温泉放入行程，畢竟這是任何季節都適合前來的地方，是此區很重要的景點，但最推薦的還是秋天紅葉跟冬天白雪。店家旅館大多集中在巴士總站附近，搭乘纜車上山(詳見下頁)，還能看到更多美麗壯觀的風景，如果體力充足的話，可從山形蔵王徒步前往宮城蔵王御釜，時間大約需要3小時。

　　依原路下山回到蔵王温泉，喜歡溫泉的人一定要來泡泡澡、休息一下。蔵王温泉總共有上湯、下湯、川原湯及大露天風呂4個共同浴場，三小a最喜歡到大露天風呂暖暖身體再離開，但是大露天風呂冬季暫停營

業，如果冬天來的話，就請選擇其他3個浴場吧！請記得這些溫泉都要自備毛巾，除大露天風呂有賣店，剩下3個浴場都是採無人管理。

1.蔵王温泉巴士總站 / 2.下湯共同浴場 / 3.冬季的蔵王山頂地藏像 / 4.蔵王大露天風呂 / 5.秋楓時節搭纜車看到的景色

玩家分享 蔵王温泉的登山纜車

蔵王温泉有3條登山纜車：1.蔵王ロープウェイ；2.中央ロープウェイ；3.スカイケーブル，其中最推薦的，是可前往地藏山頂駅的「蔵王ロープウェイ」路線，此條是冬季觀賞樹冰的最主要路線，山頂的地藏像也是蔵王的地標。從蔵王温泉的巴士總站步行往纜車站，搭乘纜車就可以輕鬆欣賞漂亮風景，在夏、秋兩季天氣好時，還可以從山頂徒步往位於宮城縣的蔵王御釜，沿途有難得一見的美麗景色，但路程至少需2、3小時，還請量力而為喔！

---

sightseeing

山寺
登高眺望美麗風景

🌐rissyakuji.jp｜✉山形市山寺4495-15｜☎023-695-2816｜🕐4～11月09:30～16:00、12～3月10:00～15:00｜休週三｜💲成人、高中生￥300，中學生￥200，小學生￥100｜➡從JR山寺駅徒步7分鐘

山寺又名「立石寺」，有1千多年歷史，建築大多坐落在懸崖峭壁之上，是JR仙山線上相當重要的名勝史蹟，每天都有不少遊客前來朝聖。往寺廟高處的1,015階梯讓人卻步，但建議要到奧之院和五大堂，就能將山寺地區的美麗風景盡收眼底，無論是綠油油山景或白茫茫雪景都相當吸引人；還有「根本中堂」內，1,200年前從滋賀比叡山延曆寺移來的法燈，也讓這裡充滿莊嚴氛圍，若在冬季來訪，為避免發生危險，在寺務所可免費借用止滑長靴，登高望遠亦非難事。

1.山寺的山門／2.能借來穿的止滑膠靴(冬季限定)／3.往山寺路上見到的幸福鐘／4.山寺空中鳥瞰全貌

restaurant

どんどん焼き おやつ屋さん

山形口味的屋台美食

預算¥200

[http] dondonyaki.net ｜ [✉] 山形市城南町2-6-16 ｜ [☎] 023-646-1344 ｜ [🕐] 09:30～19:00 ｜ [休] 每月第一個週一

以小麥粉製作的「どんどん焼き」(DON-DON-YAKI)，是山形縣的內陸鄉土料理，作法跟廣島燒、京都「一錢洋食」有些類似，大多在山形祭典的屋台才能看到。「おやつ屋さん」是山形唯一能坐在店裡好好享用「どんどん焼き」的店，長條狀的外型，是由薄皮一層層包覆而成，有多種口味可選，無論是有著古早味的ソース(醬汁)，或

是しょうゆ(醬油)、チーズ(起司)、マヨネーズ(美乃滋)和カレー(咖哩)等都有不同的特別風味，來山形時不妨試試看。

1.店家外觀／**2.**服務人員專心製作餐點／**3.**有多種醬汁可選擇

restaurant

麺藤田

宵夜來吃沾麵、拉麵吧

預算¥800

[✉] 山形市香澄町1-7-1 ｜ [☎] 023-673-9109 ｜ [🕐] 11:30～19:30 ｜ [休] 週日 ｜ [MAP] P.232／D2

位置近JR山形駅，加上營業到深夜，是推薦「麺藤田」的原因之一，而店家的自製麵條和「つけ麺」(沾麵)醬汁更是推薦的理由，以兩種不同小麥粉製作出來的麵條，口感相當有嚼勁，加上使用魚跟雞熬煮的醬汁更是替美味加分，還有加入海苔的「磯のりつけ麺」(海苔沾麵)也是相當推薦餐點。不吃沾麵的旅人，店內也有「鶏豚中華そば」(雞豬中華拉麵)、「豚丼」(豬肉飯)能選擇，是三小a來山形就會來光顧的店。

1.店家門口／**2.**沾麵口感相當Q彈／**3.**店內有數種麵食及丼飯能選擇

預算¥1,000

restaurant
龍上海
傳承三代的辣味噌拉麵

www.ryushanhai.com | 山形市飯田西4丁目1-20 | 023-631-4903 | 10:30～18:00 | 休 週三

家族經營、來自山形赤湯的龍上海拉麵店，除了在神奈川橫濱一家分店外，其餘都位於山形縣。雖然已傳承三代，但當初為了研發辣味噌湯頭也碰過不少瓶頸挫折，店內最有名的當然就是招牌餐點「赤湯からみそラーメン」(赤湯辣味噌拉麵)，拉麵放在用高麗菜烹煮的湯裡，加上紅色的辣味噌醬，記得在味噌醬拌入湯前，先喝點原味湯頭試試味道，Q彈的黃色麵條搭配濃郁湯頭，吃起來的味道真是相當契合，由於一般日本人對於辣的接受程度較低，因此即使說「激辛」也不見得會非常辣。

1.店內裝潢以紅色調為主 / 2.料理人在煮麵中 / 3.相當美味的辣味噌拉麵

預算¥3,000

restaurant
山形牛ステーキ＆焼肉かかし
山形市區就可以品嘗美味牛燒肉

www.kakashi.tv | 山形市香澄町1-16-34(東口交通センター2F) | 023-625-2989 | 11:00～15:30、17:00～22:00(L.O. 21:00) | 休 週三 | MAP P.232／C2

如果住在市區想吃燒肉，就到山形駅旁的「かかし」享用一頓山形牛大餐吧！這裡是1人旅行也能大快朵頤的好地方，製作餐點的食材均是當地生產，店內供應的牛肉種類不少，不管是在地牛肉或外國進口的都有，看看這讓人口水直流的油花，真的是太可怕的誘惑，無論是「ヒレ」(腰肉)、「サーロイン」(沙朗)都想點來好好品嘗，但最超值的當然還是ランチ(午餐)，只要少少費用就能吃到美味的牛肉，你還在等什麼呢？

1.店面外觀 / 2.油花很漂亮的牛肉 / 3.烤好沾些鹽就能入口的美味 / 4.來碗油亮亮的牛丼也很不錯

天童
銀山温泉

天童、銀山温泉 的交通方式

　天童和銀山温泉位於山形市北邊。前往天童地區，從山形搭乘山形新幹線(10分鐘)或JR奧羽本線(20分鐘)就能到達。而網路上美麗夜景照吸引不少人目光的銀山温泉，則是先從山形搭乘新幹線(30分鐘)或JR奧羽本線(20分鐘)到大石田站，再轉乘40分鐘的「はながさバス」巴士就能前往，在温泉街逛一圈和享受温泉泡湯只需一個下午，但要走到温泉街後方的散步道，就需要安排長一些的時間為佳。

http はながさバス巴士(往銀山温泉)
www.hanagasa-bus-taisei.co.jp

天童市将棋資料館
可以了解將棋文化的博物館

✉天童市本町1-1-1 | ☎023-653-1690 | ⏰09:00～18:00 | 🈺每月第三個週一(如遇假日隔日休)，12月29日～1月3日 | 💲成人￥320、高中生￥210、中小學生￥100 | ➡JR天童駅1F | 🅼P.232／A5

在這邊展示跟將棋有關的文物資料，無論是演變進化史、世界各國將棋的介紹，當然中國象棋也包含在內，另外還有將棋製作過程、技巧及將棋製作名人的作品展示，而資料館中也會不定期舉辦跟將棋相關的特別企畫展，讓來訪的旅人有更深刻的了解。如果你是對將棋感興趣的人，相信會在這邊有不少收穫，不過要特別注意的是，資料館內禁止攝影，因此參觀時請記得不能拍照喔！

栄春堂
雕刻將棋的精美工藝

🌐eishundo.web.fc2.com | ✉天童市鎌田本町1-3-28 | ☎023-653-2843 | ⏰08:00～17:00 | ➡從JR天童駅徒步10分鐘 | 🅼P.232／C5

這裡是天童市區裡最具代表性的將棋製作體驗店家，在這邊能看到雕刻師正聚精會神地展現雕刻技巧。雕刻師不僅僅製作將棋，同時也製作「こけし」木雕娃娃，看著架上一個個工藝精美的作品，忍不住會想帶回家當紀念，或是也可以體驗自己繪製留念喔！只要是小學三年級以上的人都可以嘗試做做看，無論在將棋上寫字或彩繪こけし，都是挑戰美術天分的體驗活動。

1.店面外觀／**2**.可以體驗在將棋上寫字／**3**.職人很專心在製作工藝品／**4**.送禮自用兩相宜的特殊紀念品

知識充電站
為何將棋上的「馬」要左右反著寫？

這樣的寫法源自於山形縣的天童地區，馬左右反著寫叫做「左馬」，通常是要贈送給新居落成或開店營業，有祝賀招福及經商順利的意思，以字面上來看，「馬」是被人拉著跑，如果是「左馬」的話，是人被馬拉著跑，因此它會將客人拉進來店裡，表示生意興隆之意。

鈴立山若松寺
來千年古寺尋求良緣

http www.wakamatu-kannon.jp │ ✉ 天童市大字山元 2205-1 │ ☎ 023-653-4138 │ ⏰ 08:00～17:00(10～3月 至16:00) │ ➡ 從JR天童駅搭計程車13分鐘

　若松寺有著開山超過1,300年的悠久歷史，在境內保留不少日本國家指定重要文化財產，建造於室町時代的觀音堂，或是數量不少的佛像收藏品，都是相當重要的資產。天氣好的時候，站在寺院旁高處就能看到遠方讓人心曠神怡的漂亮風景，但這些並非是吸引大家的主因，「緣結び」(結良緣)才是此處討論熱度最高的重點，據說相當靈驗，每年有超過2,000名單身女性來此尋求良緣，是相當有人氣的能量景點，而這裡也可以賞紅葉，漫步在漂亮的景色中，是件相當享受的事情。

1.參拜完能欣賞旁邊漂亮的風景 / 2.緣福大風鈴 / 3.據說誠心拉緣福大風鈴能帶來福氣跟緣分 / 4.若松寺本殿

來若松寺參拜的3個重點

■ 購買結緣小物，例如絵馬或風鈴都相當受到歡迎。
■ 站在祈求幸福的緣福大風鈴下並敲響它。
■ 每年4～12月的第一個週日，來此用兩腕交叉方式跟住持握手，據說在得到加持後，更能加快良緣到來的腳步。

天童溫泉足湯

享受全年無休的免費足湯

☎023-653-6146 | ⏰06:00～21:00 | 💲免費 | ➡從JR天童駅徒步15分鐘到天の湯、徒步10分鐘到童の湯 | MAP P.232 / C5、D5

1.天の湯外觀 / 2.手湯

既然到來到天童，不妨來試試當地的溫泉吧！距離JR天童駅徒步15分鐘就能到達溫泉旅館區，但如果時間不夠、無法進去好好享受溫泉，那不妨就在這邊泡個足湯休息一下好了。在這邊有「天の湯」、「童の湯」兩個選擇，雖然童の湯距離車站較近，但比較建議到遠一點的天の湯，因為這裡是全年無休，而且還設置了「飲泉所」，讓想試飲的旅人能喝喝看溫泉水，不過來此記得自備毛巾喔！

預算¥1,500

水車生そば

百年傳承好味道蕎麥麵

🌐www.suisyasoba.com | ✉天童市鎌田本町1-3-26 | ☎023-653-2576 | ⏰11:00～23:00 | 休1月1日 | MAP P.232 / C5

請天童當地人推薦美食，相信有超過150年歷史的「水車生そば」蕎麥麵店會是多數人的答案。使用山形跟北海道食材，加上水車和石臼研磨的蕎麥粉，還有歷代傳承的麵條製方，是店家自豪的好味道，為感謝石臼長時間的辛苦，還特別製作一個石臼塚放在庭院裡。

看起來分量不少的「元祖板そば」，以及大眾口味的「鳥中華とは」，都相當受到歡迎。店內除了可看到以傳統技法製作麵條的過程，還有機會親身體驗製作蕎麥麵(最少3人以上參加，且需提前一週預約)，這可是別處沒有的珍貴機會喔！

1.店家外觀 / 2.能現場看到麵條製作過程 / 3.熱呼呼的湯麵也相當受到歡迎 / 4.用餐時間有許多人來光顧

腰掛庵

不是老店也有好味道甜點

預算￥800

✉天童市北目1-6-11 ☎023-654-8056 ◷09:30
～17:00 休週一，如遇假日則隔日休 MAP P.232／B6

爲何一家開業只有25年的和式甜點店，在網路上有著能打敗老店的高評價？日式古老風格的傳統建築和內裝，像是有一層薄紗讓人無法看清，有時間的話不妨坐下來吃份甜點，好好享受悠閒時光。包著紅豆沙的「釀まん」(酒釀饅頭)，有一整顆草莓的「いちごわらび」(草莓蕨餅)，沾著黃豆粉的「わらびもち」(蕨餅)等，都是腰掛庵非常熱門的商品，晚來就買不到了，另外夏天時還有季節剉冰，親身來體會它的魅力吧！

2樓堆放著許多充滿歲月感的書籍及器具，桌上還擺放著讓來訪旅人留下字句的留言本。仔細觀察的話，能夠發現古民家內有著相當具巧思的設計，例如將階梯下的空間做成擺放物品的櫥櫃或抽屜就很有趣，如果能在這樣的空間內享受著茶點，氣氛真的是太棒了！雖然2樓是自由開放參觀，仍建議跟服務人員詢問是否能夠上樓為佳。

1.店家外觀／2.販賣的日式甜點每種都有其特色／3.桌上有給旅人留言的筆記本／4.店內甜點選擇不少／5.在2樓擺放充滿懷舊氛圍的物品

244

穿古裝逛溫泉老街
銀山溫泉

在這條不長的溫泉街上，兩旁幾乎都是有歷史的溫泉旅館，女性旅人可以用便宜價格租借大正時期的衣服拍照留念，相信會讓人留下難忘的回憶。溫泉街上的「和楽足湯」，能讓旅人一邊泡腳、一邊欣賞風景，或是可到溫泉街中間位置的公共溫泉浴池，滿足一下想泡溫泉的念頭，公共浴池無人看管，請自己將費用投入料金箱後入內，浴池裡的溫泉熱度不低，泡澡前一定要先沖洗身體，熟悉溫度後再下水。最後貼心提醒大家，不管是足湯或公共浴室，都請自備毛巾，現場沒有提供喔！

銀山溫泉 | http www.ginzanonsen.jp | ☎0237-28-3933 | ➡搭山形新幹線在「JR大石田駅」下車，轉乘「はながさバス」巴士在「銀山溫泉」下車徒步5分鐘 | MAP P.233
租借服飾「大正浪漫袴裝換裝體驗あいらすげーな」|

預算¥250
はいからさん通り
招牌甜辣炸咖哩麵包

http www.meiyuu.com /haikara | ✉尾花沢市大字銀山新畑451 | ☎0237-28-3888 | ◷09:00～18:00 | 休無休 | MAP P.233

在銀山溫泉街底、門口掛著「はいからさんのカリーパン」招牌的店，雖然這裡有販賣很多當地的土產品，但其中最受歡迎的，當然就是「はいからさんのカリーパン」(炸咖哩麵包)，酥脆的炸麵包外皮裡包著咖哩餡，帶點甜辣的濃烈口味，讓人忍不住一口接一口，這炸麵包可是很有人氣的限定商品，太晚來的話還不一定吃的到呢！如果來到銀山溫泉，就買一個來填飽肚子，再繼續下一個行程吧！

進入深山參與修行
羽黑山

「出羽三山」其實包括月山、湯殿山及現在要介紹的羽黑山，它們分別代表著過去(月山)、未來(湯殿山)跟現在(羽黑山)，對於山岳修行者來說，這裡絕對是日本歷史最悠久的地方，從隨神門開始走石段參道，參道分成一の坂、二の坂、三の坂等共2,446個台階直通山頂，兩側都是350年～500年的杉木，而沿著參道往山頂走會陸續經過羽黑山五重塔、二の坂茶屋、出羽三山神社、三神合祭殿及博物館，徒步預估時間大概在1～1.5小時左右。

「羽黑山五重塔」則是東北地區最古老的塔，建造迄今已有超過600年歷史，高度29公尺分成5層，故取名為五重塔，現已被列為國寶保護，由於冬季封山，如果想來訪五重塔建議從隨神門進入參道。

每年夏天都有期間限定的「山伏修行」，早期是禁止女性參加，但現在無論男女都可以參加了，全身白色裝束看起來相當虔誠，三天兩夜行程的費用還真不便宜，有興趣不妨可以參考看看。

1.五重塔是來訪羽黑山一定要拍的景點／**2,3.**冬天羽黑山別有一番風情，但要小心腳下／**4.**隨神門前鳥居

httphagurokanko.jp｜✉鶴岡市羽黑手向字羽黑山｜🕐日出到日落｜💲免費

➡從JR鶴岡駅搭乘庄內バス「羽黑·月山線」到「隨神門」下車

special column

周邊順遊

搭船瀏覽兩岸悠然風光
最上峽芭蕉ライン

　　縱貫山形縣南北的最上川，對整個山形來說是相當重要的一條河流，因此利用這個特性而有了「最上川遊船」的行程出現，基本而言交通方便算是很方便，只要靠鐵道就能到達，不需要一定要採自駕方式，全長12公里的航程，會用大概1個小時的時間讓乘客能欣賞兩岸美景，尤其當冬季所看到的白色岸景更是令人難忘，有別於岩手猊鼻溪遊船的感受。

　　船夫並不一定只有男性，就連女性也可以擔任船夫，而船夫也兼任導覽職責，因此對於最上川的由來及故事都相當熟悉，基本上全程均為日文導覽，只有少部分可以使用英文，而船內裝潢感受起來相當舒適，在行程途中船夫會開始唱著「最上川船歌」，針對華語系國家也有中文版的船歌，大家來試試能不能聽懂船夫唱什麼內容吧！最後則是無論在出發或終點都會有相關紀念品販賣，建議有興趣的朋友來選購。

http www.blf.co.jp ｜ ✉ 最上郡戶沢村大字古口86-1 ｜ ☏0233-72-2001 ｜ 🕘09:00～16:00 ｜ 💲
單程：成人（國中生以上）¥2,800、小學生¥1,400；來回：成人（國中生以上）¥4,400、小學生¥2,200，但並非每天都有往返，建議安排行程以單程為主 ｜ ➡從JR新庄駅搭乘JR陸羽西線在JR古口駅下車徒步即可到達

米沢、赤湯

米沢、赤湯的交通方式

　　米沢、赤湯位於山形市南邊，從山形搭乘山形新幹線，會先到赤湯(25分鐘)後再到米沢(40分鐘)，或是搭乘JR奧羽本線也可以到達赤湯(30分鐘)及米沢(45分鐘)，在車程時間上差距其實不大，但價格卻差一倍，如果當天的行程，單純只有在兩地移動或往返，不如多節省交通費用、搭乘JR奧羽本線就好。

熊野大社
三隻兔子的結緣傳說

🌐 kumano-taisha.or.jp | ✉ 南陽市宮內3476-1 |
📞 023-847-7777 | 🕐 09:00～17:00 | ➡ 1.從宮內駅徒步10分鐘；2.從赤湯駅搭車10分鐘

有1,200年歷史的宮內熊野大社，與和歌山的熊野三山、長野的安中熊野神社，共稱為「日本三熊野」，能排在3千間熊野神社的最前面，可見它的重要性。雖然可以祈求的願望很多，但最主要的是祈求「縁結び」(結緣)，從祭典到御守都跟緣結び有關，這裡還有個「三羽のうさぎ」(三隻兔子)的傳說，只要能在本殿後方找到隱藏在雕飾裡的3隻兔子，就能得到實現願望，目前有公開其中兩隻兔子的位置情報，還有1隻就等著大家自己來尋找發覺囉！

1.舉行神樂跟祈禱的場地 / 2.可愛兔子御神籤相當受歡迎 / 3.走上這條參道就會到本殿 / 4.本殿外觀

宮內駅 うさぎ駅長
可愛兔子站長，吸人氣拼觀光

🌐 flower-liner.jp | ✉ 山形鉄道宮內駅內 | 🕐 10:00～17:00 | 💰 免費

日本不少私鐵因搭乘人數過少而停止營運，但商業頭腦動很快的日本人，總是能想到新噱頭吸引人氣，於是「找動物來當駅長」的想法由此出現，而宮內駅的うさぎ駅長(兔子站長)～もっちい就這麼產生，另外地還帶著兩位駅員てん跟ぴーたー，在宮內駅等候旅客到來，沒想到因此奏效、拯救原將廢線的フラワー長井線(Flower長井線)，旅遊時順便來挑選一下可愛的特別紀念品吧！不過要記得，週三可是うさぎ駅長的休假日喔！

1.彩繪車廂沒有固定行駛時間 / 2.兔子站長害羞躲在角落不見客 / 3.有時會看到兔子站長穿制服出現 / 4.桌上擺滿相關商品

restaurant

登起波

品嘗米沢牛的迷人風味

預算¥6,000

http www.yonezawabeef.co.jp ｜ ✉ 米沢市中央7-2-3 ｜
☎ 0238-23-5400 ｜ ⏰ 11:00～21:00(L.O.19:30) ｜ 休
週二

講到「米沢牛」必定提到「登起波」，因為它是米沢地區最古老的牛肉專賣店，販售的牛肉是當地高貴禮品的代表，從米沢駅搭計程車到「登起波」❶大概¥1,200。這裡的牛肉品質極佳，「すき焼き」(壽喜燒)、「しゃぶしゃぶ」(涮涮鍋)、「カルビ」(燒烤用肉)和「ステーキ」(牛排)等，都是相當推薦的料理，但看著琳瑯滿目的菜單讓不少人傷腦筋，三小a最推薦的是壽喜燒和涮涮鍋，服務人員會示範該如何處理，就算第一次吃也沒問題。油脂豐厚的肉片沾著醬汁入口，柔嫩的牛肉在口中化開來的口感只能給讚，雖然荷包會因此受傷，不過仍推薦旅人能來試試。

❶ 登起波另有經營「すき焼き 登起波」、「分店 登」兩家餐廳，提供價格實惠的肉類料理，但仍最推薦到本店用餐。

1.店員會協助並教怎麼料理 / 2.煮好肉片沾上蛋汁看起來超美味 / 3.讓人口水直流的燒肉

玩家分享

記得來山形採水果、快樂吃！

山形有「水果王國」的稱號，雖然採收季節多集中在夏季及秋季，但其實幾乎一年四季都有水果可以採摘。由於水質乾淨及土壤肥沃，因此生產的水果相當受歡迎，來訪的旅人們都能在觀光果園裡吃到不亦樂乎，無論是ぶどう(葡萄)、りんご(蘋果)、もも(桃)、いちご(草莓)及なし(梨子)等，當然更不能忘記山形最有名的特產さくらんぼ(櫻桃)，只要來對季節，在規定時間裡都能任你吃、任你採摘，如果有機會在水果豐收季節來訪山形，別忘了來體驗採摘水果的樂趣。

真人版將棋
臨場對弈鬥智

天童桜まつり
人間将棋

源自於日本戰國時代，據說豐臣秀吉在伏見城一大片櫻花樹下，
命令家臣扮成棋子進行一場棋賽，因此有「人間將棋」的說法。

1.即將參加人間將棋的人員 / 2.櫻花時節限定的活動 / 3.會有職業棋手同步進行講解 / 4.每年吸引不少人前來參加 / 5.人間將棋開戰囉

由於日本將棋大多數都產自於山形的天童地區，從西元1956年起，每年都會在天童舉辦人間將棋的祭典活動，後來在日本各地還出現人跟電腦對弈的「電王戰」，以及使用汽車下將棋的活動，真的是非常有趣。人間將棋舉辦期間，旁邊有不少人即席就開始找對手廝殺，而所有扮演棋子的人穿著整齊的甲冑，入陣之前還會有太鼓、殺陣等表演。在開賽之後，所有人坐在斜坡上聚精會神看著棋賽一來一往，除了雙方指揮者坐在高處下達指令，旁邊還有大型棋盤及解說棋局，即使不懂下棋規則的人，也能很快融入這樣的氣氛中，觀賞棋賽時也別忘記欣賞周邊舞鶴山近兩千株的櫻花美景喔！

/ 活動日程 /

第一天		第二天	
10:50 / 開幕、將棋女王交接典禮		10:45 / 神輿	
11:30 / 公開對局		11:30 / 公開對局	
13:00 / 人間將棋入陣與對局		13:00 / 人間將棋入陣與對局	
14:30 / 退陣		14:30 / 退陣	
18:30 / 倉津川沿岸櫻花晚間點燈		18:30 / 倉津川沿岸櫻花晚間點燈	

http www.ikechang.com/chess ☎023-653-1680 ⏰每年4月底的週六、日

⁉每年活動內容及時間略有更動，請以官網公布為準

東北四大祭典之一

百萬人次參與

山形花笠まつり

跟東北其他歷史悠久的祭典相比，「山形花笠まつり」年輕許多，
最初是希望有個所有市民都有參與感的活動，
演變到現在每年祭典有100多個隊伍、1萬人參與遊行，
更吸引超過百萬人次參觀，成為東北四大祭典之一。

1.祭典開始前的整隊 / 2.參加者正開心跳舞 / 3.當地學生也來參加祭典活動 / 4.祭典期間也會有小型山車加入遊行 / 5.充滿青春活力的舞蹈讓人感到愉悅 / 6.漂亮的花笠小姐當然也是祭典亮點

在準備祭典期間，不少機關團體都會組隊練習跳祭典的「花笠踊り」舞蹈，在祭典音樂「花笠音頭」下，原本有十幾種不同的舞蹈，但到後來演變成表現男性威武的「蔵王暁光」跟正統華麗女性的「薰風最上川」兩種舞蹈內容，不變的是無論男女老幼，手上拿著的都是別著花的斗笠。

活動開始後，每個團體依照順序前進，賣力表演著「花笠踊り」，整齊劃一的動作是這個祭典的最大特色，但也有為吸引大家目光而出現不同的創意，此外也會有漂亮裝飾的車輛參加遊行隊伍，而在遊行終點市役所附近，觀眾在老師指導下還能親自嘗試跳「花笠踊り」，雖然祭典會結束，但熱鬧氣氛的感受卻深深留在觀眾心中。

/ 活動日程 /

8/5~7　18:00～21:30 / 遊行活動開始
　　　　18:10～18:30 / 市役所設有花笠群舞區，會有老師在現場指導
　　　　　　　　　　　 怎麼跳花笠踊り
　　　　20:30～21:30 / 遊行隊伍最後有同樂共舞區，觀眾可自由參加

http www.mountain-j.com/hanagasa　☎023-642-8753　◎每年8月5～7日

山形縣
住宿情報

hotel

高見屋 深山莊
藏王最古老溫泉旅館

🌐 www.zao.co.jp/takamiya ｜ 📧 山形市藏王溫泉三度川1118-7｜📞023-694-9333｜🕐入住15:00、退房10:00｜➡️到達藏王溫泉バスターミナル後，以電話聯絡會有免費接駁車

　創業營運超過300年的高見屋深山莊是藏王溫泉地區的老舖旅館，不僅本體使用超過百年的木造建築，就連溫泉也都是自家源泉，餐點內容相當豐盛，就連溫泉也有9種不同主題浴池能選擇，喜歡溫泉的人一定能在這裡泡好泡滿，就連昭和天皇也曾到訪並下榻此處。

　館內樓梯跟通道不少，沒有工作人員帶領下，很容易就會在這裡迷路。館內提供住宿的數量只有18間，並不多，而且走的是大人奢華的風格，因此並不招待小學生以下的住客，這點請大家務必特別注意，而且這裡有特別提供給一人旅宿房型，相當適合跟我一樣會一個人出來旅行的人，且不喜歡跟別人一起泡溫泉者。

　深山莊也有提供付費貸切風呂讓住客使用，入住後直接跟櫃檯預約使用時段即可。

スーパーホテル

可以泡溫泉的商務旅館

ᵐᵗᵗᵖwww.superhotel.co.jp｜✉山形市双葉町1丁目10-18｜☎023-647-9000｜🕐入住15:00、退房10:00｜➡從JR山形駅徒步5分鐘｜ᴹᴬᴾP.232／A4

「スーパーホテル」(Super Hotel)是日本連鎖的商務旅館，三小a個人滿推薦位於JR山形駅西口這家分館。從JR山形駅西口徒步只要5分鐘就能到達，房內空間不小、足夠活動；雖然也有衛浴設備，不過スーパーホテル提供的天然溫泉是三小a喜歡它的原因之一，在外面跑了一整天行程，如果能有大浴場舒舒服服泡個澡是最棒的事，另外還能選擇不同軟硬程度的枕頭，也有提供免費早餐，住宿價格的CP值還挺不錯的呢！

ホテルニューマーブル

交通便利、省錢好選擇

ᵐᵗᵗᵖnewmarble.jp｜✉山形市香澄町3-1-28｜☎023-624-9521｜🕐入住15:00、退房10:00｜➡從JR山形駅徒步3分鐘｜ᴹᴬᴾP.232／D3

ホテルニューマーブル(Hotel New Marble)位置相當便利，雖然整體環境感覺稍微舊一些，但也是三小a推薦的商務旅館。位在從JR山形駅東口徒步只要3分鐘就能到達的地方，由於東口屬於較熱鬧的區域，因此旅館周邊生活條件很方便，無論是餐廳、便利商店及百貨公司等都有。房內空間不大但基本設施完善，加上價格較便宜，以￥3,000起的金額而言相當划算，對於想節省旅費的人來說是很不錯的選擇。

福島縣
ふくしまけん

欣賞大自然，追逐 JR 只見線的祕境絕景

Fukushima-ken

野口英世青春通り、七日町通り(会津若松)　　大內宿(南会津郡)
福島わらじまつり(福島市)　　大內宿(南会津郡)

福島焦點
focus

日本47個道都府縣裡，福島縣的面積排名第三大。福島縣主要分成福島、郡山、南会津、いわき、磐梯高原、喜多方及会津若松7個區域，由於東西範圍較廣、標高差距較大，因此在氣候方面有著相當大的差異，加上有不少山地或高原，自然景觀占了相當大的比例，縣內就有超過15個自然公園。一般所熟知的福島縣景點，以会津若松城、只見線、大內宿、豬苗代湖及磐梯高原為主，而名氣最大的當地美食就是喜多方拉麵囉！

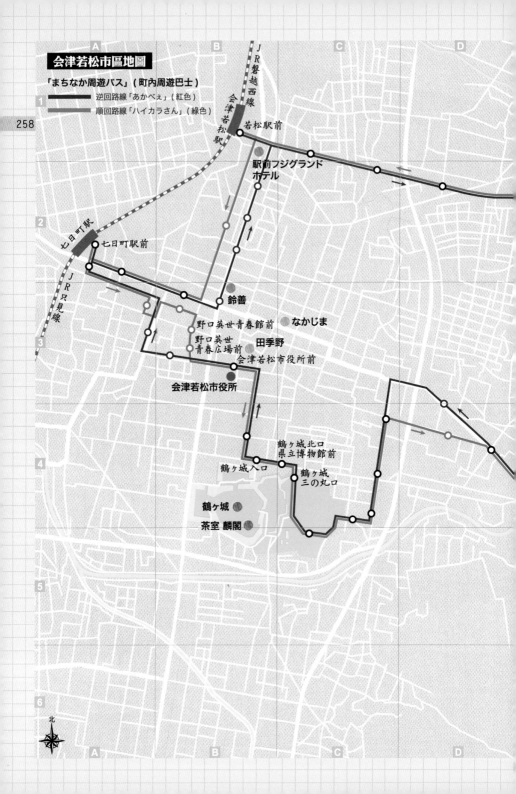

258

会津若松市區地圖

「まちなか周遊バス」（町內周遊巴士）

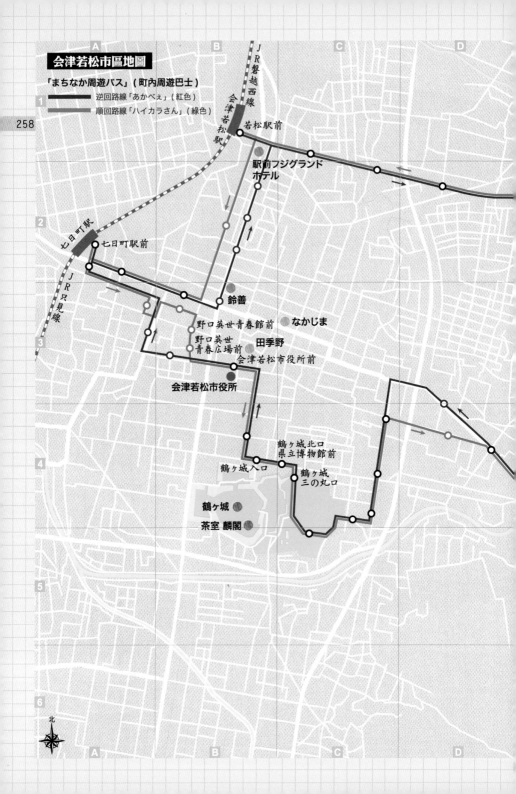

1　逆回路線「あかべぇ」（紅色）
　　順回路線「ハイカラさん」（綠色）

JR磐越西線

会津若松駅

若松駅前

駅前フジグランド
ホテル

2　七日町駅

七日町駅前

JR只見線

3　鈴善

野口英世青春館前　　なかじま

野口英世
青春広場前　　田季野

会津若松市役所前

会津若松市役所

4　　　　　　　　　　鶴ヶ城北口
　　　　　　　　　　県立博物館前

鶴ヶ城入口

鶴ヶ城
三の丸口

鶴ヶ城

茶室 麟閣

5

6

北

A　　　　B　　　　C　　　　D

259

白虎隊紀念館

山下

飯盛山
白虎隊自殺處
白虎隊19士之墓

飯盛山団地

会津武家屋敷
会津武家屋敷前

東山温泉駅

東山温泉 原瀧

七日町通周邊地圖

七日町駅

A

B

C

D

1

七日町駅前

工房 鈴蘭

白木屋

大正館

七日町通り

JR只見線

長門屋

太郎庵

やまでら茶屋

鶴乃江酒造

大和町通り

桂林寺通り

野口英世青春通り

神明通り

紀州屋1934
BUS cafe

會津壹番館
野口英世青春館

野口英世青春館前

2

モンジュー
(monjoue)

末廣酒造 嘉永蔵
蔵喫茶 杏

野口英世青春広場前

野口英世
青春広場

北

JR只見線攝影地圖

JR只見線

会津桧原駅

只見川

攝影點2

3

攝影點3

会津西方駅

駒啼瀬隧道

4

国道400

攝影點1

尾瀬街道みしま宿

JR只見線

国道252

県道
237

5

会津宮下駅

北

A

B

C

D

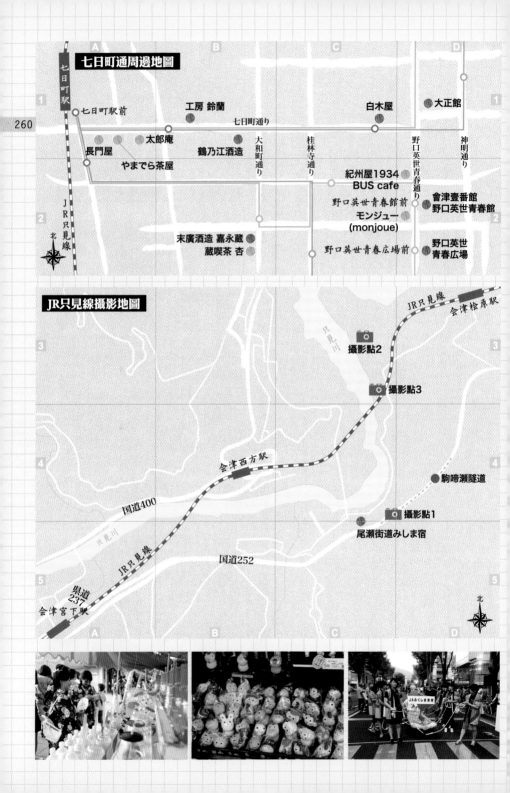

福島鐵道交通圖

1.僅標註大約時間，依搭乘列車不同而有差異
2.本圖僅列出書內所提到的景點站名和鐵道路線
3.有關列車詳細資訊及交通費用，請利用黃頁簿介紹的交通APP查詢

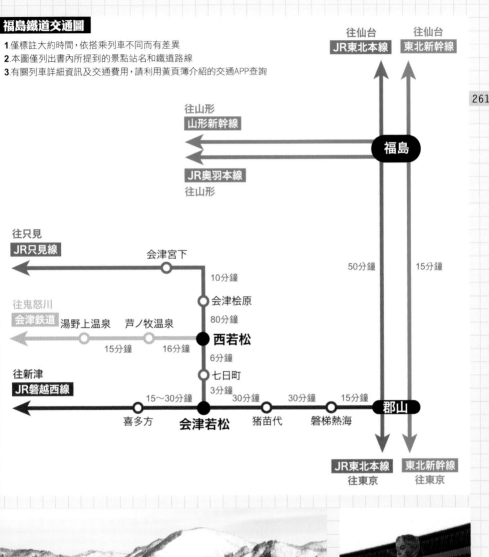

往仙台
JR東北本線

往仙台
東北新幹線

往山形
山形新幹線

福島

JR奧羽本線
往山形

50分鐘　15分鐘

往只見
JR只見線

会津宮下

10分鐘

会津桧原

80分鐘

往鬼怒川
会津鉄道　湯野上温泉　芦ノ牧温泉　●**西若松**

15分鐘　16分鐘

6分鐘

七日町

3分鐘

往新津
JR磐越西線

15～30分鐘　30分鐘　30分鐘　15分鐘

喜多方　**会津若松**　猪苗代　磐梯熱海　**郡山**

JR東北本線
往東京

東北新幹線
往東京

会津若松市

会津若松市的交通方式

　　在会津若松市區觀光，若能自駕當然是最好的方式，但若是搭大眾交通工具，能到達市內多數景點、當地居民也會搭乘的「まちなか周遊バス」(町內周遊巴士)，就會是最便利的選擇。每回乘車票價￥210，建議購買1日乘車券：中學生以上￥600、小學生￥300，要記得有分順回(綠色)的「ハイカラさん」，和逆回(紅色)的「あかべぇ」兩種路線❶，各景點的停靠順序跟發車時間略有不同。

http まちなか周遊バス：www.aizubus.com/rosen/machinaka-shuyu

❶ 順回(綠色)「ハイカラさん」：每天08:00～17:30，約30分鐘1班車。逆回(紅色)「あかべぇ」：每天09:15～16:15，約30分鐘1班車。

鶴ヶ城

遙想白虎隊英勇事蹟

http www.tsurugajo.com ｜ ✉ 会津若松市追手町1-1 ｜
☎ 0242-27-4005 ｜ ⏰ 08:30～17:00 ｜ 💲 鶴ヶ城天守
閣大人￥410、小孩￥150；茶室麟閣共通券￥520 ｜
➡ 從会津若松駅搭乘「ハイカラさん」巴士,在「鶴ヶ
城入口」下車後徒步5分鐘 ｜ MAP P.258 / B4

這裡也稱為「黑川城」或「会津城」,在
近500年的漫長歷史中,經過7個氏族的統
治,於戊辰戰役新政府軍的1個月圍城猛攻
下,使得這座難攻不落的名城也被攻陷。

　現在的鶴ヶ城是西元1965年重新建造,
有著日本唯一、相當特殊的紅色屋瓦,相較
於其他日本城池有著相當高的辨識度,登
上鶴ヶ城頂、能眺望整個地區的展望台,會
讓人有君臨天下的威風感。開放參觀的部分
總共有7層樓,延續許多感人的故事,尤其
是会津藩時期的白虎隊最為後人所知,3樓
的展示空間設有戊辰戰役及白虎隊的介紹
區域,博物館則展示相關文物,以及介紹鶴
ヶ城的相關歷史。此外鶴ヶ城境內還有知名
日本民謠的「荒城之月的歌碑」紀念碑,以
及重要文化財「茶室麟閣」,名為「武者走
り」的石垣牆上還有一顆愛心石,如果時間
充足不妨來找看在哪吧!

1.鶴ヶ城外觀 / 2.可租借語音導覽機 / 3.鶴ヶ城歷代城主
家紋 / 4.你發現武者走り的心型石了嗎? / 5.櫻花遍布的
絕美景象

知識充電站 **会津藩的白虎隊**

　　幕府末期的会津藩部隊組織編
成,名稱是由中國四神獸而來,代表4個不
同年齡層,武家男子依年紀分為:白虎隊(16
～17歲)、朱雀隊(18～35歲)、青龍隊(36～49
歲)、玄武隊(50～56歲)。戊辰戰役的後期,
有20名白虎隊員在經歷激烈戰鬥後退守到飯盛
山,看到鶴ヶ城冒黑
煙,以為城池被攻陷
就切腹自殺,有19名
白虎隊少年兵英年早
逝,這故事也曾數次
被翻拍,是日本知名
的戲劇題材。

会津若松駅前的
白虎隊紀念雕像

茶室麟閣
會津城內的武家居所

📧会津若松市追手町1-1(鶴ヶ城境內) ｜ ☎0242-27-4005 ｜ ⏰08:30～17:00(L.O.16:00) ｜ 休無休 ｜ 💲高中生(含)以上￥210、中小學生免費；鶴ヶ城共通券￥520；抹茶套餐￥600 ｜ MAP P.258／B4

　　由日本茶聖「千利休」之子少庵建造，戊辰戰役後被民間人士完整保存下來，平成2年(西元1990年)移至鶴ヶ城內，現為福島縣指定重要文化財，平常開放遊客參觀、休息之用，每個月7號也有當地茶道流派固定舉辦的茶會。茶室麟閣的有趣設施，由於入口「躪口」很小，武士前來訪要先取下佩刀「腰掛け待合」，如果配刀未取下可是無法順利進入的喔！

会津藩校 日新館
體驗武士養成教育

🌐www.nisshinkan.jp ｜ 📧会津若松市河東町南高野字高塚山10 ｜ ☎0242-75-2525 ｜ ⏰09:00～17:00(最後入場16:00) ｜ 💲大人￥620、國高中生￥500、小學生￥450 ｜ 🚌從会津若松駅搭乘「みなづる号」巴士，在「会津藩校日新館」下車

　　日本有很多類似日新館的場所，最主要是藩內武士的小孩接受義務教育的學校，武士子弟從10歲開始就進入這裡接受教育，無論是文學、武術、醫術、天文學等都是需要學習的內容，藉由館內的詳細解說，可以瞭解武士養成經過。

　　從日新館正面入口一直走到底，是主要祭祀至聖先師孔子的大成殿，另兩位先賢孟子、顏子(顏回)也在這裡受到大家祭拜，而「水練水馬池」是讓武士子弟們穿著甲冑練習游泳的地方，算是日本第一個游泳池。日新館內有賣一種木製的明信片，可將願望寫在明信片上，或是也有不少體驗活動能嘗試，部分會有最低人數限制或需要預約，但

「赤ベコ　絵付け」(赤牛著色)、「起上がり小法師　絵付け」(小法師著色)、弓道等可於現場自由參加，就來親身體驗一下武士養成教育吧！

1.日新館入口／2.當時學生受教的情景／3.孔子是萬世師表／4.水練水馬池是日本最早的游泳池

野口英世青春通り 七日町通り

逛街購物、品嘗甜點美酒

🕐各店家不同，建議10:00～17:00前往 ｜ 🚌搭乘町內周遊巴士「まちなか周遊巴士」前往 ｜ MAP P.260

這裡是会津若松市區最好逛、好買的地方，野口英世青春通り、

七日町通り是一個T字型區域，雖然從会津若松駅徒步20分鐘就能到達，不過仍推薦搭乘巴士為佳。這區有不少從江戶時代就留下來的建築，也有不少有趣的店家，無論是超可愛飾品及雜貨、好吃的美食和歷史悠久的酒造，在這邊都能找得到，相當適合女孩子慢遊逛街，選購要送給自己或好友的紀念品，或是來份美味的甜點下午茶或品酒之旅，都是很棒的選擇，悠閒地在街道巷弄間散步，參觀野口英世青春館、野口英世青春広場等地，也都相當推薦。

1.七日町通甜點店家——長門屋 / 2.充滿歲月痕跡的建築物 / 3.JR七日町駅 / 4.野口英世青春廣場中「寄信給5年後的你」郵筒 / 5.七日町駅內咖啡店 / 6.七日町通甜點店家——太郎庵 / 7.街道上有不少特色店家可參觀

千円日幣的封面人物：野口英世

福島縣人，是日本有名的細菌學家，在研究細菌毒物及傳染病有相當成就，曾因研究狂犬病和小兒麻痺有成，獲得3次諾貝爾醫學獎提名，在國際或日本都有著相當高的聲望，也是目前流通使用的千円日幣上的人物，因為年輕時曾在会津若松求學苦讀，為了紀念其成就，而有野口英世青春通、野口英世青春館等名稱。

sightseeing
会津武家屋敷
貼近體會舊時武家生活

bukeyashiki.com | 会津若松市東山町大字石山字院內1 | 0242-28-2525 | 4～11月08:30～17:00、12～3月09:00～16:30 | 大人¥850、國高中生¥550、小學生¥450 | 從会津若松駅搭乘「あかべぇ」巴士,在「会津武家屋敷前」下車 | P.259／E5

來到会津若松,若想瞭解以前武家的生活情況,那武家屋敷就是必訪的地方。這裡最主要展示的是松平家臣西鄉賴母的宅邸,從外觀到內部,完整呈現介紹江戶時代末期、明治時代的建築結構,武士居住的陣屋也保存得很好,現在也被指定為福島縣重要文化財保護著,資料館裡展示很多當時的道具、武器和相關資料,境內還有茶室、会津天滿宮、鄉工房、美術館和體驗館等設施可參觀,就等旅人一遊時來細細體會。

1.武家建物外觀／2.透過這裝置檢查藩主排泄物判別身體情況／3.建物有著懷舊氛圍／4.走上這階梯就能到達武家屋敷入口／5.九曜亭的室內造景

玩家分享 御食事處 九曜亭

武家屋敷境內提供餐飲服務的「九曜亭」,店名是由西鄉家的家紋而來,裝潢舒適有質感,提供不少会津當地的鄉土料理,無論是拉麵或丼飯都有,但三小a認為最好吃的是「特製ソースカツ丼」(特製醬汁炸豬排飯),炸豬排淋上酸甜的醬汁相當開胃,感覺就算再來一碗也沒有問題,想著想著又餓了。

11:00～14:30

末廣酒造 嘉永蔵
百年釀酒廠的醇香風華

http www.sake-suehiro.jp ｜ 会津若松市日新町12-38
｜ 0242-27-0002 ｜ 09:00～17:00(最後入場16:00)
｜ 免費 ｜ 從会津若松駅搭乗「ハイカラさん」巴
士,在「大河町」下車後徒步1分鐘 ｜ MAP P.260／B2

　会津地區有不少酒造,但最具代表性的
應該就是這裡,取名「嘉永蔵」是因為在嘉
永三年(西元1850年)創業,有超過150年歷
史,現在改造成介紹酒藏運作及釀造方式的
展示空間,藉由相關文物,可瞭解如何挑選
酒米、製酒基本常識和日本酒的釀造流程。
除介紹日本酒,還有改成展演空間的主人住
所,擺放許多參考資料的大広間(大廳間),
幕府最後一位將軍德川慶喜的真跡,和日本
皇室賜贈的禮物,還有最後試飲和購買酒類
商品,推薦喜歡日本酒的朋友來參觀。

1.不同的稻米會釀造出不同品質的酒／2.見學時會有簡
單的教學體驗／3.古老壓榨濾酒的器具／4.酒造外觀／5.
門口吊著綠色杉玉代表有新酒開賣／6.參觀完後當然不
能錯過試飲的機會／7.架上販賣不少種類的酒飲

玩家分享　蔵喫茶 杏

　　　　　　　酒造「嘉永蔵」裡的特色咖啡
店,充滿古老風味的裝潢和舒服的氛圍,讓人
忍不住想多待一會,推薦來杯用造酒地下水泡
的咖啡,和以大吟釀製作的戚風蛋糕,濃厚咖
啡香讓人聞了就覺得很舒服,飄散出淡淡酒香
的鬆軟蛋糕也很好吃,沾些奶油後再入口就更
棒,在這邊打發時
間也很不錯喔!

0242-29-0819
10:00～16:00
休週三

sightseeing

大內宿
穿越回到江戶時代

ouchi- juku.com ｜ ✉ 南会津郡下鄉町大字大內字山本 ｜ 📞 0241-68-2657 ｜ 🕐 10:00～16:30 ｜ ➡ **1**.搭会津鉄道在「湯野上温泉駅」下車，轉乘「猿遊号」巴士在「大內宿入口」下車徒步3分鐘(猿遊号每年僅4月初到11月底每日行駛)；**2**.從「湯野上温泉駅」轉乘計程車約10分鐘

被日本選定為「重要傳統建造物群保存地區」的大內宿，保留相當完整的舊時風貌，是過去会津跟日光兩地的重要連接，漫步在此就像走入時光隧道、回到了江戶時代，兩旁房屋都是使用「茅葺」(茅草)搭蓋屋頂，像規模如此大的古屋群，在日本已非常少見，因此也顯得更加珍貴。

來到大內宿參觀，千萬別錯過到最高處拍紀念照，還有擬真的手製小物紀念品，有蔬菜、水果、動物等多樣主題，若是專程來拍照，最推薦的是秋天紅葉和冬天雪景。

1.大內宿展望景色 / 2.大內宿交通優惠票 / 3、4.猿遊号巴士和內部 / 5.好吃的味噌烤米棒 / 6.可愛逼真的工藝品 / 7.冬季的大內宿，雪景也很美麗

shopping

鈴善

会津若松的名品漆器代表

http suzuzen.com │ **✉** 会津若松市中央1-3-28 │ **☎** 024
2-22-0680 │ **🕐** 09:30～17:00 │ **休** 無休 │ **MAP** P.258
/ B3

　講到漆器，會有遙不可及的感覺嗎？如果說可以用較便宜價格就能入手的話，會讓你感到心動嗎？創業於天正18年(西元1590)的「鈴善」，迄今已有400多年的歷史，是會津若松當地最老的漆器店，如今職人們仍使用古老傳統的技法製作。此處出產的漆器用品，是可以作為代表當地的工藝品，館內除了展示高價的漆器藝術品，賣店裡也有販售價格較便宜的飯碗、筷子和日常用品，想擁有高質感的名品漆器，或是當成體面的伴手禮贈送親友，真的沒有那麼難喔！

1.建物感覺有歷史 / **2.**漆器碗看起來很有質感 / **3.**漆筷送禮自用都很適合 / **4.**展示品無論質感跟價格都是上品

会津若松市 ┊ 郡山 ┊ 福島祭典 ┊ 住宿情報

なかじま

開店超過70年在地美味

預算¥1,200

✉会津若松市上町2-39 │ ☎0242-24-5151 │ ◷中餐
平日11:00〜14:00、假日11:00〜14:30、晚餐週五、
六17:00〜19:00 │ ✖週二 │ 📍P.258 / C3

なかじま是會津若松地區一家ソースカツ丼(醬汁豬排)知名老店，從1948年開始營業到現在，已經超過70年，而ソースカツ丼也是會津地區的在地美食之一，炸豬排搭配高麗菜絲及鹹甜醬汁吃起來相當過癮，加蛋且慢火煮過的煮込みソースカツ丼更是なかじま的招牌，而無論是點哪種，當蓋子打開的瞬間，撲鼻香味就這麼冒出來，那味道可真香啊！

1.店面外觀 / 2.在醬汁豬排下鋪著滿滿的高麗菜絲 / 3.加蛋燉煮過的豬排丼也是招牌餐點

三澤屋

大內宿必嘗美味蕎麥麵

預算¥1,500

🌐www.misa waya.jp │ ✉南会津郡下郷町大字大内字
山本26-1 │ ☎0241-68-2927 │ ◷10:00〜16:30 │ ✖1
月4〜7日

1.店面外觀 / 2.用長蔥當筷子的高遠そば / 3.店內裝潢有懷舊氛圍

大內宿提供「そば」(蕎麥麵)的店家各有其特色，最特別的是使用長ネギ(長蔥) 當作筷子使用，其中最有名的是三澤屋的「高遠そば」，吃的時候要從蔥白開始吃起，雖然會有嗆辣口感，但味道相當不錯，來到大內宿時不妨來碗試試看吧！

restaurant

モンジュー

多樣口味的牛奶冰淇淋

monjoue.jp │ 会津若松市中町3-53 │ 0242-28-5433 │ 3～11月10:30～19:00、12～2月12:00～18:00 │ 週三(5月無定休)，6月休週一 │ MAP P.260／D2

モンジュー(monjoue)冰品連鎖店，這裡主打的「ジェラート」(義式冰淇淋)，以福島縣阿武隈高原山木屋牧場生產的牛奶為主要原料，因此也只有在福島縣有機會能吃到。位於野口英世青春通上的分店，店內外都設有簡單的座位可以坐下來吃，店面雖然不大，卻有很多當地學生是這裡的常客，店內的冰淇淋口味種類相當多，平均大概都有16種可以挑選，最推薦的是固定口味「塩ミル

ク」(鹽牛奶)跟「バニラ」(香草)，不過抹茶也是相當受到歡迎的喔！

1.店家外觀 / 2.抹茶口味冰淇淋 / 3.口味眾多，讓人選擇困難

restaurant

やまでら茶屋

品嘗現烤的美味糰子套餐

会津若松市七日町3-32 │ 0242-26-8079 │ 12:00～20:00 │ 週二、每月第三個週三 │ MAP P.260／A1

從外觀看起來絕對不像是一家茶屋，而門口擺放的烘豆機和店內裝潢，更會讓人搞不清楚這是一家怎樣的店。「やまでら茶屋」在這已營業滿長一段時間，來訪的不少都是當地常客，「茶屋だんごセット」(糰子套餐)是招牌商品，現烤的糰子有味噌跟醬油兩種口味，或是「スイーツセット」(甜點套餐)也是很不錯的選擇，點一份甜點再加一杯飲料只要￥500，而飲料除常見的咖啡、紅茶及果汁外，還可以選擇「冷やし甘酒」(冷甘酒)，逛街走累了不妨進來歇腳坐坐囉！

1.茶屋だんごセット / 2.咖啡豆是自家烘培 / 3.店內第一印象應該是擺放的大提琴 / 4.不像茶屋的店外觀

輪箱飯田季野

傳承會津若松的輪箱飯

預算¥2,000

🌐 takino.jp ｜ ✉ 会津若松市栄町5-31 ｜ ☎ 0242-25-0808 ｜ ⏰ 11:00～20:00(L.O.19:00) ｜ 休 無休 ｜ MAP P.258 / B3

在有著150年以上歷史的木造建築裡，品嘗会津當地的特色料理「輪箱飯」，光是想著就覺得很有氣氛吧！以前会津地區的木業相當繁榮，因此當地人習慣使用圓形木製便當盒當作食器，呈上餐點給客人，如今「田季野」的菜單上雖然還有其他餐點能選擇，不過最推薦的還是有傳承意味的輪箱飯，現代的木便當裡餐點越來越豐富，但仍保持不變的心意，將竹筍、菇類、鮭魚卵、玉子燒、蟹肉絲及燻鮭魚鋪在白飯上，每一口飯都有菜肴一起入口，這是代表給客人的最高心意。

1.店家門口 / 2.內部裝潢 / 3.店內充滿懷舊氛圍 / 4.輪箱飯是招牌餐點

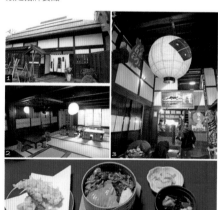

行家推薦

JR只見線
最佳攝影點攻略

只見線班次少、路途遙遠，出發前一定要先查清楚列車時刻，無法自駕的旅人，建議前一晚住在会津若松駅周邊，隔天早上搭第一班電車前往。

Step 1 搭乘JR只見線在会津宮下駅下車，詢問站務人員「道の駅尾瀨街道みしま宿」的前往方向。

Step 2 步行時間約30～40分鐘，到達後從隧道旁的ビューポイント遊步道往上走。

Step 3 步道有A到D這4個點，但冬天積雪無法看清，為避免發生危險，建議走到C點即可，若依時間順利到達攝影點，到下午兩點前可以拍到4班列車駛過「只見川第一鉄橋」。

攝影玩家真心推薦，祕境絕景不可錯過
鐵道JR只見線

　　三小a心中最漂亮的東北祕境鐵道風景，「只見線」必定是首選，無論是新綠、秋楓或冬雪都很適合前往，那美景讓人著迷不已，推薦大家來親身體驗。「只見線」是一條連接福島和新潟的鐵道，由JR東日本鐵道公司管理，這條鐵道最為人所熟知的，是「会津桧原駅」到「会津宮下駅」中間這一段的幾個鐵橋絕景，最常見到的就是「只見川第一鉄橋」，在此跟大家分享一下美景吧！

➡ 從会津若松駅搭乘JR只見線到「会津宮下駅」，下車後徒步30～40分鐘可到「道の駅尾瀬街道みしま宿」

MAP P.260 ｜ 🅿 自駕請設定「道の駅尾瀬街道みしま宿」0241-48-5677

1.道の駅尾瀬街道みしま宿 / 2.只見線是單線雙向的鐵道 / 3.彷彿身在瑞士的夢幻景色 / 4.会津宮下駅 / 5.在「攝影點1」(參考本區地圖)拍的冬季只見川第一鉄橋 / 6.在「攝影點2」(參考本區地圖)拍的只見川第一鉄橋

special column

sightseeing

高柴デコ屋敷
擁有歷史感的玩具製造商

www.gurutto-koriyama.com/detail/index_203.
html | ✉郡山市西田町高柴字舘野169 | ☎0242-27-
4005 | ⏰休09:00～17:00(營業時間及公休日會因店
家不同) | 💲免費 | ➡大眾交通方式不便，建議來訪
時採自駕，mapcode設定129 130 785*53

其實「高柴デコ屋敷」是個相當有趣的
地方，或許這裡從數百年前起就在製造玩
具，因此無論是建築物或擺設都相當具有歷
史跟童趣，很適合安排親子到此一訪，而這

裡也是三春駒(馬)及三春張り子人形(紙模人
偶)的發源地，加上郡山市區出發車程只需
25～30分，建議安排自駕時能把這段放入
行程中。

當天限量供應且要吃完的美食

三万石是郡山當地菓子店，雖然最有名的商品是ままどおる(牛奶餅)，但這次要推薦卻是連官網也沒有的クリームボックス(奶油盒子)，在鬆軟厚片土司上塗抹一層奶油，不甜膩的味道搭配茶飲恰到好處，在郡山駅1樓的郡山おみやげ館裡就能買到，太晚來可是會撲空喔！

　「高柴デコ屋敷」裡有橋本広司民芸、恵比寿屋、大黑屋及彦治民芸等4間傳統工藝店家，每一家的專長跟作品也有些不同，像是彦治民芸主要是製作12生肖玩偶跟三春駒，而橋本広司民芸主要則是紙模玩偶、紙模面具及歌舞伎紙模人形，如果有機會的話，不妨每一家都來參觀看看，其實在這個地區除了參觀外，還能付費體驗在紙模玩偶上進行繪畫，相信來過後會更瞭解這些匠人花了多少心血在延續這些傳統工藝。

1.物產館大黑屋外觀 / 2.橋本広司民芸的張子面具舞蹈 / 3.三春駒是有特色的伴手禮 / 4.可看到職人現場製作藝品

restaurant

まぜそば 凜々亭

主打口味乾拌麵讓人回味不已

http rinrintei.com｜✉郡山市駅前2-7-16(アーケード第二増子ビル1F)｜☎0249-91-65709｜🕐白天：11:10～14:00(L.O.14:00)；晚上：週一～五17:30～22:00、週六17:30～02:30｜休週日

🇯🇵 文「まぜそば」的本意是乾拌麵，距離郡山駅徒步只要2分鐘的「凜々亭」是三小a推薦店家，雖然店內也有賣らーめん，但「まぜそば」仍是主打餐點，由於營業時間到很晚，就算當宵夜吃也沒問題，推薦「絕品明太子まぜそば」及「新台湾まぜそば」，桌上有小立牌教客人怎麼吃乾拌麵，拌勻後先吃原味、然後再加些醋跟辣油後再吃，味道可是會變得不一樣喔！

1.桌上立牌有推薦食用步驟 / 2.調味料放在桌上供客人取用 / 3.店家外觀 / 4.很推薦試試絕品明太子まぜそば

團隊競賽合作
盡顯青春活力

福島わらじまつり
福島草鞋祭

❷

❸

1.掛在街上的裝飾相當漂亮 / 2.連女生也有分組競賽 / 3.穿著浴衣的女性逛祭典屋台 / 4.扛著大型草鞋參加祭典遊行 / 5.競賽時會有人從旁邊潑水 / 6.晚上有許多團體開始跳著祭典舞蹈繞場

「**福**島わらじまつり」(福島草鞋祭),是福島市政府參考「信夫三山曉まいり」❶所舉辦的夏日祭典,有扛著巨型草鞋遊行的祈福活動,還有包含小學生及女性等各界團體代表,扛著大型草鞋奔跑競賽的「わらじ競争」(扛草鞋競速)。第二天是活動最高潮,由福島學生組成的表演團體,隨著祭典樂曲「わらじ音頭」繞著活動會場,一邊移動、一邊跳舞,雖然都是同樣的音樂,但表演者在動作或裝扮上都相當用心準備,站在一旁的觀眾也會被這樣的氛圍所感動。

/ **活動日程** /

第一天

17:15~17:50	修祓式・オープニング (開幕)
17:50~20:20	わらじおどり (草鞋舞)
20:30~21:15	ダンシングそーだナイト (大會舞)

第二天

10:00~12:00	わらじ作り体験教室 (草鞋製作體驗教室)
17:25~19:15	わらじ競走 (扛草鞋競速)
19:25~21:05	ダンシングそーだナイト (大會舞)

http www.fmcnet.co.jp/waraji | 024-536-5511 | ⏰每年8月的第一個週五、六

❶ 已有300年歷史的「信夫三山曉まいり」,是福島信夫山羽黑神社每年2月中的例行祭典,由100個人扛著重達2噸的草鞋遊行,以祈求農作豐收、身強體健和家中平安。

会津若松市

hotel

東山溫泉 原瀧

便利接駁車、享受溫泉泡湯

www.yumeguri.co.jp │ ✉ 会津若松市東山湯本235
│ ☎ 0242-26-4126 │ ⏰ 入住15:00、退房10:00 │ ➡
從JR会津若松駅搭乘「あかべぇ」巴士,在東山溫
泉駅下車,打電話給旅館,會有免費接駁巴士接送
│ P.259 / F6

　來到会津若松,必定要提到距離只有15分鐘車程的東山溫泉。「原瀧」是這裡少數有自家源泉的旅館,也是三小a滿推薦的選擇,接待大廳氣氛相當舒服,女性顧客還可以於辦理完入住手續後,在大廳免費選擇自己想要穿的浴衣花樣;館內溫泉有大浴場、能看到漂亮景色的露天風呂,以及雖然需要另外付費、但有隱私空間的貸切展望風呂,這裡的泉質摸起來相當滑溜,泡完澡後全身舒暢相當舒服。

　館內餐廳「瀧川」有著和室風格的隔間,提供許多精緻的餐點,使用當地農家自產的新鮮野菜製作的鄉土料理也相當受到歡迎,而館外餐廳「川どこ」,則是以會席料理為主,用餐區的造景做的很不錯,坐在河邊吃飯時,一邊聽著流水聲、一邊享受美味餐點,在入口處還設有足湯能讓客人使用,無論白天或晚上,都能在用餐時也順便泡泡腳、放鬆一下。

会津若松市

hotel

駅前フジグランド ホテル

超高CP值、實惠便利

http www.fujigrandhotel.co.jp ｜ ☒会津若松市駅前町
5-25 ｜ ☎0242-24-1111 ｜ ☻入住15:00、退房10:00
｜ ➡從JR会津若松駅徒步1分鐘 ｜ MAP P.258 / B1

安排大內宿或只見線的行程，選擇住在
会津若松駅附近是最方便的規畫。「駅前フ
ジグランドホテル」(站前富士Grand飯店)有
著最佳的位置，走出車站1分鐘就能到達飯
店，部分房間可直接從窗戶看到整個車站，
每晚￥4,500起的便宜金額更替住宿CP值加
分不少。雖然這裡的房間裝潢較簡單，但內
部空間較大，辦理入住時還有機會收到一些
折價優惠券或貼心小贈品，如果要在福島主
要觀光地區旅遊，住在会津若松會比其他地
點更方便。

磐梯熱海

hotel

ホテル 華の湯

擁有30種溫泉浴池的旅館

http www.hotelhananoyu.jp ｜ ☒郡山市熱海町熱海5
丁目8-60 ｜ ☎023-694-9333 ｜ ☻入住15:00、退房
10:00

從郡山市區開車30分鐘就能到達的ホテ
ル華の湯，是磐梯熱海地區相當著名的溫泉
設施，不僅有提供住宿，就算是日歸泡湯也
沒有問題，無論是哪種房型，房內空間其實
不小，大廳一進來的大片落地窗景色及庭院
足湯也是不少人會拍照留念的地方，有機會
的話不妨來體會看看吧！

推薦順遊

北海道函館

はこだて

搭上新幹線，順遊北海道最早西化海港城

Hakodate

函館
focus
焦點

BAY HAKODATE(函館市)
函館路面電車(函館市)

金森倉庫(函館市)
ラッキーピエロ(函館市)

函館雖然被劃分在北海道的範圍裡，但是跟青森縣最近。函館一帶最主要的旅遊景點有：充滿異國風情的函館市區，被列為日本三大夜景之一的函館山百萬夜景，具有歷史意義的五稜郭，以及充滿自然景觀和度假氣息的大沼公園。此外，美食部分也有不少琳瑯滿目的選項，拉麵與海鮮丼必然不會缺少，還有湯咖哩與甜點，與函館獨有的小丑漢堡，你最想吃哪一樣美食呢？

函館市區地圖

A B C D

1

2

🚋 函館どつく前

函館市電

🚋 大町

海灣區周邊地圖

末広町 🚋

元町公園 ● ● 函館市旧
イギリス領事館

旧函館区公会堂 ●
ハイカラ衣裳館 ● 旧北海道庁
函館支庁庁舎

五島軒本

カトリック元町教会 ●
函館ハリストス正教会 ●

函館聖ヨハネ教会 ●

3

函館山ロープウェイ 🚠

4

北

函館山 🚠
函館山展望台

海灣區周邊地圖

📷 最佳攝影點

● 函館ベイ美食倶楽部

ラッキーピエロ ● ● 金森倉庫遊客服務中心

スターバックス
(Starbucks)

● 金森洋物館 ● はこだて明治館

函館ヒストリープラザ

● BAYはこだて

5

● ラッキーピエロ

函館市電

6

北

プティメルヴィーユ ●

十字街 🚋

五島軒本店

A B C D

E　　　　　F　　　　　G　　　　　H

函館本線
函館駅

ペイストリー スナッフルス

函館市青函聯絡船
紀念館摩周丸

新川町

回転寿司
根室花まる

大門横丁

滋養軒

函館市電

きくよ食堂
どんぶり横丁市場

東横INN
函館駅前朝市

函館朝市

函館駅前

松風町

ホットボックス
(HOTBOX)

函館市熱帯植物園　→

函館国際ホテル

市役所前

宏楽園

函館市役所

魚市場通(函館信金本店前)

十字街

小いけ本店
元祖インドカレー小いけ

宝来町

函館市電

大沼公園周邊地圖

島巡りの路

森の小径

大島の路

大沼遊船搭船處

夕日の小沼路

JR函館本線

ポロト館

沼の家

谷口菓子舗

函館七飯ゴンドラ
函館大沼王子飯店接駁車搭乘處

大
沼
公
園
駅

フレンドリーベア

大沼観光協会

郵便局

北

1

2

3

4

5

6

函館的交通方式

函館雖然行政區域被劃分在北海道，但是它跟青森的距離反而是最近的，加上2016年3月北海道新幹線開通，更是拉近了函館與東北地區的距離，如果時間充足，還能善用「JR東日本·南北海道鐵路周遊券」將行程延伸到札幌，因此在這本東北的旅遊書裡，特別將函館的旅遊資訊也收錄進來，建議可把東北與函館串在一起玩。

機場 ←→ 市區
Airport Hakodate-shi

目前有台灣虎航、星宇航空往返於台北跟函館的航班，如果搭乘國際線航班前往函館，離開國際線航廈後，請徒步前往國內線航廈，在航廈前就有巴士分別前往：JR函館駅(湯の川温泉)、JR新函館北斗駅、五稜郭、函館大沼プリンスホテル(函館大沼王子飯店)等地，來往交通相當方便，詳細停留地點及班次時間請參考巴士公司官網。

http 函館空港：airport.ne.jp/hakodate
http 函館バス：www.hakobus.co.jp
http 函館帝産バス：www.hakotaxi.co.jp

搭新幹線來往函館
しんかんせん Shinkansen

JR新青森駅 ←→ JR新函館北斗駅

從2016年3月底起，原本只到新青森駅的新幹線，正式開通到北海道的新函館北斗駅(經由青函隧道)，但新開通的路段，並不是JR東日本所經營，而是由JR北海道營運，因此若要將日本東北和函館地區規畫一同遊覽，交通票券就須使用「JR東日本·南北海道鐵路周遊券」，請特別注意。

JR新函館北斗駅 ····> JR函館駅

自從北海道新幹線開通後，每天都有不少班次往返JR新函館北斗駅，無論是從東京或從仙台，都可以方便直接前往，到達JR新函館北斗駅後，再轉乘函館本線就能到達JR函館駅，從新幹線下車後就有明顯標示與站務人員的指示，只要照著走就不會有問題。

http JR東日本：www.jreast.co.jp
http JR北海道：www.jrhokkaido.co.jp

函館市區交通
Hakodate-shi

在函館市區最便利的交通方式，就是搭乘「函館市電」(路面電車)，多數熱門景點都在路面電車的行使範圍，湯の川温泉、五稜郭、函館駅、函館山ロープウェイ(函館纜車)、元町異人館、金森赤レンガ倉庫(金森紅磚倉庫)等，都可利用路面電車前往，每回搭乘費用依距離從￥210(小孩￥110)～￥260(小孩￥130)，若當天會搭乘超過3次，建議購買1日券￥600(小孩￥300)為佳。

http 函館市電：www.city.hakodate.hokkaido.jp/bunya/hakodateshiden

函館復古電車：「箱館ハイカラ號」

在函館路面電車的車廂上，可看到不少有趣可愛的廣告，也是這城市的亮點之一，不過要特別介紹有百年歷史的「箱館ハイカラ號」，想看到它得需要些運氣，因為每年只有4月中～10月底的假日才會上路，如果想要搭乘還得特別查班次時刻，車上保持著復古風格的裝潢，駕駛員及車掌也都穿著特別服裝，還有一塊寫著「箱館ハイカラ號」的牌子，可以跟車掌借來拍紀念照，也可以跟車掌合照喔！

函館山
知名百萬夜景、令人心醉

✉ 函館市元町19-7 ｜ ☎ 0138-23-3105 ｜ ◎ 纜車：4月
25日～10月15日10:00～22:00、10月16日～4月24日
10:00～21:00 ｜ ＄ 展望台免費；函館山纜車大人往返
￥1,800、單程￥1,200，小孩往返￥900、單程￥500
｜ ➡ 搭乘函館路面電車到「十字街駅」，下車後徒步10
分鐘可到纜車站 ｜ http 334.co.jp ｜ MAP P.282／B4

　　標高334公尺的函館山是一座陸連島，
可以搭乘「函館山ロープウェイ」(函館山纜
車)到最高的御殿山頂展望台，居高臨下俯
瞰整個函館市區及五稜郭タワー，漂亮夜景
讓它成為來函館時的必訪景點，更是不少攝
影愛好者跟情侶來拍照、看夜景的地方，此
處也跟神戶摩耶山掬星台、長崎稻佐山共稱
為「日本三大夜景」。除了單純賞景，在山頂
展望台內還有兩家可以一邊用餐、一邊賞景
的餐廳「レストラン ジェノバ」(餐廳Genova)
❶、「ティーラウンジ レガート」(Lounge
Legato)❷，和一家可選購紀念品跟土產品的
商店，讓登高望遠的內容更為豐富！

❶ 營業時間：4月下旬到10月中旬11:00～21:45
(L.O.21:00)、10月中旬到4月中旬11:00～20:45
(L.O.20:00)
❷ 營業時間：18:00～20:00

1.函館山夜景讓人著迷／2.纜車站外觀／3.大型纜車可
以乘載不少遊客／4,6.搭纜車途中也有不錯的風景／5.
山頂纜車站內也有落地窗夜景可看

玩家分享　函館山登頂的交通方式

前往函館山頂的交通，除了搭乘「函館山ロープウェイ」(函館山纜車)，還有幾種方式可以選擇，不過容易受氣候影響，尤其是冬季期間11月中旬～4月中旬，因山路封閉無法搭乘巴士，請特別注意行程安排。

函館山登山巴士

從JR函館駅前搭乘「函館バス」，到達山頂展望台大概30分鐘車程，每天有近20個班次往返，詳細時間請參閱官網。

http www.hakobus.co.jp　冬季非巴士營運期間，因此無法查詢到最新時刻表

計程車

從JR函館駅前搭計程車，到達山頂展望台大概20分鐘車程，費用約￥2,500～3,000左右。

定期觀光巴士

搭北都交通的觀光巴士前往函館山頂，從JR函館駅前出發，整個行程大概90分鐘，上山是搭乘巴士，下山則搭乘函館山纜車(冬季期間往返都搭纜車)，另外還有搭配其他函館市內觀光景點的行程，車上雖然有解說員，但目前僅有日文解說。

http www.hokto.co.jp

sightseeing
谷地頭温泉
市區裡的平價泡湯享受

函館市谷地頭町20-7 ｜ 0138-22-8371 ｜ 06:00～22:00(最後入場21:00) ｜ 每月第二、四個週二 ｜ 大人￥460、7～12歲￥140、3～6歲￥70 ｜ 搭乘函館路面電車，到「谷地頭」下車後徒步7分鐘

來到函館，如果因為預算無法住到溫泉旅館，那不如考慮一下，到當地居民也會利用的溫泉浴場享受吧！從路面電車站徒步7分鐘的谷地頭溫泉，2013年才重新改裝完成，除了原本的大浴場及露天風呂外，還增加了「サウナ」(蒸氣浴)跟食堂，以CP值而言是相當划算，更衣室裡還有免費附鎖的置物櫃可以使用，泡完溫泉後來罐冰涼的咖啡牛奶是最棒的事情了！但價格只是入場費，要記得自行攜帶毛巾、沐浴乳、洗髮精等盥洗用具，或是可在櫃檯另外購買。

1.谷地頭溫泉外觀 / 2.櫃檯能購買盥洗用具 / 3.無論入浴或用餐記得要先購券 / 4.休息用餐的空間寬敞

金森赤レンガ倉庫
在歷史建築裡逛街、品美食

http 金森赤レンガ倉庫：www.hakodate-kanemori.com；はこだて明治館：www.hakodate-factory.com/meijikan；函館ベイ美食俱樂部：www.hakodate-bbc.net | 🕐09:30～19:00，其餘店家請參考官網 | ➡搭乘函館路面電車到「十字街駅」下車後徒步5分鐘 | MAP P.282 / B5

講到函館灣地區，這裡就是有超過百年歷史的「金森赤レンガ倉庫」(金森紅磚倉庫)的所在區域，是來訪函館不能錯過的地方。金森倉庫主要有BAYはこだて、金森洋物館、函館ヒストリープラザ等3棟建築，除了有「日本重要伝統建造物群保存地区」的歷史價值，還有將近50家店舖可逛，可愛小物、飾品、包包等都有，很推薦前來。

此外還有幾棟值得參觀的建築，例如：「はこだて明治館」由舊函館郵局改建的購物中心，「函館西波止場」販售海產、土產，還有在地特色星巴克和觀光船，「函館ベイ美食俱樂部」有幾家餐廳，以及可以泡免費足湯的「海峽の湯」。除了逛街購物，

還能好好享受美食，無論是海港不會缺少的新鮮海產，或是北海道限定的「ラッキーピエロ」(小丑漢堡)，都是不錯的選擇喔！

1.金森倉庫的夜晚也相當美麗 / 2.白天的金森倉庫 / 3.函館西波止場有觀光船可搭乘 / 4.由函館舊郵局改建的明治館 / 5.可以泡免費足湯的海峽の湯

1

sightseeing

元町異人館
欣賞西洋歐風建築群之美

➡搭乘函館路面電車到「十字街駅」下車後徒步10分鐘｜$部分建築可購買共通入館券參觀，請參考P.291｜MAP P.282／C3、D3

　函館是日本最早成為國際貿易港口的城市，因此在這邊能看到許多不同國家風格的教會及建築物，以下介紹幾棟具有代表性的焦點讓大家認識熟悉，來到函館如果沒有順便來元町，沒參觀到這些充滿洋式風格的建築，似乎有點可惜，現在就跟著三小a的腳步來吧！

1 元町公園 / 2 搭纜車能看到屋頂呈十字架的函館聖ヨハネ教會

函館ハリストス正教会

✉函館市元町3-13｜🕐平日10:00～17:00、週六10:00～16:00、週日13:00～16:00｜休12月26日～3月24日｜$￥200｜MAP P.282／D3

　這是日本第一座俄羅斯教會，白牆綠屋頂的建物在元町相當顯眼，因此吸引不少人前來拍攝，但進入內部時請保持安靜且禁止攝影。此外這裡的鐘聲也被認定為「日本の音風景100選」，只有在週六下午5點、週日禮拜時才有機會聽到這相當悅耳美麗的鐘聲。

カトリック元町教会

✉函館市元町15-30｜🕐10:00～16:00｜🛑12月30日～1月5日｜💲免費｜MAP P.282／D3

　　這裡是日本東北以北地區最早的教會，最初是木造建築，曾因大火將聖堂整個燒毀，雖然現在看到的是重新建造整修的建物，但也有近百年的歷史，旁邊高33公尺的鐘樓也是新加入的建築，聖堂內高1.5公尺的聖母瑪麗亞像是參訪重點。

旧北海道庁函館支庁庁舎

✉函館市元町12-18｜🕐09:00～18:00｜🛑無休｜💲免費｜MAP P.282／C3

　　元町公園旁有棟藍綠色外觀的建築物，玄關前廊柱是源自於希臘的「エンタシス」(entasis)風格，此處是前北海道廳函館支廳的辦公室，現在則成為函館市元町觀光案內所，也被指定為北海道的有形文化財之一。

函館聖ヨハネ教会

✉函館市元町3-23｜❓僅可外部參觀，內部無開放｜MAP P.282／D3

　　西元1874年就到函館來傳教的英國聖公會，其教會是元町有名的建築之一，但現有的教堂是在西元1979年重新建造的，極少見的特殊外觀樣式，吸引訪客來參觀拍照，搭乘函館山纜車時，可從空中觀看它的外貌，屋頂像個十字架，不管從哪個角度欣賞都十分漂亮。

函館市旧イギリス領事館

✉函館市元町33-14｜🕐4～10月09:00～19:00、11～3月09:00～17:00｜🛑無休｜💲大人￥300、學生及兒童￥150｜MAP P.282／C3

　　這裡是舊英國領事館所在地，建築物被列為函館市指定有形文化財保管，現作為開港紀念館使用，每年7、8月於中庭有60種玫瑰花在此盛開，而在1樓則有英國雜貨鋪，以及提供正統英式茶飲和點心的「ティールーム」(Tea room)。

旧函館区公会堂

✉函館市元町11-13｜🕐4～10月09:00～19:00、11～3月09:00～17:00、1月1日～3日09:00～15:00｜🚫12月31日、館內整理日期不定休｜💲大人¥300、學生及兒童¥150｜🗺️P.282／C3

落成百年的旧函館区公会堂，是函館元町的代表性建築，原是集會場所，現則為日本重要文化財產，建物外圍可免費拍照散步，或付費進入建築內部參觀，2樓陽台還能看到漂亮的函館灣景，不妨進來參觀一下吧！

玩家分享 來「ハイカラ衣裳館」變身華麗宮廷風

漫步在充滿異國風情的建物群中，如果能改變造型，更是能融入這樣的氛圍。旧函館区公会堂裡有一間「ハイカラ衣裳館」，可以讓遊客用便宜價格體驗換裝，租借洋式服飾大人¥2,500、小孩1,500、體驗30分鐘，梳妝再加¥1,000；和式服飾大人、小孩皆¥4,000，可在旧函館区公会堂內開放區域自由拍照留念，無論男、女、小孩的衣服都有喔！

🕐4～10月09:00～17:00、11月～3月09:00～16:30，其餘時間不提供服務

玩家分享 能省錢的共通入館券

元町異人館區的4棟建築，可使用共通入館券參觀：1.函館区公会堂；2.函館市旧イギリス領事館；3.函館市北方民族資料館；4.函館市文學館，原本入場費各需要¥300，購買共通入館券則會較為優惠。

🌐函館市北方民族資料館
　www.zaidan-hakodate.com/hoppominzoku
🌐函館市文學館
　www.zaidan-hakodate.com/bungakukan

類別	共通入館券		
	2館共通	3館共通	4館共通
大人	¥500	¥720	¥840
學生跟兒童	¥250	¥360	¥420

函館市文學館

函館市北方民族資料館

五稜郭タワー
函館重要地標、環視周邊美景

http www.goryokaku-tower.co.jp │ ✉ 函館市五稜郭町
43-9 │ ☎ 0138-51-4785 │ ◑ 09:00～18:00；五稜星
の夢期間(冬季)09:00～19:00 │ 💲 大人￥1,000、國高
中生￥750、小學生￥500 │ ➡ 搭乘函館路面電車到
「五稜郭公園前」下車後徒步15分鐘

　　造型特殊的五稜郭公園，是來函館大多
會安排的景點，這裡是日本第一座西洋式的
軍事要塞，也是幕末時期箱館戰爭的舞台，
有著相當重要的歷史意義。一旁高107公尺
的「五稜郭タワー」(五稜郭塔)，站在90公
尺高的展望室可環視周邊的漂亮景色，從
函館山到津輕海峽都可以一覽無遺，當然也
能居高臨下欣賞五稜郭的美景，尤其是4月
底～5月中公園內1,600棵櫻花樹盛開及夜
觀，12月底～隔年2月底的「五稜星の夢」
夜間點燈，也都會吸引許多人前來欣賞。

　　若想瞭解更多五稜郭的歷史，在五稜郭
塔、箱館奉行所(函館地區的舊時衙門)，都
有不少相關資料，而每年5月底的「箱館五

稜郭祭」則是此地區最大的祭典，也能讓參
觀者更清楚感受那重要時空的背景與故事。

1.從展望台看到的五稜郭公園 / 2.公園內種植不少樹
木 / 3.也能租借船隻悠閒玩耍 / 4.五稜郭タワー外觀 / 5.
箱館奉行所

函館朝市
位置便利、早起逛市場首選

http www.hakodate-asaichi.com | 🕐 1～4月06:00
～14:00、5～12月05:00～14:00(營業時間各店不同)
| ➡搭乘函館路面電車，到JR函館駅下車後徒步1分
鐘 | MAP P.283 / F1

來函館想吃新鮮海產，函館朝市應該
是第一選擇吧！位於JR函館駅旁的函館朝
市，主要是由「どんぶり横丁市場」、「え
きに」(駅二)市場、「塩干市場」、「函館
朝市ひろば」等近250個攤位組成，每年總
能吸引將近200萬人次光顧，無論是新鮮漁
獲、海產加工品和美味食堂，在這裡都能找
到，價格雖然不是最便宜，但位置相當便
利，許多旅人也甘願早起來此尋找最想吃的
美味。建議早上8～10點前往，要購買前也
請記得多試吃比較喔！

1.駅二市場內的地標——烏賊 / 2.どんぶり横丁市場有
不少美食店家 / 3.新鮮食材讓大家忍不住大快朵頤 / 4.
很多人攜家帶眷來逛朝市 / 5.無論新鮮食材或乾貨都買
的到

玩家分享　烏賊現釣現吃體驗

　　在「えきに」(駅二)市場有個很特
別的現釣現吃「イカ」(烏賊)的體驗，拿起釣
竿將釣鈎放進池子裡，當順利勾到烏賊時，請
一口氣拉起來，離開水面時要小心牠會吐水做
「垂死掙扎」，然後將烏賊交給工作人員在旁
邊切，就可以拿到休息區品嘗，可搭配店家
準備的醬油和生薑一起吃，生吃烏賊的口感相
當新鮮滑溜，對味覺和旅行是很享受、有趣的
經驗。

sightseeing

函館市熱帶植物園

看野生猴子自在泡湯趣

http www.hako-eco.com | ✉ 函館市湯川町3-1-15 | ☎ 0138-57-7833 | ◷ 4～10月09:30～18:00、11～3月09:30～16:30 | 休 12月29日～1月1日 | $ 高中生(含)以上￥300、中小學生￥100 | ➡ 搭乘函館路面電車到「湯の川駅」，下車後徒步15分到達、搭函館バス在「熱帶植物園前」下車即到 | MAP P.283 / H2

以往想看猴子泡溫泉得要跑到長野的野猿公苑，但由於路程較遙遠且從停車場要走30分才能到，雖可看到野生猴子隨意走動，但也有不少人考量到交通不便而放棄，但現在冬天到函館也能看到猴子泡溫泉的畫面，加上離函館市區近且門票便宜，相當值得可以來看看，看著猴子們泡溫泉的舒服樣，應該也有人想跟牠們一樣泡在溫泉裡吧？

1.熱帶植物園外觀 / 2,3.在這可看到猴子泡溫泉 / 4.主建築裡有不少熱帶植物可看

restaurant

預算¥1,700

きくよ食堂

豐富海鮮巴丼，炭火料理好味道

✉ 函館市若松町11-15 | ☎ 0138-22-3732 | ◷ 5月初～11月底05:00～14:00、12月初～4月底06:00～13:00 | 休 1月1日 | http hakodate-kikuyo.com | MAP P.283 / F1

能在函館朝市這競爭激烈的戰場中，存活經營超過60年，不是件容易的事，而「きくよ(Ki-ku-yo)食堂」就是其中之一。目前在函館有朝市、ベイエリア(港灣區)兩家分店，此外在新千歲空港也可以吃到。用新鮮食材製作的海鮮丼是當然的招牌，不過使用炭火烹煮料理與炊飯也是店家的堅持，最推薦的就是將うに(海膽)、いくら(鮭魚卵)、ほたて(干貝)集於一碗的「巴丼」，看起來晶瑩剔透的食材讓人想大快朵頤，請別客氣地來一碗吧！此外，部分餐點還有「ミニ」(迷你)版的可選擇，適合食量小或想多嘗試幾樣的人喔！

1.店家外觀 / 2.有迷你碗適合食量不大的人 / 3.新鮮巴丼是店家推薦餐點

預算¥500

restaurant
ラッキーピエロ
函館特有的小丑漢堡

http luckypierrot.jp｜✉函館市末広町23-18｜☎0138-26-2099｜🕐週一～五及週日10:00～00:30、週六10:00～01:30｜休無休｜MAP P.282 / A5

「函館限定」是不少人對「ラッキーピエロ」(小丑漢堡)的印象，17家分店各有著不同主題的裝潢。最推薦餐點就是「チャイニーズチキンバーガー」(中華風炸雞堡)，麵包夾著外酥內嫩的糖醋醬炸雞肉，酸酸甜甜的口感讓人忍不住想要再來一個；再不然就是來份噱頭十足、超高尺寸的「函館山ハンバーガー」漢堡，出餐時還會聽到店員手搖鈴的聲音，看看這高聳的樣子，還真讓人不知道該怎麼下手吃它才好，記得來吃函館才有的在地美食喔！

1.色彩繽紛的店家招牌 / 2.喜歡甜食的不妨來杯奶昔 / 3.超高尺寸的函館山ハンバーガー / 4.每家店都有不同的特色裝潢

預算¥1,200

restaurant
ペイストリースナッフルス
柔軟綿密的名品洋菓子

http www.snaffles.jp｜✉函館市若松町12-13(JR函館駅內)｜☎0138-83-5015｜🕐08:00～20:00｜休無休｜MAP P.283 / F1

從函館發跡的「ペイストリー　スナッフルス」(PASTRY SNAFFLE'S)是一家洋菓子名店，走在函館的街頭，總是能看到來往行人手上提著這個品牌的袋子。這裡的招牌甜點是「キャッチケーキ」(Catchcakes)，主要有チーズオムレット(起司)、蒸し焼きショコラ(巧克力)、メイプルオムレット(楓糖)等3種口味，半熟乳酪蛋糕吃起來相當柔軟且綿

密，一入口就會馬上化開，香氣就這麼從鼻息飄散出來，即使不愛吃甜食的人也推薦來嘗試，真的好好吃！

1.位於金森倉庫的專櫃 / 2.起司蛋糕既有名又好吃

restaurant
プティメルヴィーユ
在地牛奶製作的濃純香起司蛋糕

http www.petite-merveille.jp | ✉ 函館市末広町10-18
| ☎ 0138-26-7755 | ◷ 09:30～19:00 | 休 週四 |
MAP P.282 / B6

三小a最喜歡的北海道一口起司蛋糕始祖「プティメルヴィーユ」(Petite-Merveille)，其中「メルチーズ」(Mel Cheese)是店家的招牌產品，使用大沼山川牧場的牛奶，以及來自歐洲的起司，口感不完全是起司蛋糕，底部還有薄薄的蛋糕體，在口中慢慢融化的感覺，讓人忍不住想多來一個，有「プレーン」(原味)、「生キャラメル」(牛奶糖)、

「パンプキン」(南瓜)3種口味，此外「カボチャプリン」(南瓜布丁)也很棒喔！

1.起司蛋糕主要有3種口味 / **2.**店內還有販賣多樣糕點食品 / **3.**有機會試試其他商品也不錯

restaurant
六花亭
北海道知名伴手禮

http www.rokkatei.co.jp | ✉ 函館市五稜郭町27-6
| ☎ 0120-12-6666 | ◷ 賣店09:30～17:30、喫茶室
10:00～16:00(L.O.15:30) | 休 無休

北海道幾家知名甜點伴手禮中，六花亭應該是不少人的候選名單，以往要在札幌才能享受的甜點，現在在函館就可以買到。位於五稜郭公園旁的直營店，店內還有提供喫茶室的服務，餐點最主要是輕食及甜點，三小a推薦好吃的「雪やんこまじりっけなし」霜淇淋，至於甜點當然就是超人氣的「マルセイバターサンド」(奶油葡萄夾心)、「いつか来た道」(千層脆酥)，有喝酒的人，也可購買三小a大推的「六花のつゆ」(酒糖)。來這邊請一定要小心荷包受傷啊！

1.用五種酒當夾心的酒糖 / **2.**櫃檯後方窗景就是五稜郭公園 / **3.**六花亭在函館的直營店 / **4.**店內商品種類相當齊全

預算¥800

restaurant
五島軒本店
百年咖哩飯老店，選擇多樣化

http www.gotoken.hakodate.jp | ✉ 函館市末広町4-5 | ☎ 0138-23-1106 | ⏱ 午餐11:30〜14:30(L.O.)，晚餐17:00〜20:00(L.O.) | 休 週二 | MAP P.282／D3

說五島軒是跟著函館一起成長的老店，應該也不為過，畢竟它們一起走了超過130年的歲月。咖哩飯從初代料理長時代就開始販售，而後衍伸出有不同辣度及食材的咖哩飯，有：「リッチ鴨カレー」(鴨肉、甜味)、「海の幸」(干貝跟蝦、中辣)、「イギリス風」(英國風、牛肉中辣)、「フランス風」(法國風、牛肉甜味)、「インド」(印度風、雞肉小辣)等數種價格實惠的選擇。

看起來相當有年代的建築物外觀，搭配加深懷舊氣氛的裝潢，附贈的小菜也很不錯，和咖哩飯一起吃相當合拍。不喜歡吃咖哩的人，這裡也有「ハンバーグステーキ」(漢堡排)可以點；喜歡吃辣的人，不妨加一點桌上的「カラムマサラ」醬汁，雖然不是辣度很強的味道，但對於不少人應該是難得吃到的口味。如果覺得內用吃不夠過癮，另有不同風味的調理包可以帶回家，也相當推薦。

知識充電站 什麼是「カラムマサラ」？

這是一種印度及南亞常見的調味料，原名為「Garam Masala」，由多種辛香料混合而成，常見的材料有荳蔻、孜然、肉桂、花椒、丁香、黑胡椒及白胡椒等，將這些材料碾碎成粉狀並混合，味道較偏辣，不吃辣的人請謹慎使用。

1.隔壁的雪河亭也是五島軒旗下餐廳／2.五島軒店外觀／3.咖哩醬汁有著濃濃香氣／4.搭配小菜是免費的／5.店內也有生產料理包／6.有機會也來試試漢堡排吧

函館麺や 一文字

restaurant

預算¥800

高人氣清爽味噌拉麵

🌐www.ichi-monji.com | ✉函館市湯川町2-1-3 | 📞0138-57-8934 | 🕐11:00～00:00(L.O.23:30) | 🈺週三

函館眾多拉麵店中，一文字是名氣較大的店家，若晚上10點還看到店外有人在排隊，也不需要太意外。使用自家製麵條，湯頭以雞肉跟昆布熬煮而成，雖是賣「塩らーめん」(鹽味拉麵)起家，但人氣最高的卻是「みそらーめん」(味噌拉麵)，濃厚湯頭喝起來意外清爽，天冷時更有保暖效果；吃辣的朋友，三小a推薦「つけめん」(沾麵)，不僅麵條更Q彈，也更加有分量及飽足感喔！

1.店家外觀 / **2.**拉麵是店家招牌餐點 / **3.**帶辣味的沾麵是三小a最愛

滋養軒

restaurant

預算¥500

老店鹽味拉麵，搭配鮮甜高湯

✉函館市松風町7-12 | 📞0138-22-2433 | 🕐11:30～14:00 | 🈺週二、三 | 🗺P.283 / F1

滋養軒是創業70年的函館「塩ラーメン」(鹽味拉麵)老店，這裡使用每天自製、加了雞蛋的麵條，吃起來口感滿Q彈的，而湯頭是使用豬骨、雞骨熬燉出來，看起來清澈、喝起來帶點鮮甜，和細麵條搭配的感覺相當契合，此外叉燒跟筍乾的味道也很不錯，難怪是店家的招牌餐點，再來份帶點焦香味的餃子也不錯，推薦各位來試試。

但提醒大家注意，「滋養軒」為了保持新鮮品質，如果麵條售完，當天就會提早打烊，建議中午一開始營業時，就來品嘗好味道囉！

1.店家外觀 / **2.**帶點焦香味的好吃餃子 / **3.**清爽湯頭加Q彈麵條真的很棒

奥芝商店 函館本店 道南でSHOW

restaurant

預算¥1,500

北海道湯咖哩專賣店

✉函館市梁川町7-15 │ ☎0138-83-1017 │ 🕐11:00～15:00(L.O.14:30)、17:00～20:00(L.O.) │ 休無休

在很多「北海道スープカレー」(湯咖哩)名店中，奥芝商店應該是榜上有名，三小a較推薦來本店用餐。這裡空間滿寬敞、無壓迫感，餐點選擇也豐富，無論哪種口味都很好吃，湯頭跟辣度都可以自由調整；因應顧客的不同喜好，還有牛、雞、豬、海鮮等選擇，建議來份「やわらかチキンカレー」(柔嫩雞肉咖哩)，如同名稱、有著柔嫩口感，將雞腿輕輕一撥就能骨肉分離，湯頭鹹度恰到好處，建議加辣會更過癮，將湯汁拌飯來吃還能再多吃一碗呢！

奥芝商店的客製化餐點

 Step 1 選擇要哪種食材，有的是當季或數量限定，真讓人難以抉擇。

 Step 2 選擇湯頭口味，部分特別湯頭需要另外收費，要注意！

 Step 3 選擇辣度，總共分成5階段、12種辣度，第六種開始要另外收費。

 Step 4 主食是米飯，有免費白米或加價16穀米，依照飯量也有不同計費，如果要再來一碗，不管哪種都只加¥100。

 Step 5 如果覺得食材不夠，還能從21種食材裡再追加喔！

Step 6 點湯咖哩就可以從7種食材裡再贈送一種食材。

1.店家外觀 / 2.用許多新鮮美味食材製作的湯咖哩 / 3.雞腿咖哩的肉煮的軟爛且好吃 / 4.內用座位不多 / 5.店家限定的扭蛋機

どんぶり横丁市場

尋找美味海鮮寶藏

http donburiyokocho.com | ✉ 函館市若松町9-15 | ☎
0138-22-6034 | ⏰ 休 各店不同，請參閱官網 | MAP
P.283 / F1

　　既然介紹函館朝市，就一定要提到其中的「どんぶり横丁市場」，因為這裡也是不少旅人會來挖寶的地方，但有些不同的是，找到的寶可是要立即滿足食客的胃。將近20家店讓人選擇困難，在這邊三小a推薦兩家店，分別是彌生水　直營店家「朝市食堂函館ぶっかけ」，不只是食材都很新鮮，還有嚴格的挑選標準；以及另一家「馬子とやすべ」，這裡的招牌五色丼可以讓顧客同時享受到好幾種海之美味，以上兩家店都是不錯的選擇。

1、2.馬子とやすべ店外觀與店內 / 3.あけぼの食堂外觀 / 4.這條美食街還有許多好吃的選擇 / 5.馬子とやすべ的招牌五色丼

restaurant
らーめんまいど
在熱情店長招待下享受拉麵美味

預算¥900

✉函館市湯川町1-26-34 | ☎0138-85-8870 | 🕐11:30
～15:00、17:00～售完為止 | 休週二

這間位於函館路面電車站附近的拉麵店
並不是知名拉麵連鎖店，加上不顯眼的外
觀，因此很容易就會錯過它，塩らーめん是
推薦餐點，炒飯其實也很好吃，店家魅力要
等進到室內時才會被發現，店內有不少是熟
門熟路的常客，而店長也相當熱情，餐點味
道也很不錯，請特別注意店內並不禁煙。

1.店家外觀／2.炒飯也是相當推薦的餐點／3.塩らーめん
吃起來相當不錯

restaurant
ホットボックス
(HOTBOX)
現點現做美式風格漢堡

預算¥1,500

✉函館市松風町3-11 | ☎0138-22-2772 | 🕐11:30
～14:30(L.O.)、18:00～19:30(L.O.) | 休週三
| MAP P.283／G2

店家外觀看起來相當特別，不過店內座
位並沒有很多，因此想來可得找對時間，店
內販賣漢堡使用的牛肉是函館北斗當地「お
ぐに牧場」所飼養的和牛，比較多是當地人
來消費，但有時也會有外國人來吃，現點現
做且採美式風格的製作料理方式相當誘人，
即使搭配炸薯條等高熱量食物，大口大口咬
下相當過癮。

1.店家外觀／2.內部座位不多但很有風格／3.分量充足的
漢堡相當誘人

restaurant

宏楽園

新鮮牛肉燒烤的美味料理

✉函館市大手町12-1 | ☎0138-26-4129 | ◷17:00
～21:30(L.O.21:00) | 休週二 | MAP P.283 / F2

誰說到函館就只能吃海鮮？這是一家肉
店在經營的燒肉店，因此這邊提供的牛肉大
多是日本國產A4、A5等級，光想到就讓人
流口水，且距離函館　不遠，喜歡吃國產牛
燒肉的不妨可以來這邊試試看，另外不吃牛
肉在這邊也有其他種類的肉可以點，不用擔
心不吃牛的來這邊就沒辦法用餐。

1.店家外觀 / 2.價格相當不錯的日本和牛燒肉

restaurant

回転寿司根室花まる

食材新鮮價格親民的回轉壽司

✉函館市若松町20-1(キラリス函館B1F) | ☎0138-24-
0870 | ◷11:00～22:00(L.O.21:45) | 休不定休 |
MAP P.283 / F1

看著函館朝市的美食卻不知道從何選
擇？那就從回轉壽司開始吃起如何？從北海
道根室起家的根室花まる是一家連鎖回轉壽
司，使用新鮮食材且價格親民則是它的優
勢，尤其就在函館駅對面建築物的地下室，
有中日文對照菜單讓人點餐無障礙，看起來
很澎湃的花咲ガに鉄砲汁(花蟹味噌湯)也是
相當受歡迎的餐點，想吃什麼別客氣，就豪
邁點下去吧！

1.店家外觀 / 2.花蟹味噌湯喝起來相當鮮美 / 3.座位相
當多但建議坐在吧台旁 / 4.眾多新鮮食材讓人難以抉擇

大沼公園

大沼公園 的交通方式

　　大沼公園位於函館市北邊，從函館出發，搭乘JR函館本線50分鐘就能到達。該處是由駒ヶ岳噴發所形成的湖泊，擁有豐富自然景觀，是函館近郊人氣相當高的觀光景點。

大沼国定公園

散步騎車，欣賞湖光山色美景

http www.onuma-guide.com | ➡ 搭乘JR函館本線在「JR大沼公園駅」下車徒步5分鐘 | **MAP** P.283

大沼国定公園是開放式、免費自由進出的景點，可以選擇搭船遊湖，或是選擇以徒步的方式參觀。公園裡的大沼湖、小沼湖有超過100個大小島嶼，可以在此散步休閒、欣賞美麗的自然景觀，或是也可以騎腳踏車環大沼湖一周，約14公里大概只要90分鐘就能完成，途中看到漂亮的風景還能隨時停下來拍照，但因冬季積雪，只有4月下旬～11月下旬可以租借腳踏車環湖，無論是1個人、情侶或家族都相當適合，不過騎車請記得小心安全。

1.同時欣賞大沼跟駒ヶ岳的絕景 / 2.有著漂亮風景的大沼國定公園 / 3、4這裡提供腳踏車租借及餐飲服務

大沼公園散步路線、導覽APP

　　大沼公園內依據不同景色，分成4條時間不等的散步路線，前3條都是從公園廣場出發，只有最後一條是從JR大沼公園駅出發。此外可下載「大沼導覽APP」，方便查看公園的節慶活動、景點設施、參觀路線等資訊。

■**大島の路：**單純在東大島跟西大島繞一圈，是最短的散步道，可使用輪椅跟嬰兒車，需時約15分鐘。

■**森の小徑：**沿著大沼湖畔的森林小徑行，是可以一邊散步、一邊觀察野鳥的路線，無法使用輪椅跟嬰兒車，需時約20分鐘。

■**島巡りの路：**這是4條步道中最長的一條，繞著外圍小島走一圈，可看到最漂亮的駒ヶ岳，無法使用輪椅跟嬰兒車，需時約50分鐘。

■**夕日の小沼道：**相較前3條步道，這條路線人較少，主要欣賞傍晚黃昏美景，充滿寧靜的自然空間會讓人放鬆不少，需時約25分鐘。

行程規畫、租借腳踏車

　　走出JR大沼公園駅右邊就是觀光案內所，有相當多的旅遊參考資料可索取，或是可以在此暫時寄放行李，這邊也有一個免費休息空間，想計畫行程後再出發也沒問題。

大沼国定公園観光案内所 🕐09:00〜17:00 💲
寄放行李每件￥300 MAP P.283／F6

フレンドリーベア(腳踏車租借) 🕐4月下旬〜11月下旬09:00〜17:00 MAP P.283／F6

ポロト館 🕐4月下旬〜11月下旬09:00〜16:00 MAP P.283／G6

restaurant
谷口菓子舖
分量十足的糯米糰子老店

預算¥350

⊠ 亀田郡七飯町字大沼町312 ｜ ☎ 0138-67-2026 ｜
🕐 08:00〜19:00、冬季08:30〜18:30 ｜ 🈺 週三
｜ **MAP** P.283 / F6

創業於昭和18年(1943年)的谷口菓子舖是大沼公園旁的和菓子老店，外觀看起來相當低調且距離大沼公園還有一小段路，因此很容易不小心就忽略掉它，店主講求製作時不放任何添加物，這裡主要也只賣兩種商品，一種是紅豆醬油與芝麻醬油包裝的二色糰子，一種是有紅豆、芝麻、醬油3種味道的包裝，無論是哪種口味吃起來都不錯，口感也非常扎實，有機會到訪大沼公園不如試試看。

1.店內櫃檯 / **2.**有3種口味合在一起的包裝 / **3.**商品包裝外觀 / **4.**店家外觀

---

restaurant
プリンスパン工房
使用道產小麥製作的美味

預算¥500

⊠ 亀田郡七飯町西大沼温泉 ｜ ☎ 0138-67-1115 ｜
🕐 11:00〜15:00 ｜ 🈺 週三

從歡函館大沼プリンスホテル徒步3分鐘就能到達プリンスパン工房，這個麵包工房所有製品都是使用北海道產小麥來製作，而這裡所製作的麵包不僅提供給飯店早餐使用，同時也賣給一般客人，熱門程度可不輸人氣甜點店，尤其招牌「塩パン」更是搶手，咀嚼起來充滿著麵包香氣，由於每天只營業4個小時，晚來可是會買不到喔！

1.賣店外觀 / **2.**鹽麵包是招牌商品 / **3.**工作人員服務相當體貼 / **4.**店內還有賣函館著名的咖啡品牌商品

預算¥1,500

restaurant

ランバーハウス

在地大沼牛的美味牛排

✉ 亀田郡七飯町字軍川19-32 | ☎ 0138-67-3873 |
🕐 11:00～14:30、17:00～19:30 | 休 每週一，如遇假
日則隔日休

這裡是很多人來大沼公園時，會想來用餐的知名牛排店，雖然位在馬路邊，不過小木屋的外觀看起來並不顯眼，但進出的饗客不少，靠近時就能聞到濃濃的肉香味。可選擇在室內或陽台區用餐，以當地產的大沼牛為主要食材，店內提供的「ステーキ」(牛排)部位不少，サーロイン(沙朗)、モモ(後腿肉)、ハンバーグ(漢堡排)都滿推薦的，建議點セット(套餐)，加¥500就可以多パン(麵包)或ライス(白飯)二選一，還有飲料跟沙拉，內容相當豐富。

1.店家外觀 / 2.炒麵味道相當不錯 / 3.肉如果不夠熟還有加熱區能用 / 4.套餐可以選擇飯(或麵包)，還有沙拉以及飲料

預算¥300

restaurant

山川牧場 ミルクプラント

品嘗新鮮濃醇的乳製品

🌐 yamakawabokujyo.com | ✉ 亀田郡七飯町字大沼
町628 | ☎ 0138-67-2114 | 🕐 4～10月09:00～17:00
、11～3月10:00～16:00 | 休 1月1～3日、11～3月
每週四，如遇假日則隔日休，4～10月無休

喜歡乳製品跟牛奶的人，來到函館請不要錯過品嘗山川牧場的產品，無論是特濃牛奶、「ソフトクリーム」(霜淇淋)、「ヨーグルト」(優酪乳)等都相當推薦，特別是濃醇的「ミルクシェーク」(奶昔)更是不能錯過。從JR大沼公園駅騎腳踏車15分鐘的直營店，總有不少人會來吃點心休息，騎車感覺有些遠，但仍很推薦前來，賣店旁還設有育成與榨乳牛舍，雖然無法入內參觀，但仍可以看到牧場部分作業過程。

1.賣店外觀 / 2.榨牛奶的牛舍 / 3.牧場招牌商品就是新鮮的乳製品

函館市

hotel

ホテルグローバル ビュー函館

無論個人或家族都很適合

🌐 www.rio-hotels.co.jp/hakodate ｜ ✉函館市大森町 25番3号 ｜ ☎0138-23-8585 ｜ 🕐入住15:00、退房 10:00 ｜ 🗺 P.283 / G2

　　這裡是我以往來函館市時多數選擇的落腳處，從函館　搭乘路面電車到最近的松風町只有一站的距離，飯店主要是由メインタワー跟プレミアムタワー兩棟建築組成，前者主要是提供給單人住宿、後者則是提供2～5人住宿，且部分房型還有提供簡易廚房能讓住客烹調，另外館內還有溫泉浴場，晚上回來泡個澡很舒服呢！

　　這間飯店雖然距離函館　及朝市有段距離，但其實周邊生活環境不錯，有便利商店、藥妝店、路面電車站及速食店，即使晚上肚子餓想吃宵夜也沒問題，另外飯店提供的早餐也相當中規中矩，餐點內容主要是以

西式為主，讓你每天吃飽再出門跑景點絕對沒問題，很推薦大家到函館時來住住看。

亀田郡

hotel

函館大沼プリンス ホテル

住在森林公園、享受窗前美景

http www.princehotels.co.jp｜✉亀田郡七飯町西大沼溫泉｜☎0138-67-1111｜🕐入住15:00、退房12:00｜➡搭免費或付費巴士前往，詳細班次請參閱官網；**1.**從JR大沼公園駅每天往返共有超過16班(免費)；**2.**從JR新函館北斗駅每天往返共有超過20班(付費)；**3.**從函館空港每天往返共有6班(付費)

建築像隻張開雙翅的白鳥般坐落於大沼国定公園內，在原本就很安靜的樹林裡變的更加神祕，每個房間都能看到漂亮景色，運氣好的話還能看到駒ヶ岳，無論是誰在這樣的氛圍中，都會想放慢旅遊的腳步，細細體會如此的祕境，不如騎著腳踏車前往大沼公園漫遊，或在飯店旁的森林裡散步享受芬多精，飯店也有付費型體驗活動可參加(可中文諮詢)，是很豐富的享受。

飯店內的大浴場「森のゆ」，露天風呂彷彿像被森林包圍著，放眼望去各處都很美麗，據說雪景是它最漂亮的一面，請親身來體驗看看吧！

前往與抵達

旅遊簽證

　　目前台灣護照的持有人，前往日本不需要申請簽證，每次最長可停留90日，包含觀光、探親或商務等都適用免簽制度，但若是就學、工作或度假打工等，則須事先申請專屬簽證，請特別注意！

入出境卡、攜帶品申告書

　　入境日本，需要填寫繳交：**1.**「外國人入境記錄」(每人1張)；**2.**「攜帶品申告書」(同行家人可共用)。通常空服員會於飛機上發放，建議飛機降落前先填寫，以節省通關的時間。以上兩種表格都有中文版本，在填寫上可省去不少困擾。

入境表格正面

外国人入国記録 DISEMBARKATION CARD FOR FOREIGNER 外國人入國記錄 [ARRIVAL]
英語又は日本語で記載して下さい。Enter information in either English or Japanese. 請用英文或日文填寫。

氏 名 Name 姓名	Family Name 姓(英文) **姓 (護照的英文拼音)**		Given Names 名(英文) **名 (護照的英文拼音)**
生 年 月 日 Date of Birth 出生日期	Day 日 Month 月 Year 年 **出生年月日**	現 住 所 Home Address 現住址	国名 Country name 國家名 　都市名 City name 城市名 **居住所在地城市**
渡 航 目 的 Purpose of visit 入境目的	□観光 Tourism　□商用 Business □その他 Others 其他目的 **到訪日本目的 (　　　　　)**	□親族訪問 Visiting relatives 探親	航空機便名・船名 Last flight No./Vessel 抵達航班號 **入境日本航班號碼** 日本滞在予定期間 Intended length of stay in Japan 預定停留期間 **在日本停留天數(填寫出境日期也可)**
日本の連絡先 Intended address in Japan 在日本的聯絡處	**日本居住飯店名稱、地址、電話，如果住朋友家，也請照實填寫**		TEL 電話號碼

填寫內容很重要，請不要填寫錯誤以免產生誤會

1. 日本での退去強制歴・上陸拒否歴の有無
Any history of receiving a deportation order or refusal of entry into Japan
在日本有無被強制遣返和拒絕入境的經歷　□はい Yes 有　□いいえ No 無

2. 有罪判決の有無（日本での判決に限らない）
Any history of being convicted of a crime (not only in Japan)
有無被判決有罪的記錄（不僅限於日本的判決）　□はい Yes 有　□いいえ No 無

3. 規制薬物・銃砲・刀剣類・火薬類の所持
Possession of controlled substances, guns, bladed weapons, or gunpowder
持有違禁藥物、槍炮、刀劍類、火藥類　□はい Yes 有　□いいえ No 無

以上の記載内容は事実と相違ありません。I hereby declare that the statement given above is true and accurate. 以上填寫內容屬實、絕無虛假。

署名 Signature 簽名　**確認填寫內容無誤後簽名**

入境表格背面

以下為正面勾選問答的詳細翻譯解說

HTTT 0283990 61

【質問事項】 [Questions] 【提問事項】

1. あなたは、日本から退去強制されたこと、出国命令により出国したこと、又は、日本への上陸を拒否されたことがありますか？
Have you ever been deported from Japan, have you ever departed from Japan under a departure order, or have you ever been denied entry to Japan?
您是否曾經有過被日本國強制性的遣送離境、被命令出國、或者被拒絕入境之事？

2. あなたは、日本国又は日本国以外の国において、刑事事件で有罪判決を受けたことがありますか？
Have you ever been found guilty in a criminal case in Japan or in another country?
您以前在日本或其他國家是否有過觸犯刑法並被判處有罪的經歷？

3. あなたは、現在、麻薬、大麻、あへん若しくは覚せい剤等の規制薬物又は銃砲、刀剣類若しくは火薬類を所持していますか？
Do you presently have in your possession narcotics, marijuana, opium, stimulants, or other controlled substance, swords, explosives or other such items?
您現在是否攜有麻藥、大麻、鴉片及興奮劑等限制藥物或槍枝、刀劍及火藥類？

KA6HTTT028399061

海關證照查驗

日本海關對年滿16歲的外國旅客，於入境審查時，實施指紋採集和臉部攝影的手續，請務必要配合，否則審查官有權利不同意入境。在證照查驗處辦理通關手續時，請勿使用手機通話或攝影。若通關時有任何問題，日本的國際機場大多有中文即時口譯服務，盡量勿用不熟悉的語言對話，以免造成誤會。護照查驗後會貼「上陸許可」貼紙，對旅人來說是很重要的身分證明，購買許多優惠票券會需要出示。

攜帶品申告書正面

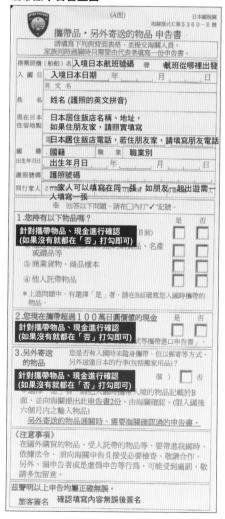

線上入境申請

從新冠疫情之後開始，入境日本除了手寫入境申請單及稅關表單，還多了個新選擇，就是在「Visit Japan Web」線上填寫並取得許可QR碼，不僅省下填寫時間，以後再次申請線上入境時，不少資料能直接沿用，不需要全部重新填寫。在幾個流量較大的機場，稅關也設有自助通關機器，只要憑QR碼、護照及人臉拍照就能通關，不用排隊走人工櫃檯，是相當方便的政策。

建議最晚在入境日本4小時前，完成線上申請。

辦理旅遊保險

出門在外總有可能會發生意外，日本醫療費用相當高，雖然現在買機票或支付團費，多有贈送旅遊平安險，但建議出國前至少再多買一份相關保險，較不會有後顧之憂。

緊急聯絡電話

台灣的外交部設置有「旅外國人急難救助服務專線」，在觀光旅遊、求學工作期間發生重大急難需要協助時，能直接跟外交部尋求協助，建議出發前先儲存在手機或抄寫放在身上備用。以下專線電話可直接使用公共電話免費撥打，但如非必要請勿任意撥打。

旅外國人急難救助服務專線：
📞 001-010-800-0885-0885
📞 0033-010-800-0885-0885

消費購物

兌換日幣

日本貨幣單位為「円」，表現符號為「￥」，分成1円、5円、10円、50円、100円、500円等硬幣，還有1,000円、2,000円、5,000円及10,000円等紙鈔，建議出發前先到銀行兌換。此外，建議向發卡銀行申請金融卡的海外提款功能，若臨時需要現金，其手續費遠低於信用卡預借現金等方式，可當成備用、以防萬一。

小費

在日本無論餐廳用餐、搭交通工具或飯店住房等，服務費用都已經包含在標價中，因此都不用再另外給小費。

消費稅、退稅規定

日本消費稅已調高為8%，購物時請特別要確認標價是否含稅，如果沒有的話就得再另加8%消費稅。依照目前規定，在可退稅的店家購物滿￥5,400可辦理退稅，但在百貨公司辦理退稅時，有可能會扣除1.1%手續費，相關規定建議於購物前向服務人員再確認。

日常生活資訊

時差

日本比台灣快1小時，記得要調整手錶，以免時間錯亂、延誤行程。

電壓

日本的電壓是100V／50HZ，而台灣是110V／60HZ，多數都跟台灣使用一樣的雙平腳插頭，極少使用220V的三角插頭。

置物櫃

日本較大的車站都有置物櫃，通常會有大型(29吋以下)、中型(20吋以下)、小型(手提物品)等3種尺寸，以「コインロッカー」指

標來找置物櫃位置，或是直接詢問車站或觀光服務台，但如果飯店距離車站不遠，建議先拿去飯店寄放，以免找不到置物櫃，也可省下時間。

コインロッカー はどこですか？
請問哪裡有置物櫃 (Coin Locker)？

日本常態性假日

通常日本人會在三連休時出遊，特別是每年5月第一週的GW(Gold Week)黃金週，日本會有將近7天連假，日本國內的觀光景點會人潮增加，住宿價格也會飆漲，對外國遊客的旅遊品質和預算亦有不小的影響，建議安排行程時，盡量避開這些時間，能降低部分費用的支出。

撥打國際電話

如果要使用手機的國際通話功能，建議出國前跟電信業者確認是否有開通相關服務，但請謹慎使用，畢竟無論撥打或接聽電話都得支付國際電話費，其漫遊費用昂貴，到時傷心的可是荷包，強烈建議可利用網路通訊軟體，如LINE或Messenger的通話功能聯繫，就能節省通話費用。

用手機打回台灣

先按+，加國碼886，加區域碼(去0)，再加電話號碼就可以打回台灣，如果要撥台灣手機也是一樣的方式。例：+886-2-28360755 或 +886-912-345678

用公共電話撥打

一般日本路上看到綠色機體的公共電話機，除非有特別註記可撥打國際電話，否則一般只能撥打日本國內的電話。要先投入￥100，再按001-010，加國碼886，加區域碼(去0)，再加電話號碼就可以打回台灣，不過現在路上已經較少看到公共電話，較多人以網路通訊軟體聯絡。

節日	日期	說明
元日	1月1日	每年的第一天無論哪一國都是放假日
成人の日	1月第二個週一	各地會替剛滿20歲的男女舉辦成人式
建國記念日	2月11日	日本建國紀念日
春分の日	3月20日	歌頌自然及憐愛生物
昭和の日	4月29日	昭和天皇的誕辰
憲法記念日	5月3日	日本實施憲法之日
みどりの日	5月4日	感謝大自然，很多公園都無料進場
こどもの日	5月5日	兒童節，能看到飄揚在風中的鯉魚旗
海の日	7月第三個週一	日本以海立國，向海祈求一切順利
敬老の日	9月第三個週一	敬老節
秋分の日	每年都不固定	緬懷祖先，秋季祭祖的日子
体育の日	10月第二個週一	體育節，鼓勵人們去追求健康身心
文化の日	11月3日	紀念對文化有貢獻的人，不少設施這天免費
勤勞感謝日	11月12日	勞工節，感謝勞工辛勤工作
天皇誕生日	12月23日	現任天皇明仁陛下誕生日

上網方式

「行動上網」是現代生活的重要必需品，如果是多人同行，上網分享器會是最佳選擇，可大家同時使用，分攤費用也更便宜，使用通訊軟體聯絡，也可節省國際電話費，雖然有上網SIM卡的強打猛攻，但仍有不少人習慣使用。上網分享器除了要收訊好之外，電力持久也是重點之一，每家廠商各有不同優惠方案，建議多比較後再申請租借，目前現行網路分享器業者多，且價格高低差別不少，或許便宜的價格讓你省下不少錢，但畢竟羊毛出在羊身上，如果碰到信號不佳的話，真的會讓人不開心。

以價格來說，使用上網SIM卡應該是最便宜的，但這種SIM卡只能上網、無法打電話，適合1～2人旅行使用，是這兩年不少人到日本旅行時的選擇。此外，台灣電信業者的國際漫遊上網，雖然直接使用很方便，但價格也是最高的，另有不同的套裝專案(需要先申請)，可衡量自身需求情況後再提出，但建議出國前要做決定，以免跨海申請要付出不少通話費用。

上網SIM卡(圖片提供／EZ Nippon日本通)

上網分享器

氣候與穿著

日本東北地區四季相當分明，除了夏天之外，其他季節都建議攜帶衣物備用，冬季車上和室內幾乎都會開暖氣，不需要為了保暖而穿帶過多衣物，把握洋蔥式的層層穿法，以方便穿脫為原則，帶件保暖防水的厚外套即可，還有記得準備保濕用品，以免因天候而引起皮膚不適。

各地區平均氣溫表 資料來源：日本國土交通省氣象廳

地區	均溫	1月	2月	3月	4月	5月	6月	7月	8月	9月	10月	11月	12月
台北	高	19.1	19.6	22.1	25.7	29.2	32.0	34.3	33.8	31.1	27.5	24.2	20.7
	低	13.9	14.2	15.8	19.0	22.3	24.6	26.3	26.1	24.8	22.3	19.3	15.6
青森	高	1.5	2.1	5.9	13.1	18.5	21.5	25.2	27.6	23.7	17.7	20.7	4.5
	低	-4.3	-4.3	-1.8	3.2	8.3	13.2	17.6	19.3	14.6	7.8	2.4	-1.6
宮城	高	5.2	5.5	8.8	14.8	19.5	22.0	25.7	27.9	24.1	19.1	13.4	8.3
	低	-2.0	-1.8	0.5	5.7	10.8	15.3	19.3	21.2	17.2	10.8	4.9	0.6
岩手	高	1.7	2.5	6.7	14.2	19.8	23.2	26.5	28.1	23.2	17.4	10.6	4.5
	低	-5.9	-5.7	-2.6	2.8	8.0	13.7	17.9	19.2	14.2	6.7	1.2	-2.7
秋田	高	2.7	3.1	6.9	13.6	18.5	22.8	26.4	28.6	24.2	18.2	11.6	5.8
	低	-2.7	-2.7	-0.5	4.8	9.9	15.1	19.4	20.9	16.9	9.3	3.7	-0.2
福島	高	5.4	6	9.8	17.1	22.4	24.8	18.3	30.2	25.2	19.8	14.0	8.6
	低	-2.1	-1.9	0.5	5.9	11.2	15.9	19.9	21.5	17.2	10.6	4.5	0.3
山形	高	3	3.5	7.9	15.9	21.8	25.0	28.4	30.2	24.8	18.6	12.0	6.2
	低	-3.6	-3.7	-1.1	4.2	9.7	15.0	19.1	20.3	15.7	8.7	2.9	-1.0
函館	高	0.4	1.1	4.9	11.5	16.4	19.6	23.4	25.5	22.3	16.6	9.4	3.3
	低	-6.8	-6.5	-3.1	2.2	7.0	11.7	16.3	18.2	13.7	6.7	0.9	-3.8
日光	高	-0.4	-0.4	3.2	9.8	14.7	17.4	21.3	22.4	18.2	13.1	8.1	2.9
	低	-8.1	-8.2	-5.4	0.0	4.7	10.0	14.1	15.1	11.4	4.8	-0.3	-5.1

日本旅遊實用APP

雖然網路上有豐富的日本旅遊資訊，但是自己規畫的行程，總是更能貼近符合喜好，相信會有更大的成就感。出發前做功課是相當重要的事，尤其是前往非旅遊熱門地區，充足的準備可以讓行程更加順暢。

以下推薦幾個三小a手機裡一定會安裝的好用日本旅遊APP，除了出發前的準備，到現場也可以及時解決不少問題，用手機掃描APP介紹旁的QR碼就能直接下載。

乘換案內

交通查詢 | http www.jorudan.co.jp | **?** 網路連線下可免費使用(需要有日本APP商店帳號)；基本免費，另有收費附加功能

方便查詢各類交通，無論是電車、飛機或巴士都能使用，是三小a目前覺得最詳細的交通APP，輸入起點和終點，就會列出搭乘時間車費，可參考、計算交通費用。為便利不會日文輸入的讀者，本書特別列出書裡會使用到的電車、巴士站名日文羅馬拼音(參考下頁)，只要手機或電腦有安裝日文羅馬拼音輸入，就能更輕鬆使用。

apple

android

じゃらん

住宿選擇 | http www.jalan.net | **?** 網路連線下可以免費使用

雖然日本的訂房網站選擇很多，但是旅人最常使用的就是「じゃらん」，多數人會利用網頁版來查詢住宿，但如果在外面臨時要尋找住宿時，也能利用下載的APP來進行操作，相當方便。

apple

android

食べログ

尋找美食 | http tabelog.com | **?** 網路連線下可免費使用(需要有日本APP商店帳號)；注意：要在日本上網才能下載

知名網站「食べログ」，是三小a每次去日本時都會用到的APP，可以尋找日本各地的美食店家，出發前就能靠這個做功課，臨時想吃什麼也能方便查詢，也有不少美食照片提供參考。

apple

android

地名對照表

青森

漢字	日文	羅馬拼音
青森	あおもり	ao mori
八戶	はちのへ	hachi nohe
種差海岸	たねさしかいがん	tane sasi kai gan
蕪島	かぶしま	kabu sima
奧入瀬	おいらせ	o i rase
八甲田	はっこうだ	ha kkou da
大鰐温泉	おおわにおんせん	oo wani on sen
五所川原	ごしょがわら	go sho gawa ra
浅虫温泉	あさむしおんせん	asamusi onsen
陸奥湊	むつみなとえき	mutsu minato
鮫	さめ	Same
五戶	ごのへ	go nohe
十和田湖	とわだこ	to wa da ko
三沢	みさわ	mi sawa
弘前	ひろさき	hiro saki
ウェスパ椿山	ウェスパつばきやま	wesupa tubasayama
田んぼアート	たんぼアート	-

宮城

漢字	日文	羅馬拼音
宮城	みやぎ	miya gi
仙台空港	せんだいくうこう	sen dai kuu kou
仙台城跡	せんだいじょうせき	sen dai jou seki
中野栄	なかのさかえ	naka no sakae
白石蔵王	しろいしざおう	siro isi zaou
松島	まつしま	matsu shima
石巻	いしのまき	ishino maki
仙台	せんだい	sen dai
瑞鳳殿前	ずいほうでん前	zui hou den mae
大崎八幡宮	おおさきはちまんぐう	oosaki hachi man gou
五橋	いつつばし	itsutsu basi
白石	しろいし	siro isi
松島海岸	まつしまかいがん	matsu shima kai gan
塩竈 ❶	しおがま	sio gama

❶「塩釜」當地對地名漢字有鹽釜、鹽竈、塩竈等不同寫法，但唸法都是「しおがま」(siogama)，查詢資料時請特別注意。

岩手

漢字	日文	羅馬拼音
岩手	いわて	iwa te
小岩井農場	こいわいのうじょう	ko iwa i nou jou
新花巻	しんはなまき	shin hana maki
釜石	かまいし	kama isi
中尊寺	ちゅうそんじ	chuu son ji
一ノ関	いちのせき	ichi no seki
八幡平	はちまんたい	hachi man tai
小本	こもと	ko moto
北上	きたかみ	kita kami
盛岡	もりおか	mori oka
花巻	はなまき	hana maki
遠野	とうの	tou no
平泉	ひらいずみ	hirai zumi
毛越寺	もうつうじ	mou tsuu ji
厳美渓	げんびけい	gen pi kei
久慈	くじ	ku ji
龍泉洞	りゅうせんどう	ryuu sen dou

秋田

漢字	日文	羅馬拼音
秋田	あきた	akita
羽立	はだち	hada chi
田沢湖	たざわこ	ta zawa go
鷹巣	たかのす	takanosu
阿仁合	あにあい	aniai
男鹿	おが	o ga
角館	かくのだて	kakuno date
乳頭温泉	にゅうとうおんせん	nyuutou onsen
阿仁前田	あにまえだ	animaeda
阿仁マタギ	あにマタギ	ani ma ta gi

山形

漢字	日文	羅馬拼音
山形	やまがた	yamagata
蔵王温泉	ざおうおんせん	zaou onsen
銀山温泉	ぎんざんおんせん	genzan onsen
山寺	やまでら	yama dera
天童	てんどう	tendou
大石田	おおいしだ	oo isi da
米沢	よねざわ	yonezawa
赤湯	あかゆ	aka yu
宮内	みやうち	miya uchi

福島

漢字	日文	羅馬拼音
福島	ふくしま	fukushima
会津若松	あいづわかまつ	aitsu wakamatsu
湯野上温泉	ゆのかみおんせん	yonokami onsen
会津宮下	あいづみやした	aitsu miyasita
只見	ただみ	tatami
東山温泉	ひがしやまおんせん	higashiyama onsen
郡山	こおりやま	koori yama
鶴ヶ城	つるがじょう	atsuruga jou
大内宿	おおうちじゅく	oouchi juku
会津桧原駅	あいづひのはら	aitsu hinohara
二本松	にほんまつ	nihonmatsu

函館

漢字	日文	羅馬拼音
函館	はこだて	Hakodate
函館空港	はこだてくうこう	hakodate kuu kou
北海道	ほっかいどう	hokkaldo
新函館北斗	しんはこだてほく	shin hakodate hokuto
五稜郭	ごりょうかく	go ryo kaku
大沼公園	おおぬまこうえん	oo numa kou en
湯の川温泉	ゆのかわおんせん	yu no kawa onsen

書內景點及交通設施自駕Mapcode設定列表

青森縣 mapcode	
青森空港	99 248 212*21
青森県立美術館	99 489 495*24
青森港フェリーターミナル	99 611 849*02
種差海岸	346 628 643*83
八食センター	84 084 773*82
蕪島	346 742 310*87
館鼻岸壁朝市	346 679 840*42
みろく横丁	84 029 699*34
奥入瀬渓流	612 671 057*83
十和田湖	612 302 705*51
八甲田山	99 055 274*83
酸ヶ湯温泉	704 522 703*12
睡蓮沼	704 467 484*31
十和田美術館	215 115 315*36
弥生の里展望所	71 174 611*55
田舎館村役場	71 171 373*28
中野もみじ山(中野神社)	804 667 846*46
芦野公園	316 594 046*76
奥十二湖駐車場	559 223 342*45
不老ふ死温泉	1048 103 326*45
宮城縣 mapcode	
仙台空港	21 202 180*04
仙台うみの杜水族館	21 688 151*67
青葉城	21 583 813*11
網地島ライン前	105 022 021*15
鳴子峡	317 818 791
御釜	569 489 010*60
白石川堤一目千本桜	156 463 449
船岡城址公園	156 496 321*52

岩手縣 mapcode	
花卷空港	378 602 303*75
高松の池	81 797 382*01
北上展勝地	108 406 577*56
安比高原	657 262 770*41
小岩井農場	81 872 645*46
八幡平山頂	657 103 703
カッパ淵	810 068 146*00
小袖海岸	610 897 666*01
恋し浜駅	562 248 553*28
浄土ヶ浜	286 237 204*25
雫石川園地	435 057 684*33
平泉町(櫻花)	142 254 810*46

秋田縣 mapcode	
秋田空港	303 401 085*15
千秋公園	303 780 151*55
なまはげ館	351 332 162*12
入道崎	873 609 258*53
男鹿温泉郷	873 494 581*63
たつこ像	280 766 315*11
御座石神社	280 888 763*14
小坂町康楽館	297 854 775*27
角館武家屋敷	280 337 442*41
桧木内川堤	280 337 673*03

山形縣 mapcode	
山形空港	62 554 821*00
霞城公園	62 010 361*41
蔵王ロープウェイ	569 572 054*72
銀山温泉	720 829 878*84
宮内駅	127 556 168*86
山寺	62 232 077*66
湯殿山神社	523 448 592*56
羽黒山	90 148 003*46
肘折温泉	522 665 673*67
最上峡芭蕉ライン観光	221 243 222*65

福島縣 mapcode	
福島空港	61 202 792*01
野口英世青春通り	97 291 320*08
大內宿	433 583 651*13
湯野上温泉駅	433 497 084*15
西山温泉	397 114 451*16
柳津温泉	397 417 370*88
高柴デコ屋敷	129 130 785*53
三春滝桜	300 840 492*48
布引高原	504 307 513*33

函館市 mapcode	
函館空港	86 083 708*88
函館フェリーターミナル	86 190 560*75
新函館北斗駅	86 543 096*86
函館朝市	86 072 248*60
五稜郭	86 165 355*85
函館山ロープウェイ	86 041 092*82
八幡坂	86 040 324*72
金森赤レンガ倉庫	86 041 676*05
大沼公園駅	86 815 416*37

日本東北深度之旅 全新第四版

青森・宮城・岩手・秋田・山形・福島（附：函館）

作　　者　三小a

總 編 輯　張芳玲
發想企劃　taiya旅遊研究室
編輯主任　張焙宜
企劃編輯　張焙宜
主責編輯　張焙宜
特約編輯　陳妤甄
修訂編輯　鄧鈺澐、王姵涵、黃琦
封面設計　許志忠
美術設計　許志忠
地圖繪製　許志忠

太雅出版社
TEL：(02)2368-7911　FAX：(02)2368-1531
E-mail：taiya@morningstar.com.tw
太雅網址：http://taiya.morningstar.com.tw
購書網址：http://www.morningstar.com.tw
讀者專線：(02)2367-2044、(02)2367-2047

出 版 者　太雅出版有限公司
　　　　　106 台北市大安區辛亥路一段 30 號 9 樓
　　　　　行政院新聞局局版台業字第五〇〇四號

讀者服務專線：(02)2367-2044 / (04)2359-5819 #230
讀者傳真專線：(02)2363-5741 / (04)2359-5493
讀者專用信箱：service@morningstar.com.tw
網路書店：http://www.morningstar.com.tw
郵政劃撥：15060393(知己圖書股份有限公司)

法律顧問　陳思成律師
印　　刷　上好印刷股份有限公司　TEL：(04)2315-0280
裝　　訂　大和精緻製訂股份有限公司　TEL：(04)2311-0221

四　　版　西元 2024 年 08 月 01 日
定　　價　560 元
(本書如有破損或缺頁，退換書請寄至：
台中市西屯區工業 30 路 1 號 太雅出版倉儲部收)

國家圖書館出版品預行編目 (CIP) 資料

日本東北深度之旅:青森.宮城.岩手.秋田.
山形.福島／三小a作. ──四版, ──臺
北市：太雅, 2024. 08
面； 公分. ──（世界主題之旅；105）
ISBN　978-986-336-520-4（平裝）
1.旅遊 2.日本
731.7109　　　　　　　　113007652

ISBN　978-986-336-520-4
Published by TAIYA Publishing Co.,Ltd.
Printed in Taiwan

填線上回函
日北東北深度之旅
全新第四版

t.cn/ESJrKLN